면접
자소서
SNS취업

이것으로
결정난다

면접 자소서 SNS취업 이것으로 결정난다

초판 1쇄 인쇄   2015년 1월 29일
초판 1쇄 발행   2015년 2월 5일
지은이   윤치영 · 이승훈
펴낸이   이춘원
펴낸곳   책이있는마을
기획   강영길
편집   이지예
교정   마경호
디자인   배기열
관리   정영석

주소   경기도 고양시 일산동구 장항2동 753 청원레이크빌 311호
전화   (031)911-8017
팩스   (031)911-8018
이메일   bookvillage1@naver.com
등록일   1997년 12월 26일
등록번호   제10-1532호
ISBN   978-89-5639-218-9(13320)

「이 도서의 국립중앙도서관 출판예정도서목록(CIP)은 서지정보유통지원시스템 홈페이지(http://seoji.nl.go.kr)와
국가자료공동목록시스템(http://www.nl.go.kr/kolisnet)에서 이용하실 수 있습니다.(CIP제어번호: CIP2014037251)」

면접 자소서 SNS취업

이것으로 결정난다

최고의 화술 전문가
윤치영 박사의 면접 화술
노하우 대공개!

윤치영·이승훈 지음

책이있는마을

면접
자소서
SNS취업

CONTENTS

이것으로
결정난다

1

면접 & 자기소개서에 꼭 필요한 것들

요즘처럼 취업이 어려웠던 적이 또 있었을까?

세상은 온통 이런 소리로 가득해 보이는 듯하다. 사상 최대의 취업난이라느니, 88만 원 세대라느니, 아프니까 청춘이라느니… 하면서 온통 지금의 청춘들을 위로하는 글귀로 가득해 보인다. 하지만 취업난이란 단어가 지금만 있었던 것이 아니라 10년 전, 20년 전에도 있었다는 사실을 아는지 모르는지 모르겠다. 취업이 쉬웠던 시기는 대한민국이 태동한 이래 단 한두 시기에 불과했다. 이를 제외한 나머지 시기에는 언제나 취업난에 시달렸던 것이 대한민국의 자화상이었다. 그럼에도 불구하고 유독 요즘에 취업난을 더욱 떠드는 이유를 모르겠다.

세상을 살아가면서 쉬운 것이란 없다. 어느 시기든 어려움이 있게 마련이며, 결국 그 어려운 가운데에서도 어려움을 이겨 내고 준비하는 사람들이 살아남는 게 세상의 이치다. 당신은 이 시대에 살아남는 자가 되기를 원하는가, 아니면 그냥 세파에 휩쓸려 사라지는 자가 되기를 원하는가? 아마 아무도 그냥 사라지기를 원한다고 대답하는 사람은 없을 것이다. 그렇다면 이제 이 책을 읽는 순간부터 내 머릿속에 취업난이라는 글자는 잠시 지워 버리자. 그리고 '나는 어떻게 철저히 준비하여 취업에 성공할 것인가'만 생각하기로 약속하자.

취업에 있어 가장 중요한 것은 서류와 면접일 것이다. 그 중에서도 요즘 들어 더욱 비중이 높아지고 있는 것이 바로 면접이다. 기업은 왜 면접에 지대한 관심을 가질까? 그것은 간단하다. 이력서와 자기소개서에서 표현되지 않는 부분을 면접을 통해 알 수 있기 때문이다. 이 때문에 이력서와 자기소개서의 비중은 줄어들고, 면접의 비중이 상대적으로 늘어 가고 있는 것이 작금의 취업 문화가 되어가고 있는 듯하다.

그러면 면접이란 무엇일까? 일반적으로 면접이란 서류 심사와 필기시험 등을 거친 지원자를 직접 만나 인품, 언행, 지식 수준 등을 알아보는 시험이라 할 수 있을 것이다. 지원자의 기본적인 자질은 서류·필기시험을 통해 알 수 있으나, 그 사람의 인간성·성품 등은 서류만으로 알 수 없기에 면접관이 직접 대면하여 이것들을 알아보고자 하는 것이다.

그렇다면 어떻게 해야 면접시험을 잘 볼 수 있을까? 사실 이 질문에 대한 정답을 찾는 것은 쉽지 않고, 그래서 면접을 준비하는 일은 어려울 수밖에 없다. 현실적으로도 대부분의 지원자들이 평소 면접에 대하여 준비한다고 하지만, 면접 당일날 너무 긴장한 나머지 그동안 준비하고 생각했던 것의 50%도 발휘하지 못하고 나오는 일이 비일비재하다. 그러니 많은 취업 준비생들에게 가장 두려운 적이 바로 면접이라 하지 않을 수 없다.

여기에 웃지 못할 면접 이야기를 하나 하고자 한다.

아버지에게서 꾼 돈으로 차린 편의점을 말아먹고 다시 백수가 된 사오정이, 먹고 살기 위해 친구인 미스터 손과 함께 면접시험을 보러 갔다. 바싹 긴장하고 있는 두 사람 중 먼저 미스터 손이 면접실로 들어갔다.

"당신은 우리나라 축구 선수 중에 누가 가장 뛰어나다고 생각합니까?"

"네! 전엔 차범근이었는데 지금은 박지성입니다."

"이순신 장군은 어느 시대 사람인가요?"

"조선 시대입니다."

"당신은 이 세상에 유에프오가 있다고 생각하나요?"

"남들은 그렇다고 생각들 하는데, 전 확실한 근거가 없어서 단정지을 수 없습니다."

미스터 손은 그래도 비교적 답변을 잘했다고 생각하며 면접을 마치고 나와, 자기가 대답한 걸 적어서 사오정에게 주었다. 당연히 사오정은 자신에게도 그런 질문이 나올 줄 알고 그걸 달달달 외웠다. 드디어 차례가 되어 사오정은 면접실로 뚜벅뚜벅 자신감 있게 걸어 들어갔다. 면접실에는 근엄하게 생긴 면접관들이 떡 버티고 앉아 있었다. 면접관은 사오정을 아래위로 훑더니 다음과 같은 질문을 던졌다.

"당신 이름이 뭔가?"

"네! 전엔 차범근이었는데 지금은 박지성입니다."

사오정의 대답을 들은 면접관은 뭔가 이상한 낌새를 챘는지 볼 살을 씰룩거렸다.

"음…, 자넨 언제 태어났나?"

"조선 시대입니다."

"으음…, 자넨 자신이 바보라고 생각하지 않나?"

"남들은 그렇다고 생각들 하는데, 전 확실한 근거가 없어서 단정지을 수 없습니다."

정말 이런 일이야 없겠지만, 그러나 어쩌면 대부분의 지원자들이 사오 정처럼 면접관이 원하는 대답이 아닌, 전혀 엉뚱한 대답을 해 버려서 면접에 실패하고 마는 경우가 부지기수인 것이 현실이다. 여기서 우리가 배워야 하는 교훈은, 면접에 있어서 제일 중요한 순간이 면접관을 만나는 때가 아니란 사실이다. 사실 면접에 있어 가장 중요한 순간은 면접 보기 하루 전날이다. 하루 전날에 마음을 안정시키고 그동안 준비한 것을 마무리하면서 여유로운 마음을 가져야, 비로소 면접 당일에 자신의 능력을 100% 발휘할 수 있게 된다.

이 교재는 면접에 관하여 원론적으로 접근하는 기존의 책들과 다르게, 잡다한 내용은 빼고 실전에 꼭 필요한 내용만으로 구성하였다. 따라서 이

책을 통하여 시간이 부족한 취업 준비생들이 단기간에 효과를 높일 수 있을 것이라 자신한다. 부디 이 책을 통하여 취업 준비생들이 면접의 관문을 잘 통과하기를 간절히 기대해 본다.

제1장

내 인생 최대의 관문
입사 시험

01
지피지기면 백전백승

들어가려는 회사의 입장에서 생각하라

당신은 취업 준비를 할 때 가장 중요한 것이 무엇이라 생각하는가? 아마도 학벌, 스펙 등을 생각하기 쉬울 테지만, 주변에서는 학벌과 스펙이 조금 떨어지더라도 취업에 성공한 사람들을 얼마든지 만날 수 있다. 따라서 아직도 여전히 학벌과 스펙의 열등감에 사로잡혀 있다면, 지금 당장 가장 먼저 해야 할 일은 학벌과 스펙의 열등감에서 빠져나오는 일이다. 취업을 준비하는 마당에 갑자기 학벌과 스펙을 높일 수는 없는 노릇이기 때문이다. 학벌과 스펙이 조금 모자란다 하더라도 지금 당장 가져야 할 것은 열등감이 아니라 자신감이다. 이제 자신감을 갖고 이력서를 쓰고 면접을 준비해야 한다. 나는 취업에서 가장 중요한 순간은 바로 이때부터라고 생각한다.

　　그런데 많은 취업 준비생들은 이 중요한 순간에도 뭔가를 놓치는 것을 종종 보게 된다. 취업 준비생들이 취업을 준비하는 과정에서 가장 놓치기 쉬운 것은 무엇일까? 그것은 바로 지나치게 자기중심의 세계에 갇혀 취업 준비를 한다는 사실이다. 상대 회사에 대해 철저히 준비하는 것은 기본인데 무슨 말이냐며 반문할지 모르나 대부분의 사람들은 자기도 모르게 나의 이력서, 나를 잘 어필할 수 있는 자기소개서, 그리고 나를 잘 드러내려 하는 면접까지, 이 모든 것들을 대부분 자기중심적으로 준비하게 된다! 사실 이전에 내가 쌓은 모든 스펙들이 바로 이 순간을 위한 것이므로 자기중심적으로 철저히 준비하는 것은 어쩌면 당연한 일인지도 모른다. 하지만 여기에서 간과하지 말아야 할 것이 있는데, 바로 자기중심적인 태도에 깊은 함정이 있다는 사실이다.

　　혹 어떤 취업 준비생들은 나의 이 말의 의미를 잘 이해하지 못할 수도 있을 것이다. 그만큼 인간은 자기중심적인 본성을 지니고 있는 존재이기 때문이다. '지피지기면 백전불패(知彼知己 百戰不敗)'란 우리 옛말은 대부분이 알고 있을 것이다. 취업도 승부의 세계로 봤을 때, 거기에서 승리하려면 나뿐만 아니라 반드시 남까지도 알아야 한다는 의미로 받아들일 수 있다. 아마도 취업 준비생들 중 조금 깨어 있는 사람은 여기까지는 나아갔을 것이다. 하지만 내가 하고자 하는 말은 여기까지가 아니다. 남을 알아야 한다고 하니, 대부분이 그 회사의 정보 정도 알아 두는 것에 그쳐 버린다. 내가 들어가려는 회사의 정보나 업무에 대해 알아 두는 것은 거의 취업의 기본 영역에 속한다. 그러나 이 정도 아는 것만으로는 절대 남을 제대로 안다고 할 수가 없다. 여기서 **내가 남을 제대로 알아야 한다는 것은 남의 정보뿐만 아니라 남의 입장에서 생각할 수 있는 능력까지 갖춘 것**을 뜻한다. 그 사람의 입장에서 상대의 심리까지 읽을 수 있다면, 더할 나위 없이 남을 잘 아는 것이 될 수 있기 때문이다.

금성에서 온 면접관, 화성에서 온 구직자

그렇다면 어떻게 내가 입사하려는 회사의 입장을 제대로 파악할 수 있을까? 이 문제는 조금만 깊이 생각해 보면 금방 답을 얻을 수 있다. 생각해 보라. 어떤 회사에서 신입 사원을 뽑는다고 할 때, 그 역할을 맡는 부서가 어디일지? 당연히 인사부가 될 것이다. 그렇다면 이제 내가 알아야 할 상대의 영역이 회사 전체에서 인사 담당자로 좁혀지게 된다. 인사 담당자의 심리를 읽기 위해서는 인사 담당자에 대한 정보를 얻어야 할 것이다. 당신은 회사의 인사 담당자들이 어떤 사람들을 뽑고 싶어하고, 또 어떤 구직자들을 가장 싫어하는지 아는가? 아마도 자기중심적으로 취업 준비를 한 사람은 여기까지 생각하지 못했을 수도 있을 것이다.

나는 최근 행했던 취업 포털 사이트의 설문 조사에서 구직자를 뽑으려는 회사의 입장과, 그 회사에 입사하려는 구직자의 입장이 매우 다름을 발견하고 아연실색하지 않을 수 없었다. 취업 포털 사이트 '스카우트'는 최근 596명의, 대기업과 중소기업의 인사 담당자를 대상으로 설문 조사를 실시하였다. 물론 이것은 면접을 실시하는 각 회사 인사 담당자들의 심리를 알아보기 위한 설문 조사다. 과연 결과는 어떻게 나타났을까? 각 회사 인사 담당자들이 꼽은 면접 탈락 1순위는 아무 준비 없이 몸만 온 구직자(32.9%)로 나타났으며, 면접 탈락 2순위 역시 면접에 지각한 사람(25.2%)으로 나타났다. 이것은 무엇을 뜻하는가? 당연히 각 기업의 인사 담당자들이 가장 싫어하는 구직자란 준비되어 있지 않은 구직자임을 뜻한다. 각 기업의 인사 담당자들이 싫어하는 구직자의 타입은 여기에서 그치지 않는다. 급여에만 관심을 보이거나(19.5%) 전(前) 직장에 대해 비난하는 경우(17.3%)도 점수를 크게 잃는 것으로 조사됐다. 이것은 구직자의 태도와 관계 있는 부분이라 할 수 있다.

또 곧바로 휴지통으로 버려질 이력서로는 '두세 줄의 짧은 이력서(43.9%)'가 1위를 차지하였으며, 기본적으로 적어야 할 내용을 빼먹은 이력서(31.7%)와 사진이 없는 이력서(19.5%)도 인사 담당자들이 싫어하는 이력서에 포함됐다.

한편, 채용 정보 사이트 '파인드 잡'이 구직자 1,206명에게 '면접에서 떨어진 경험이 있다면 그 이유는 무엇이라고 생각하는가'라는 질문을 던졌다. 그 결과, 응답자의 29.1%가 '언변이 부족해서'라고 답했다. 그 다음으로는 '업무 경험이 짧거나 없어서'라는 응답이 21.1%를 차지했으며, 학벌 부족이 20.1%로 그 뒤를 이었다. 구직자들은 이 밖에 외모(10.9%), 잦은 이직 경력(7.2%), 복장이나 태도(3.5%) 등을 면접 불합격 이유로 꼽았다. 성별로 보면 남성의 경우 학벌을 꼽은 응답자가 28.4%로 가장 많았고, 언변 부족(27.9%)이 뒤를 이었던 반면, 여성의 경우 언변(30.2%), 짧은 업무 경험

(26.4%), 외모(15.6%) 등의 순으로 많았다.

나는 이 설문 조사 결과에서 놀라운 사실을 발견할 수 있었다. 즉, 인사 담당자의 입장과 구직자의 입장이 너무도 다르다는 사실이다. 인사 담당자들은 구직자들이 이 회사에 입사하기 위해 얼마나 성실하게 준비했는가와 얼마나 진정성이 있는가 하는 '태도'를 중점적으로 보는 반면, 구직자들은 여전히 자신의 '단점(언변, 학벌, 외모 등)'에 집착하고 있다는 사실이다. 이런 결과가 나타나는 이유는 너무도 명징하다. 수많은 취업 준비생들이 지나치게 자기의 세계에 빠진 나머지 회사의 입장에서 생각하지 못하는 오류를 범했기 때문이다.

이제 나는 취업 준비생들에게 다시 한 번 '지피지기면 백전불패'를 강조하고자 한다. 많은 취업 준비생들이 '나'에 대해서는 준비를 많이 하지만 '남(취업하려는 회사)'에 대해서는 준비가 너무도 소홀하다. 나에 대한 준비도 중요하지만 이와 함께 회사의 인사 담당자들이 무엇을 원하는지, 그들은 어떤 입장을 갖고 있는지 파악하는 일에도 절대 소홀히 해서는 안 된다.

그렇다면 각 기업의 인사 담당자들은 어떤 입장을 가지고 있을까? 우리는 C그룹 인사 담당자의 말에서 그 힌트를 얻을 수 있다.

"이력서 작성 스타일이나 면접을 준비하는 태도에서 구직자 성향이 드러난다. 기업들은 다소 덤벙대더라도 성심성의껏 자신을 표현하려는 구직자를 선호한다."

여기서도 가장 중요하게 드러나는 것은 역시 구직자의 '실력'보다 '태도'임을 발견할 수 있다. 각 기업 인사 담당자들은 면접에서 지원자의 태도를 중점적으로 보며, 거기에 더하여 인성·가치관·비전 등을 평가하는 것이다. 따라서 구직자들은 구직의 과정에서 진실한 마음을 가지고 당당하게 구직에 임하는 태도를 갖는 것이 무엇보다 중요하다. 거기에 자신의 장점을 부각시킬 수 있는 다양한 방법을 강구한다면, 반드시 거대한 벽과 같았던 취업의 문도 열리고야 말 것이다.

02
왜 내가 그 회사에 들어가야 하는지 명확한 이유를 발견하라

먼저, 당신은 당신의 **태도를 바로 세우기 위해, 내가 왜 꼭 그 회사에 취업하려는지 명확한 이유를 발견**해야 한다. 당신은 왜 꼭 그 회사에 취업하려는가? 단지 백수가 되기 싫어서? 돈을 벌기 위해서? 남처럼 번듯한 직장을 갖기 위해서? 만약 당신이 그 회사에 꼭 들어가려는 이유가 이런 것들이라면 당신은 스스로를 놓고 다시금 생각해 봐야 한다. 왜냐하면 당신이 취업하려는 그 회사는 반드시 당신에게 이 질문을(또는 이와 비슷한 질문을) 던질 것이기 때문이다. 그리고 그때 당신이 앞에서 열거한 그런 답변을 내놓는다면, 그 회사 인사 담당자들의 표정은 이내 일그러지고 말 것이다.

사실 누구든지 대부분의 경우, 어떤 회사에 취업하려는 이유가 백수가 되기 싫어서? 돈을 벌기 위해서? 남처럼 번듯한 직장을 갖기 위해서? 이런 이유들 안에 거의 포함될 것이다. 그런데 왜 내가 들어가려는 그 회사는 이런 유의 대답을 매우 싫어할까? 이 역시 자기중심의 함정에 빠진 나머지 범하는 오류의 일종이라 할 수 있을 것이다. 당신은 정말이지 입장을 바꿔 놓고 한 번 생각해 보라. 회사의 입장에서는 진짜 회사에 이익을 줄 수 있는, 손해를 끼치지 않을 인재를 뽑아야 하는 중요한 순간이다. 그런데 그런 사람이 단지 돈을 벌고 번듯한 직장을 구하기 위해 이 회사에 들어오려 한다면 누가 좋아하겠는가. 회사의 입장에서는 당연히 이 회사를 위해 뭔가 헌신해 줄 그런 사람을 필요로 하는데! 인간이라는 이기적인 존재 속에서 '헌신'이라는 어려운 단어를 끄집어내기 위해서는 반드시 정신 무장이 필요하다. 그래서 앞에서도 인사 담당자들이 '태도'를 중점적으로 본 것이다. 그렇다면 이제 회사 입장에서, 이 사람이 자기들 회사에 입사하려는 이유를 따지는 것은 무엇보다 중요한 문제에 해당한다고 하지 않을 수 없다.

당신이 취업하려는 이유는 무엇인가?

당신은 이 회사에 취업하려는 이유가 무엇인가? 정말 이것은 간단히 대답할 수 있는 질문이 아니다. 아마도 각자 다양한 이유가 있을 것이다. 1차적으로 생계를 위해, 즉 먹고 살기 위한 수단으로 취업을 하는 사람이 있다. 또 다른 경우는 성공을 위한 수단으로 직업을 바라보는 사람이 있을 것이고, 자기의 재능을 살리기 위한 수단으로 취업하려는 사람들도 있을 것이다. 저마다 추구하는 목적이 다르기 때문이다.

중요한 것은 취업하기 전에 정말 내가 하고자 하는 것, 좋아하는 것이 무엇인지부터 알아보는 과정이다. 다른 사람들이 취업하니까 나도 아무 생각 없이 그리고 목표 없이 맹목적으로 '취업'이라는 두 글자를 향해 달려들고 있다면, 다시금 자신을 되돌아보는 시간을 갖는 것이 필요하다. 물론 취업에는 '돈'이라는 기본적인 보상이 뒤따른다. 하지만 당신은 그 보상을 받는 과정에서 얼마나 힘든 여정이 있는지 생각해 보았는가? 한국고용정보원 조사에 따르면, 대졸 취업자 10명 중 3명은 취업한 지 2년 만에 이직을 한다는 결과가 나왔다. '2009 대졸자 직업 이동 경로 조사'에 대한 2차 추적 조사 결과, 1차 조사 당시에 가졌던 일자리를 그만두고 새로운 일자리를 구한 비율이 28.4%에 달한다는 결과가 나왔다. 1,2차 조사 결과를 따져 보면 대졸 취업자 중 일자리가 동일한 비율은 51.1%로 절반에 불과했고, 20.5%가 새로 일자리를 구한 취업자들이었다.

그렇다면 새로 일자리를 구한 취업자들이 일자리를 옮긴 이유는 무엇일까? 조사 결과 '더 나은 직장으로 옮기기 위해서'라는 응답이 40.9%로 가장 많았고, 이어서 계약 기간 종료(10.6%), 낮은 보수(8.9%), 근로 시간 및 근로 환경 열악(7.3%) 등의 순으로 나타났다. 이것은 무엇을 뜻하는가? 처음 구한 직장이 자기 마음에 드는 비율이 절반 정도에 불과하다는 것은 무엇을 뜻할까? 그것은 아마도 '뭐 어떻게 되겠지. 일단 취업부터 하고 보자'는 안일한 사고로 첫 직장을 결정하는 우를 범했기 때문일 것이다. 그렇게 되면 또다시 새로운 어려움이 시작될 수밖에 없다. 지금은 좀 어렵지만 나이 먹으면 좀 쉬워지겠지 생각하겠지만, 나이를 먹으면 먹을수록 더 어려워지면 어려워지지 쉽지는 않은 것이 인생이다.

그 회사에 취업하려는 이유

내가 그 회사에 꼭 입사해야 하는 명확한 이유를 끄집어내는 것은 단지 그 회사를 위해서만 중요한 것이 아니다. 사실 이것은 한 인간의 본질적인 영역에 해당하는 것으로 내가 그 회사에 꼭 입사해야 하는 명확한 이유를 발견하는 것은 나를 위해서, 내 인생을 위해서도 매우 중요한 문제라 하지 않을 수 없다. 아니, 좀 더 강조하여 이야기하자면 이것은 내 인생을 위하여 가장 중요한 문제라 해야 할 것이다.

왜 내가 그 회사에 입사하는 이유가 내 인생을 좌우하는 가장 중요한 문제가 될까? 그 이유는 매우 간단하다. 이 이유를 발견하는 것이 어쩌면 내 인생을 좌지우지할 것이기 때문이다. 과거 EBS에서 약 2,700여 명의 직장인들을 대상으로 인터넷 설문 조사를 실시했는데, 지금 종사하고 있는 직업을 바꿀 의향(단지 동종업계의 다른 직장으로 옮기는 것이 아니라 직업 자체를 바꿀 의향을 뜻한다)이 있는지에 대한 질문을 했다. 그때 대답한 사람들 중 54%가 바꿀 의향이 있다고 답변했다. 왜 54%의 사람들이 직업을 바꾸고자 했을까? 그것은 현재 자신들이 종사하고 있는 직장의 일이 재미도 없고 의미도 없다고 느끼기 때문이었다. 현재 하고 있는 일이 재미도 없고 의미도 없다면, 이는 곧 그 사람의 행복과도 직결될 수밖에 없다. 그래서 실제 54%의 사람들은 자신들이 행복하지 않다고 이야기했다. 이것은 무엇을 뜻하는가? 자기가 그토록 어려운 관문을 통과해서 들어간 직장임에도 그 직장에 애착을 갖고 있지 않다는 것을 뜻한다. 이러한 상태라면 그 직장에 성과를 내주기도 쉽지 않을뿐더러 그 직장을 오래 다니기도 힘들다. 결국 이런 사람들은 어쩔 수 없이 그 직장에 다니거나 동종업계를 전전할 수밖에 없게 된다.

당신은 이러한 직장 생활을 하고 싶은가? 아니면 재미있고 활기 넘치는 직장 생활을 하고 싶은가? 아마도 전자의 답을 하는 사람은 한 명도 없을 것이다. 중요한 것은, 후자의 답을 얻고 싶다면 먼저 그 직장에 들어가려는 명확한 진짜 이유를 발견해야 한다는 사실이다. 단지 앞에서 언급했던 백수가 되기 싫어서? 돈을 벌기 위해서? 남처럼 번듯한 직장을 갖기 위해서? 이런 이유가 아닌, 진짜 내가 그 직장에 꼭 들어가야만 하는 이유를 발견해야 한다는 것이다. 어쩌면 이것은 당신의 적성이나 꿈과 관련된 이야기가 될 수도 있다. 나는 분명히 말할 수 있다. 당신이 이런 명확한 이유를 가지고 그 직장에 들어가려 한다면 당신은 면접에서도 후한 점수를 얻게 될 것이며, 이후 당신의 직장 생활도 매우 재미있고 의미 있는 것이 될 것이다. 하지만 그렇지 않고 단지 억지로 끄집어낸 이유를 들이댄다면 당신은 그 직장에 들어가기도 쉽지 않을 뿐더러, 혹 그 직장에 들어간다 하더라도 오래 버티지 못할 가능성이 매우 높게 될 것이다.

03
들어가려는회사와
업무에 대해 철저히 조사하라

　이제 당신이 그 회사에 입사하려는 이유를 명확히 했다면, 다음으로 가장 먼저 해야 할 일은 가고픈 회사에 대해 잘 알아 두는 일이 될 것이다. 그 회사가 뭐 하는 회사인지? 만약 제약 회사라면 어떤 약들을 만들고 대표적으로 히트한 약은 어떤 것들이 있는지? 또 그 업계에서 어느 정도 위치에 있는 회사인지? 계열사는 몇 개 정도나 되는지? 이런 정도는 기본으로 알아 두어야 할 것이다. 거기에서 나아가 지원 회사의 경영 이념, 회사 연혁까지 알아 둔다면 든든한 바탕이 될 수 있을 것이다. 대부분의 지원자들이 회사의 정보를 준비한다고 하지만, 여기까지 생각하지 못하는 사람들이 많기 때문이다.

　한편, 역대 매출 현황이나 현재의 매출 현황까지 알아 두는 것도 좋을 것이다. 이것은 현재 이 회사의 상황이 좋은지 나쁜지를 직접적으로 나타내는 지표가 되므로, 이를 통하여 내가 이 회사에 어떤 기여를 할 수 있을지 판단하는 자료가 될 수도 있다. 여기에서 반드시 놓치지 말아야 할 것은, 자신이 지원한 부서에서 하는 일이 무엇인지 꼼꼼히 알아 두는 일이다. 만약 회사 전체에 대한 정보는 자신 있게 이야기했는데 정작 자신이 지원하려는 부서에서 무슨 일을 하는지 답변하지 못한다면, 분명 진정성에 있어 의심을 받을 수밖에 없다. 생각해 보라. 자신이 지원하려는 회사가 뭐 하는 회사인지도 모른 채, 자신이 지원하려는 부서가 무슨 일을 하는지도 모른 채 면접장에 나타난다면 면접관들의 표정이 어떻게 되겠는지? 이것은 마치 전쟁터에 나가면서 총을 깜빡 잊고 나가는 병사와 다를 바 없을 것이다. 따라서 구직자가 자신이 입사하려는 회사의 정보를 철저히 알아 두는 것은 어쩌면 기본 중의 기본에 해당하는 일이 될 것이다.

실제 정보를 통하여 취업에 성공한 사람들

몇 년 전, S전자 신입 사원 면접시험장에서 실제로 있었던 일이다. 서류 전형에 합격한 K씨는 면접장에 커다란 스크랩 철을 가지고 나타났다. 면접관들은 당연히 그게 뭐냐고 물었고, K씨는 당당히 자신이 지난 3년 동안 S전자에 관한 기사를 모은 스크랩 철이라고 대답했다. 어떤가? 당신이 면접관이라도 감동하지 않겠는가? K씨는 이 회사에 들어오려고 자그마치 3년 동안이나 신문을 볼 때마다 S전자 기사가 나면, 빠짐없이 기사를 스크랩하는 성의를 보였던 것이다. 결과는 어떻게 되었을까? 당연히 K씨는 그 어렵다는 S전자의 입사 시험에 합격했다. 그리고 지금 자신의 몸값을 높여 가며 열심히 일하고 있다고 한다.

또 다른 예를 살펴보자. S그룹의 홍보직에 응시한 L씨 이야기다. L씨는 면접장에 S그룹 사보 3개월 치를 들고 나왔다. 그런데 L씨가 면접장에서 펼쳐 보인 3개월 치 사보는 그야말로 충격적이었다. L씨가 펼쳐 보인 S그룹 사보 3개월 치에는 오자가 빠짐없이 빨간 펜으로 잔뜩 그어져 있었기 때문이다. L씨는 지난 3개월 동안 S그룹 사보가 나올 때마다 사보를 정독한 후, 오자를 빨간 펜으로 하나도 빼놓지 않고 교정해 온 것이다. L씨는 자신의 면접이 끝난 후, S그룹 사보 편집장에게 교정을 본 그 사보를 놓고 갔다고 한다. 과연 S그룹 사보 편집장의 표정은 어땠을까? 사보와 같은 책자에서 오자가 나온다는 것은 그야말로 편집자들의 수치 중 수치라 할 수 있다. 그런데 L씨는 그 점을 역이용한 것이다. 그리고 동시에 자신은 교정 하나만큼은 그 누구보다 잘 볼 수 있다는 점을 강조했던 것이다. 과연 결과는 어찌되었을까? 그 순간 S그룹 사보 편집장의 자존심이 상했겠지만, 이런 인재라면 마다할 리가 없다. 당연히 L씨는 이 회사의 입사 시험에 합격했고, 지금은 S그룹의 사보 편집장이 되어 있다고 한다.

이제 나만의 정보를 수집하는 것이 얼마나 큰 성공의 결과를 가져오는지 예를 살펴보자. 고객 만족 중심 경영으로 세계적으로 명성이 자자한 RC호텔에 메모광으로 소문난 S과장이 있었다. 놀라운 것은 S과장이 이 호텔의 카페를 한 번이라도 찾은, 수천 명에 달하는 고객들의 이름과 기호까지 모두 달달 외우고 있다는 사실이다. 어떻게 이런 일이 가능했을까? S

과장은 상대방이 자신의 이름을 기억해 줄 때 기분 좋아하는 점에 착안하여, 자신만의 독특한 '아는 체하기' 마케팅을 생각했다고 한다. 이를 위해 S과장은 한 번 모신 고객은 어느 고객이라도 직업, 사는 동네, 누구와 닮은 점, 좋아하는 디저트 등을 빼곡히 메모하여 고객 관리부를 만들었다. 그리고 이 고객 관리부를 분석해 고객 정보를 달달달 외운 후, 철저히 고객 중심의 마케팅을 펼친 것이다. 이러다 보니 S과장의 실적은 자연히 올라갔고, 이제 '고객 관리' 하면 누구나 그를 떠올릴 만큼 S과장은 이 분야에서 타의 추종을 불허하는 최고가 되었다. 생각해 보라. S과장이 RC호텔에서 고객 관리 분야의 최고가 되었다면, 그것은 곧 S과장이 고객 관리 분야에서는 세계 최고가 된 것과 다름없다. 왜냐하면 RC호텔은 이미 고객 만족 중심 경영으로 세계 최고의 수준을 자랑하는 호텔이기 때문이다.

S전자 인사 팀 K부장은 모 대학에 겸임 교수로 강의를 나가는데, 경영학을 전공하는 1학년 여학생이 다음과 같은 질문을 해 왔다고 한다.

"앞으로 호텔 경영을 하고 싶은데 어떤 준비를 해야 합니까?"

이 질문에 K부장은 다음과 같은 처방을 내렸다.

"앞으로 커피를 마실 일이 있으면 전국에 있는 호텔 커피숍에서만 커피를 마셔라. 그래서 우리나라 호텔 커피 맛은 물론 커피숍의 서비스, 운영, 종업원의 자세, 실내 장식, 가격 등 호텔 커피숍 운영 실태에 대해서 4년 동안 지속적으로 연구해라. 그리고 4년 뒤 우리나라 호텔 커피숍에 관한 논문을 써서 발표해라. 그래서 네가 입사하고 싶은 호텔에 제출해라."

어떤가? 기가 막힌 해법이라고 생각하지 않는가? 말하자면 K부장은 이

여학생에게 어떤 분야의 정보를 캐낼 때 '깊고 세밀하게 파고드는 것이 중요하다'는 말을 한 것이다. 당신이 어느 분야든지 그 분야 최고의 전문가가 되고 싶다면, 당장 그 분야의 정보를 깊고 세밀한 부분까지 파고들어 보라. 그러면 분명 당신에게도 밝은 희망의 길이 보이기 시작할 것이다.

04

채용시장의 변천 과정에 따른 취업 트렌드를 파악하라

최근 취업 시장의 트렌드를 읽다

1960~70년대는 통신 수단이 많이 발달하지 못한 시대였기에 주로 지인의 소개, 소개로 채용이 이루어졌다. 그렇다면 지금처럼 공채를 통해 직원을 뽑는 제도는 언제부터 생긴 것일까?

그것은 1980년대에 산업 시대로 접어들면서 시작되었다. 이후 공채를 통해 인재를 뽑는 제도는 쭉 이어졌는데, 21세기에 접어들면서 채용 시장에 커다란 변화의 바람이 불고 있다. 바야흐로 SNS 시대를 맞이하여 최근 다양한 기업에서 전통적인 방식이 아닌, SNS를 통해 실시간으로 채용이 이루어지고 있기 때문이다. 이것은 앞으로 페이스북, 트위터, 카카오 스토리 등과 같은 SNS를 사용하지 않는다면 채용에도 불이익을 받는다는 것을 뜻한다.

이제 각 기업의 인사 담당자들은 SNS를 통해 구직자와의 접근이 쉬워졌다. 따라서 구직자 또한 따끈한 취업 정보를 인사 담당자의 SNS로부터 얻을 수 있게 되었다. 인사 담당자는 공식적인 자리에서 말하기 불편한 것들을 다양한 SNS를 통해 구직자들과 소통한다. 그렇기 때문에 이제 구직자가 취업하고 싶은 회사에서 활용하고 있는 SNS와 관계를 맺는 것은 선택이 아닌 필수가 되었다고 할 수 있다.

최근 많은 기업에서 입사 지원서에 SNS 계정을 요구하고 있다. 앞으로는 짧은 시간 내에 많은 기업에서도 요구할 것으로 예상되기 때문에, 구직자들에게 철저한 준비가 요구된다.

여기에서 구직자들이 주의할 것이 있다. 개인적으로 이용하는 SNS 정보로 인해 채용 시장에서는 낭패를 볼 수 있다는 사실이다. 친구들과 장난삼아 이야기한 것이 채용 시장에서는 충분히 감점 요소가 되기 때문에 계정을 철저히 관리해야 하고, 그것이 어렵다면 차라리 새로 만드는 것이 좋다.

여러분의 평판은 어떤가? 좋다면 다행이다. 그러나 나도 모르는 사이에 누군가가 나를 비방하는 글이나 사진 등이 올라와 있을 수 있다. 따라서 여러분은 오프라인뿐 아니라 온라인에서도 자신의 이미지 관리에 철저히 신경을 써야 한다.

여기에 덧붙여 중요한 것이 친구는 얼마나 있는지, 댓글은 얼마나 자주 다는지 또는 달려 있는지, 글은 얼마나 자주 작성하는지, 활동은 얼마나 자주 하는지 등등이 될 것이다. 이제 자신의 SNS 이력이 이력서에 쓰여 있는 내용보다 더 많은 것들을 어필할 수 있는 수단이 될 수도 있을 것이고, 반대로 이력서에 쓰여 있는 내용이 사실인지 아닌지 검증 자료로 사용될 수도 있다.

자기소개서에는 대인 관계가 원만해 많은 친구들이 있고 그들과 적극적으로 소통을 하고 있다고 작성했는데, 인사 담당자가 지원자의 계정을 구글링을 하는 방법을 통해 확인한 결과 자기소개서와는 너무 대조적일 경우, 그 자기소개서는 거짓으로 판명 나고 마는 것이다.

인사 담당자는 트위터를 통해 채용과 관련된 내용을 트윗하고, 이 글을 읽은 트위터리안(현재 국내에서 많은 사람들이 쓰고 있는 단어로, 트위터를 사용하는 유저를 부르는 말)들은 실시간으로 정보를 받게 된다. 그러면 트위터리안들은 즉각 인사 담당자에게 궁금한 내용들을 질문하고, 바로바로 답변을 받을 수 있다. 이렇게 SNS를 통한 채용이 이루어지는 것이 최근 트렌드다.

혹 지금까지 SNS를 통해 채용이 이루어지고 있다는 사실을 모르고 있다든지 전통적인 방식에만 의존해 취업 준비를 하고 있다면, 지금 당장 SNS를 통한 채용 방법을 숙지해야 할 것이다. 지금 트위터뿐 아니라 페이스북, 블로그, 링크드인(글로벌), 링크나우(국내) 등을 통하여 많은 인사 담당자와 구직자들 사이에 활발한 구인 구직 활동이 이루어지고 있다.

스펙도 트렌드인가?

지금 취업을 위해 많은 회사들이 요구하는 것이 일정 점수 이상의 토익 점수임을 잘 알고 있을 것이다. 나 역시 대학 다닐 때 입사를 위해 공부했던 책이 토익책이었다. 그렇다면 왜 기업과 회사들은 이러한 점수를 요구하게 되었을까? 업무에 영어를 활용해야 하기 때문일까? 하지만 몇몇 회사나 부서를 제외하고는 실제 입사 후부터 영어와 담 쌓는 경우가 대부분이다. 결국 대부분의 회사들이 토익 점수를 요구하는 원인은 변별력을 위해 어쩔 수 없이 요구하는 것이다.

안타까운 것은 지금 수많은 구직자들이 토익의 예처럼, 이러한 기업의 유쾌하지 않은(?) 요구에 친절히 순종하기 위하여 '스펙'을 찾고 있다는 사실이다. 지금은 마치 스펙을 쌓는 것이 취업의 한 트렌드가 된 느낌마저 일 정도다. 그렇다면 과연 스펙은 취업에 있어 필수 조건인 것일까?

나는 화술 전문가다 보니 수많은 사람들을 인터뷰할 기회를 가진다. 물론 그 중에는 다양한 기업의 인사 담당자들이 포함되어 있다. 나는 한 기업체 인사 담당자와 인터뷰할 기회가 있었는데, 그로부터 '스펙'에 관한 알짜 정보를 얻을 수 있었다.

즉, 수많은 대학생들이 스펙을 쌓기 위해 너도나도 해외 어학 연수를 떠나네, 토익 공부를 하네 하지만 그게 입사에는 별로 도움이 되지 않는다는 것이다. 결국 토익을 포함한 스펙은 변별력을 주어 걸러 내기 위한 기준일 뿐, 그것이 가산점으로 이어지지는 않는다고 했다.

채용 시장에서 스펙이란 학점, 토익 점수, 봉사 활동, 어학 연수 등 자신과 관련된 커리어를 말한다. 그런데 대부분의 취업 준비생들은 비슷한 취업 스펙을 준비하고 있다.

그러다 보니 대부분 토익 공부·봉사 활동·자격증·어학 연수 등을 남들과 비슷한 방식으로 비슷하게 준비하고, 남들이 어학 연수 간다고 하면 친구 따라 강남 가듯 나도 덩달아 어학 연수를 간다. 문제는 이렇게 쌓은 스펙이란 것이 대부분 비슷비슷하여, 이제 채용 시장에서 더 이상 변별력을 주거나 메리트로 작용하지 못한다는 사실에 있다.

그때 나와 인터뷰했던 인사 담당자는 차라리 스펙보다 나이 관리를 하는 것이 더 중요하다고 했다. 왜냐하면 기업들은 이왕이면 젊은 사원을 선호하기 때문이다. 따라서 해외 연수보다 휴학 같은 것을 더 조심해야 한다고 조언했다. 따라서 지금부터 스펙은 각 기업이 정한 기준 점수를 통과하는 정도로 준비하는 것이 맞고, 지나치게 스펙에 의존하는 시간에 남들과 차별이 될 만한 다른 것을 준비하는 것이 오히려 취업에 더 가까이 다가가는 최선의 방법이라 하겠다.

자신의 직무와 관련된 자격증을 취득하라

나는 자신의 직무와 관련이 크지 않은 자격증은 필요가 없다고 생각한다. 나는 공군사관학교 수송 대대에서 군 생활을 했다. 군대에서 대형 면허를 취득했는데, 사회에서 종종 사용할 일이 있어 유용하게 쓰이고 있다. 또한 나는 군대에서 굴착기, 지게차 면허증을 취득할 기회가 있었다.

물론 이 면허증을 따면 어떻게든 나의 미래에 유용하게 쓰일 수도 있겠지만, 그때 나는 내가 관심 가고 잘할 수 있는 것을 준비하는 것이 더 나의 꿈을 이루는 데 도움이 될 수 있다고 판단하여, 이 면허증 취득을 포기하고 영어 공부를 더 많이 했다. 덕분에 지금은 영어를 활용해 다양한 일을 하고 있다.

역지사지로 내가 인사 담당자라 생각해 보자. 많은 지원서가 내 눈앞에 있는데, 나는 인사 담당자로서 우리 회사에 가장 적임자를 골라야 한다. 그렇다면 가장 먼저 무엇을 볼 것 같은가?

당연히 현재 뽑고자 하는 부서와 관련된 경험이 있는지를 먼저 볼 것이다. 아무리 스펙이 높고 자격증이 많다 하더라도 당장 뽑고자 하는 부서와 관련된 것이 없다면, 그 많은 스펙과 자격증은 무용지물이 되고 만다. 하지만 비록 스펙은 딸리고 자격증 개수도 적지만 지금 뽑고자 하는 부서에 적합한 자격증을 가진 지원자가 있다면, 당장 눈길이 가고 말 것이다.

이처럼 자신이 지원하고자 하는 부서와 관련된 자격증을 따는 것은 매우 중요하다 하지 않을 수 없다. 이와 관련하여 만약 자신이 지원하려는 부서와 관련 있는 사회적 경험이 있다면 이는 자격증보다 더 큰 힘을 발휘하는, 더할 나위 없는 무기가 될 것이다. 한 취업 사이트에서 조사한 결과에 따르면, 기업 인사 담당자의 53%가 지원자들의 직무와 관련해서 사회경험이 있는지를 매우 중시한다고 했다. 이것은 스펙보다는 자신의 관심 직무와 기업에 대한 공부를 하고, 거기에 맞는 경험을 쌓는 것이 무엇보다 중요하는 것을 방증하는 이야기다.

최근 변하고 있는 채용 시장의 트렌드

최근 기업의 채용 트렌드가 급변하고 있다. 따라서 취업을 희망하는 구직자들은 이에 맞게 준비하는 것이 절실히 필요한 시점이라 하지 않을 수 없다. 요즘은 열린 채용이 대세다. 인사 담당자도 지원자의 나이·성별·학벌·전공보다는 숨어 있는 끼와 재능, 자신만의 공감되고 차별화된, 진정성 있는 스토리를 가진 인재를 발굴하기 원한다.

우선 최근 삼성그룹의 채용 결과를 살펴보면 80~90%가 이공계 출신이었으며, 36%가 지방대생이었다. 이제 당신도 학력, 전공, 스펙으로 크게 스트레스 받지 않아도 된다는 것을 방증한다. 그렇다고 다른 경쟁자들은 열심히 하는데 가만히 있으라는 얘기는 절대 아니다. 다소 스펙이 부족하더라도 자신의 재능과 끼가 지원하는 직무에 어떻게 부합되고 활용될지, 어떻게 기여할 수 있을지 머리가 아닌 가슴으로 이해해야 한다는 이야기다.

이제 기업들은 개성과 열린 자세를 겸비한 인재들을 발굴하고 있다. 세상을 바라보는 관점을 달리하는 비판적 및 창의적 사고력을 갖추고, 조직 생활을 하는 데 어려움 없이 여러 사람과 함께 일할 수 있는 융·복합적 사람을 선호한다. 조직 생활을 위한 사교성과 직장 동료와의 친화력은 인사 담당자들이 중요시 여기는 인재의 덕목이기도 하다.

한편, 인사 담당자들이 스마트해졌다는 사실도 최근 채용 시장의 트렌드라 할 수 있다. 과거처럼 서류에 한 줄 더 채워서 제출한다고 그대로 믿지 않는다. 바로 당신을 뒷조사하고 추적해 어떤 사람인지 알아내고, 그 이력서와 자기소개서와 얼마나 일치하는지 그리고 오랜 시간 준비해 온 지원자인지 확인해 본다는 것이다.

스마트한 인사 담당자들은 당신의 홈피, 트위터, 페이스북, 블로그, 링크드인, 링크나우를 검색해 본다. 대부분의 기업들이 채용, 마케팅 등을 위해 SNS를 활용하고 있다. 입사 지원서에 보면 예전에 없던 칸이 새로 생겼다. 바로 지원자의 SNS 계정을 기입하라는 칸이다. 실제로 LG, SK, 은행 및 다양한 기업들이 트위터를 활용해 공개 채용하기도 했다.

국내 대기업 대부분이 트위터·페이스북·블로그 등에 채용 정보를 올리고, 실시간으로 인사 담당자들이 구직자들과 대화를 통해 채용을 진행했다.

스마트한 인사 담당자들은 당신의 SNS를 확인하기 때문에 자신의 SNS가 무방비 상태로 있으면 안 되고, 각자가 활용하고 있는 SNS를 잘 관리해야 한다. 인사 담당자가 지원자의 SNS를 확인한 결과 연인 사이의 애정 표현, 친구들과의 욕설, 불특정 다수 또는 개인을 비방하는 글 등을 보게 된다면 좋지만은 않을 것이다.

많은 구직자들을 위해, 그 후배에게는 미안하지만 한 가지 스토리를 들려주려 한다.

많은 지원자들이 부러워하는 한 대기업의 어려운 관문을 통과한 A가 있었다. 그는 날아갈 것만 같은 기분으로 취업 성공을 기념하여 여자 친구와 함께 유럽 여행을 계획했다. 하지만 회사에 이 이야기를 할 수 없어, 집안에 급한 일이 있어 한 달 정도 후부터 근무하겠다고 거짓말을 했다. 그는 자기 뜻대로 여자 친구와 해외여행을 다녀온 후 열심히 회사 생활을 시작했다.

이제 일에 손이 잡히려 한 지 불과 얼마 안 돼 그는 그 회사로부터 강제 퇴사를 당했다. 이유는 직장 상사에게, 싸이월드 미니 홈피에 올라온 해외여행 사진으로 거짓말이 들통났기 때문이다. 이제 지금 취업 시장의 트렌드가 된 SNS의 위력이 어느 정도인지 감이 오는가. 이제 SNS는 잘 관리하면 도움이 되지만, 반대로 도움이 안 되는 경우와 같이 양날의 칼이 될 수 있다는 사실을 직시해야 한다.

05

핵심은 입사 지원서 그리고 면접

예나 지금이나 입사 관문에서 가장 중요한 것은 당연히 입사 지원서 작성과 면접일 것이다. 그러나 정작 이 둘을 제대로 준비하는 구직자는 많지 않다는 게 취업 전문가들의 공통된 의견이다. 즉, 입사 지원서를 잘 쓰고 면접만 잘 풀어 가도 절반은 그토록 꿈꾸던 입사에 성공하는 셈인데, 이걸 잘하지 못하고 있다는 이야기다.

입사 지원서를 잘 쓰자

"입사 지원서의 기본이 안 됐다."

이것은 내가 하는 말이 아니라 국내 최대의 취업 포털 인크루트가 자사에 등록된, 3만여 건의 입사 지원서를 분석한 결과 밝힌 내용이다. 인크루트는 입사 지원서 대부분이 형식이나 내용 면에서 비슷해 자기만의 색깔이 부족하다고 주장했다.

그렇다면 도대체 어떻게 입사 지원서를 써야 남들과 차별화를 이룰 수 있을까? 입사 지원서를 잘 쓰려면 우선 지원 분야가 분명해야 한다. 흔히 여러 군데 회사를 지원하는 구직자는 입사 지원서 한 장으로 기업 이름·업무 분야만 바꿔서 제출하는데, 이런 돌려 막기식 지원서는 인사 담당자에겐 스팸 메일과 다를 바 없다. 지원 분야를 분명히 정하고, 반드시 그 지원 분야와 관련 있는 내용을 일목요연하게 써야 한다. 지원 분야와 다른 자격증이나 경력을 줄줄이 나열해선 좋은 평가를 받기 어렵다.

지원 이유, 경력 등 항목별 글자 수가 제한되어 있다면 당연히 그 글자 수만큼 내용을 채워야 한다. 분량을 다 채우는 것은 취업 의지를 가늠하는 기본 요소다. 요구 분량을 무시한 채 '열심히 하겠으니 연락 주세요' 같은 황당한 이력서도 있다고 한다. 작성자야 튀어 볼 요량으로 쓴 것이겠지만 성의 부족으로 탈락이다. 정해진 양식과 글자 수에 반드시 맞추고, 자유 형식 지원서라면 A4 용지 2~3장 정도 분량을 쓰면 적당할 것이다. 단순히 글자 수만 늘리려고 비슷한 내용을 중언부언해서는 안 된다.

한편, 입사 지원서의 내용은 일관성이 있어야 한다. 앞에서는 '성격이 적극적이고 활발하다'고 써 놓고선 뒷부분에서 '낯을 가리는 성격이라 고치고 싶다'는 내용을 쓴 이력서는 당장 탈락 1순위다. 짧은 지원서 내용 중 모순이 있다면 인사 담당자에게 거짓말쟁이라는 인상을 줄 뿐이다. 또 지원서 제출 전 오탈자 최종 점검을 잊지 말아야 한다. 맞춤법, 띄어쓰기

실수가 수천, 수만 장의 서류를 읽는 인사 담당자에게 주는 짜증은 상상 그 이상이다.

마지막으로 사진이다. 취업 컨설턴트들은 의외로 사진을 소홀히 여기는 구직자가 많다고 입을 모은다. 사진은 면접관과의 첫 만남이므로 당연히 예의를 갖춰야 한다. 깔끔한 정장 차림에 밝은 표정이 정답이다. 과다한 이미지 보정이나 캐주얼 차림, V자를 그리며 찍은 사진 등은 모두 감점 요인이 된다.

면접은 일방적 대답이 아닌 대화다

입사 지원서가 통과되었다면, 다음 관문은 면접이다. 면접에는 토론 면접, 프리젠테이션 면접, 합숙 면접 등 다양한 면접 방식이 이미 일상화되고 있다. 이러한 면접에 대비하는 가장 좋은 방법은 스터디를 꾸려 직접 연습하는 것이다.

면접에 있어 가장 중요한 것은 무엇일까? 당연히 대화의 자세와 태도다. 토론, 발표 등 면접 스킬은 다들 철저히 연습하고 준비하기에 심사하는 입장에선 비슷비슷하게 느껴지게 마련이다. 작은 태도와 대수롭지 않게 던지는 말 한마디 같은 작은 요소가 될성부른 떡잎인지를 판단하는 중요한 기준이 된다.

컨설턴트들은 면접이 새로운 사람과의 만남이라는 점에서 소개팅, 맞선과 비슷하다고 충고한다. 상대방에게 눈을 맞추고 귀 기울여 듣고, 서로 간의 공통점을 찾으려는 태도가 좋다. 미소도 필수다. 딱딱하게 굳은 얼굴은 상대가 마음에 들지 않는다는 오해의 신호가 될 뿐이다.

또 나만의 장점을 보여 주기 위해선 경험을 바탕으로 구체적으로 얘기하는 게 효과적이다. 영업직 면접이라면 "사람들과도 쉽게 친해지는 성격이고 사교성도 좋습니다."라고 말하기보다 "대학 시절 어느 어느 회사에서 아르바이트를 했는데, 매일 꼬박꼬박 주변 사무실에 들러 인사를 하다 보니 사생활을 얘기할 정도로 친해져 결국 고객으로 만들 수 있었습니다."라고 말하는 게 훨씬 낫다.

유머도 중요하다. 유머러스한 표현은 '분위기 메이커', '일을 재치 있게 잘한다'는 이미지와 연결된다. 하지만 지나치면 실없는 사람으로 보일 수 있으니 주의가 필요하다. 다시 한 번 기억해야 할 사실은 면접은 일방적으로 질문에 답하는 자리가 아닌, 대화의 자리라는 사실이다. 대화의 자리인 만큼 모르는 질문은 모른다고 솔직히 말하면서 적절히 다른 주제로 넘어가는 게 오히려 어필할 수 있다. 괜히 우물쭈물하거나 아는 체하다가는 오히려 감점을 받기 십상이다. 면접의 대화에서 금기 사항이 있는데, 연봉이나 퇴근 시간을 물어서는 절대 안 된다는 사실이다.

| 면접 준비 5원칙 |

① 지피지기(知彼知己)
먼저 자기 자신에 대해 <u>스스로</u> 질문을 해 본다. '내가 하고 싶은 일은, 가장 잘하는 것은, 내 성격은, 나만의 뛰어난 능력은' 등. 또 지원한 회사에 대해 철저히 조사해 두는 것은 기본이다. 지원 분야와 업무에 대한 생각을 정리해 두면 답변 때 많은 도움이 된다.

② 예상 질문 답변 연습
인사 담당자들이 가장 먼저 혹은 가장 많이 물어 보는 질문은 "자신을 소개해 보십시오."라는 것이다. 언제 어디에서 태어나 어느 학교를 졸업했다는 식의, 너무 평범한 답변보다는 자신을 홍보할 수 있는 인상적인 답변을 미리 준비해 둔다. 애매한 대답이나 자신 없는 표정, 회사의 조건과 차이가 많이 나는 답변 등은 감점 요인이다.

③ 구체적이고 솔직하게
면접관이 "자신의 장점이 무엇입니까?"라고 물어 왔을 때 "책임감이 강하고 문제 해결 능력이 뛰어납니다."라는 단답형 답변보다는 학교 생활 등에서 책임을 맡고 수행했던 일의 과정과 결과, 어떤 식으로 문제 해결을 해 나갔는지 등 구체적인 예를 들어 답하는 것이 훨씬 어필할 수 있다.

④ 친밀감으로 신뢰구축
면접장에 들어오는 태도, 인사하는 법, 앉은 자세, 말하는 법 등 사소한 것에서부터 인사 담당자는 점수를 매기게 된다. 언제나 정돈된 행동을 보여 주도록 해야 하며, 또 면접 시간 동안 분위기를 부드럽게 풀어 나가 서로 통한다는 느낌이 들도록 노력하는 것이 중요하다.

⑤ 면접 후의 마무리도 중요
인사를 안 하고 뒤돌아 나오거나 허둥대는 모습은 감점 요인이 될 수 있다. 정돈된 태도와 바른 인사로 면접을 끝내야 한다.

✎ **입사 지원서(자기소개서) 잘 쓰는 요령**

1. 지원 분야(지원 목적)를 분명하게 할 것.
2. 내용의 일관성을 유지하라.
3. 오자, 탈자 점검은 기본이다.

✎ **면접 점수 많이 따는 요령**

1. 자기만의 색깔을 강조하라.
2. 면접관과 맞선 보듯 대화하라.
3. 일방적 대답은 안 좋다. 눈 맞추며 대화를, 유머는 지나치지 않게!

제2장

이력서, 자기소개서
이렇게 작성하면 성공한다

01
서류 전형에서 진짜로 중요한 것

　'인사(人事)가 만사(萬事)'라는 말이 있다. 이는 사람을 잘 써야 모든 일도 잘된다는 뜻으로 쓰이는 한자 성어다. 결국 일은 사람이 하는 것이므로, 사람을 잘 써야 모든 일이 잘 풀린다는 것은 어쩌면 당연한 이치라고도 할 수 있다. 이러한 원리는 기업에도 고스란히 적용된다. 인사를 제대로 해야 조직이 잘 굴러가고, 일도 순조롭게 풀리지 않겠는가. 따라서 기업에서 사람을 뽑는 것은 기업 입장에서 보면 거의 사활을 건 문제라 할수 있다. 이 때문에 고 이병철 삼성그룹 회장은 역술가를 옆에 앉혀 놓고 신입 사원을 면접했다는, 전설 같은 얘기도 전해져 오는 것이다.

1차 서류 전형에서 가장 중요한 것

기업에서 사람을 뽑을 때 1차로 시행하는 것이 서류 전형이다. 그렇다면 기업의 인사 담당자들은 1차 서류 전형에서 무엇을 중요하게 볼까? 언젠가 내가 모 기업의 인사 담당자에게 이 질문을 했을 때, 그는 나에게 "액면가(額面價)를 무시할 수는 없지 않습니까?" 하고 되물었다. 여기서 액면가란 기업체 인사 담당자들 사이에 쓰이는 은어로 입사 지원자의 학벌·학점·외국어 능력 등을 평가할 때 사용하는 말이다. 그렇다면 결국 1차 서류 전형에서 학벌과 스펙이 중요하단 이야기일까? 많은 구직자들은 1차 서류 전형에서 가장 중요한 것이 학벌과 스펙이라고 마치 신념처럼 믿고 있는 듯하다. 그래서 어떤 구직자의 경우, 자신의 학벌과 스펙에 대한 열등감에 빠진 나머지 지원하고 싶은 회사에 아예 서류도 내지 못하는 우를 범하기도 한다. 과연 지방대 출신에 스펙도 달리는 나는 아예 서류 전형도 통과 못할 부류로 떨어지고 마는 것일까? 하지만 절대 희망을 놓지 말라. 반드시 예외도 있기 때문이다.

그때 인사 담당자는 나에게 분명히 말했다. "액면가에서는 달려도 때때로 탈락시키지 않는 지원자들도 있습니다."라고! 학벌은 그다지 좋지 않지만 여러 가지 자격증을 취득하여 이력서에 그의 땀 냄새가 배어 있는 경우, 이례적으로 뽑는 경우도 적지 않다고 말한 것이다. 당신은 여기서 무엇을 느끼는가? 1차 서류 전형이 내가 지레 겁먹고 포기할 영역이 아니란 희망이 생기지 않는가!

1차 서류 전형에서 가장 중요한 것은 역시 이력서와 자기소개서일 것이다. 인사 담당자들은 한결같이 이력서와 자기소개서는 튀어야 한다고 입을 모은다. 요즘처럼 취업이 어려울 때, 한 기업에서 신입 사원을 뽑는 다고 하면 모이는 이력서가 사람의 키를 넘을 정도가 된다. 그렇다면 기업의 인사 담당자들은 이 많은 이력서를 다 훑어보는 것일까? 인사 담당자들은 '구직자들 모두가 내 이력서를 빠짐없이 봐 달라는 건 어림없는 얘기'라고 이구동성으로 말한다. 입장 바꿔 놓고 생각해 보라. 당신이 인사 담당자라면 수백, 수천 장이나 되는 이력서를 일일이 검토할 수 있겠는가 말이다.

그래서 이들은 하나같이 이력서의 '차별성'을 강조한다. 인사 담당자들은 짧은 시간 안에 지원자에 대한 정보를 얻고 싶어하기 때문에, 톡톡 튀는 이력서 작성이 중요하다는 이야기다. 이른바 '튀어야' 한다는 것이다. 따라서 어떻게 하면 인사 담당자의 눈에 띌 만한 톡톡 튀는 이력서를 작성할지 고민해야 한다. 그렇다고 이력서를 과장되거나 허위로 작성하면 큰코다친다. 어느 기업의 인사 담당자는 나와의 인터뷰에서 "정직성과 신뢰감을 가장 중요시하는 기업 문화에서 불성실한 이력서는 '쥐약'과 마찬가지입니다."라면서 "구직자들은 이력서 작성시 과대 포장하기보다는 객관적으로 자신의 실력을 나타낼 수 있도록 노력해야 합니다."라고 조언해 주기도 하였다. 따라서 이력서를 작성할 때, 가장 중요한 것은 그 기업의 요구에 맞는 이력을 일목요연하게 눈에 띌 수 있도록 구성하는 것이라 할 수 있겠다.

02
이력서 작성 요령

성명 및 생년월일

성명은 한글과 한자 모두 적고, 성명 뒤에는 도장을 찍는다. 생년월일은 서기로, 나이는 만 나이로 기재한다.

연락처

직접 연락이 가능한 전화번호와 응시 부문을 기재한다. 핸드폰 등 비상 연락처도 함께 기재한다. 특히 이력서의 주소지가 현 거주지와 일치하지 않을 경우엔 분명하게 연락받을 수 있는 곳을 명시하는 것이 좋다.

현주소 및 본적

본적이나 현주소는 통·반·호수까지 정확하게 기재하며, 호적 신고가 늦었다든지 해서 인적 사항이 실제와 다르더라도 주민 등록 등본이나 초본에 기재된 내용과 동일하게 작성한다.

호적 관계

특히 유의할 부분이다. 호주와의 관계는 호주 쪽에서 본 자신의 관계를 말하는 것이므로, 자기 쪽에서 본 관계를 쓰지 않도록 주의해야 한다. 예를 들면, '부'나 '모'가 아닌 '장남' 또는 '삼녀' 등으로 기재해야 한다. 호주는 대개 부친일 경우가 많으며, 호주와의 관계는 부모의 입장에서 본 인의 관계를 기재하면 된다.

학력

초등학교부터 최종 학력까지 입학과 졸업 연월일을 쓰되, 너무 길어지는 경우에는 고등학교 입학 때부터 작성하기도 한다. 군 경력은 학력 속에 포함시켜 연대순으로 기입한다.

경력 사항

업무와 관련된 경력을 위주로 최근의 것부터 기재한다. 기간과 관계 기관명 등도 명기한다.

특기 및 상벌 사항

국가 공인 자격증이나 면허증 취득 사항 등을 기재한다. 특히, 응시 기업의 업종에 부합하는 비공인 자격증을 취득하였을 경우에는 그 내용도 빠짐없이 정리하고, 이때 반드시 취득일과 발행 기관을 명기해야 한다.

상벌 사항은 교내외 행사나 대회 수상 경력이라도 지원 회사의 업종과 연관하여 뜻밖의 효과를 가져올 수도 있으므로, 융통성 있게 기재하는 재치가 필요하다.

어학 실력이 요구되는 요즈음에는 외국어 구사 능력을 매우 중시하므로, 외국어와 관련된 자격증이나 수상 경력이 있으면 강조하여 언급하는 것도 돋보이는 이력서가 되는 방법이다.

자신의 장점을 잘 보여 줄 수 있는 특기나 교내외 행사 및 대외 수상 경력, 외국어 관련 수상 경력, 언어 연수 등을 기록한다.

사회봉사 활동 강조

각종 사회봉사 활동 경험과 동아리 활동들을 상세히 언급하는 것이 유리하다. 특히 사회봉사 활동 실적을 취업에 도움이 되게 하기 위해서는 봉사활동 확인서를 해당 봉사 기관에서 발급받아 두어야 한다.

신체 및 병역 사항

주로 남자들이 작성하는 부분이다. 병역 사항은 복무 기간·군별·계급 등을 적고, 면제를 받았을 경우에는 면제 사유도 기재한다.

사진

3개월 이내에 촬영한 것으로 단정하고 밝은 인상을 주는 사진을 붙인다. 이력서의 작은 사진 부착난에 연연해 사진을 손상시켜서는 안 된다. 이력서 규격난을 넘치게 부착하더라도 인물의 원형이 파손되지 않도록 사진을 붙여야 한다. 즉석 사진이나 스냅 사진을 잘라 붙이는 것을 삼간다.

국한문 허용

요즘엔 이력서라고 하면 한결같이 한글로 작성하는데, 간혹 국한문 혼용으로 작성된 이력서를 보면 새롭다. 아직도 신입 사원 채용을 담당하는 간부들은 한문 구사 능력을 실력의 중요한 가늠자로 여기고 있으므로 국한문을 혼용하는 것이 좋다. 신경 써야 할 것은 흑색 필기구로 쓰되, 서체는 명조체로 또박또박 깨끗하게 써야 하며, 오자나 탈자가 없도록 주의해야 한다. 전체를 한자로 쓸 필요는 없지만, 국한문 혼용으로 작성하는 것이 바람직하다.

검정색 펜으로 깔끔하게 작성

차분하게 여유를 가지고 또박또박 작성하도록 한다. 오자나 탈자가 없도록 하고, 틀린 글자가 있을 때 수정액으로 지우고 고쳐 쓰기보다는 깨끗한 용지에 다시 쓰는 게 낫다. 깨끗하게 작성된 샘플은 버리지 말고 잘 보관해 두었다가, 다음에 필요할 때 보고 쓰면 시간을 절약할 수 있다.

간결한 이력서가 보기에도 좋다

이력서는 전체적으로 한눈에 들어올 수 있도록 간결하면서 깔끔하게 작성하도록 한다. 그리고 부득이하게 수정을 해야 할 경우에는 수정한 부분에 본인의 도장으로 정정하는 것을 잊어서는 안 된다.

과장 없이 솔직히 기술

자신의 장점을 최대한 살리되, 결코 허위 사실이나 과장된 내용을 기재해서는 안 된다. 이는 상당히 중요한 사항으로, 허위 사실이 면접 과정에서나 입사 후에라도 밝혀지면 입사가 취소되므로 반드시 사실만을 기재하도록 한다.

마무리 점검

'위와 상위 없음' 또는 '위와 같이 틀림없음'을 기입한 뒤에 하단에 작성 연월일, 본인 성명을 자필 서명한 후 날인한다. 오자·탈자가 없는지, 접히거나 더럽혀지지 않았는지 다시 한 번 확인한 후 우송한다. 가급적 직접 제출하거나 큰 봉투에 넣어 등기로 우송하는 것이 좋다. 마지막으로 구김이나 흠이 없도록 깨끗이 제출하는 것을 염두에 두고 이력서, 자기소개서, 졸업 증명서, 성적 증명서의 순으로 봉투에 넣어 제출한다.

03
자기소개서 작성 요령

　취업의 첫 관문인 서류 전형에서 이력서가 개개인의 전체 사항을 대강 보여 주는 기초 자료라면, 자기소개서는 한 개인의 보다 깊은 부분을 포괄적으로 이해할 수 있는 구체적인 자료다. 즉, 조직 생활이라 할 수 있는 기업에서 가장 궁금해 하는 부분이 대인 관계, 조직에 대한 적응력, 성격 등이라 할 수 있는데 이러한 것들을 알 수 있는 내용을 자기소개서를 통하여 보고 싶어하는 것이다. 더 나아가 기업들은 자기소개서를 통하여 문장 구성력, 논리력뿐만 아니라 자신의 생각을 표현해 내는 능력까지 보기를 원하는 것이다.

　과거 기업들이 인재를 채용하는 방식은 주로 필기시험이었으나, 이제 필기시험보다는 최종 학교 학업 성적 및 각종 자격증 그리고 갈수록 인성을 중요시하는 경향이 전 기업으로 확산되고 있다. 말하자면 학력과 전공 분야의 실력 외에도 사람 됨됨이가 어떤지 알아보는 데 중점을 두고 있다는 이야기다. 그것은 이제 기업들이 독불장군식의 천재 한 명을 원하기보다는, 조직의 한 일원으로서 조직의 공동 목표 달성에 동참하여 일익을 담당해 낼 수 있는 지혜로운 인재를 원하는 쪽으로 방향이 바뀌었음을 뜻한다. 이처럼 바뀐 취업 방식 속에서 이제 자기소개서는 합격 여부에 지대한 역할을 하게 된다. 뿐만 아니라 필기시험을 통해 채용을 실시하는 기업이라 하더라도, 자기소개서는 개인에 대한 중요한 이해 자료로 활용되고 있으니 절대 소홀히 할 수 없는 부분임을 명심해야 한다.

기업에서 자기소개서를 요구하는 이유

우리가 시험을 치를 때 출제자의 의도를 파악하는 것이 중요한 것처럼, 자기소개서를 쓸 때에도 왜 기업이 자기소개서를 요구하는지 기업의 의도를 파악하는 것도 매우 중요하다. 왜냐하면 그래야 기업의 요구에 맞는 자기소개서를 작성할 수 있기 때문이다. 그러면 기업들은 왜 자기소개서를 원하는 것일까?

첫째, 개인의 가정 환경과 성장 과정을 살펴보기 위해서다.

한 개인의 현재를 파악하는 가장 좋은 방법은 그 사람의 과거를 알면 된다. 현재의 비밀은 과거 속에 답이 있기 때문이다. 인간은 누구나 환경의 지배를 받고 살기 때문에, 어떠한 환경이나 여건에서 어떠한 모습으로 성장해 왔는가 하는 것은 개인의 성격 형성에 적지 않은 영향을 미치게 된다. 따라서 기업은 이러한 이유로 자기소개서를 통하여 개인의 성격 또는 가치관을 파악하고자 한다. 특히 가정 생활이나 학교 생활을 어떻게 했는지를 통하여 대인 관계나 조직에 대한 적응력, 그리고 성실성, 책임감, 창의성 등도 파악할 수 있게 된다.

둘째, 왜 자기 회사에 들어오려는지 동기를 알아보기 위해서다.

무슨 일이든 시작에 있어 그 동기가 뚜렷하지 않은 사람은 성취감을 느끼기도, 또 성과를 내기도 힘들다. 입사를 앞두고 자기가 취업하고자 하는 회사에 대한 동기가 뚜렷하지 않으면, 입사를 하더라도 그다지 의욕과 긍지를 느끼지 못하게 된다. 따라서 기업에서는 자기소개서를 통해 그 사람이 어떠한 동기로 입사를 희망하게 되었고, 입사 후에는 어떠한 자세로 임할 것인지 등을 파악하게 된다.

셋째, 문장력과 필체를 보기 위해서다.

조직 생활에서 공식적인 의사 전달 과정은 주로 글을 통해 이루어진다. 따라서 자신의 생각이나 의견을 글로 표현하는 능력은 매우 중요하다. 이와 더불어 자기소개서에 나타난 글씨와 필체를 통하여, 어느 정도 개인의 문장력이나 성격 파악까지도 가능하다고 한다.

자기소개서를 작성하는 요령

이제 왜 기업들이 자기소개서를 요구하는지 이유를 알게 되었는가? 자기소개서는 이토록 중요한 역할을 하기에 그냥 대충 작성해서는 안 될 것이다. 반드시 형식과 논리에 맞게, 또 읽는 사람으로 하여금 마음에 울림이 있게 작성해야 할 것이다. 문제는, 이력서와 마찬가지로 자기소개서 역시 어떤 일정한 양식이 따로 없다는 데 있다. 그럼에도 불구하고 자기소개서에 반드시 들어가야 하는 내용으로는 가정 환경과 성장 과정, 성격, 가치관, 장래성 등을 들 수 있을 것이다.

자기소개서는 ①자기 ②소개 ③서의 세 부분으로 나누어 볼 수 있는데, 먼저 '①자기'에서는 자기에 관한 글이기 때문에 자신의 정체성(identity), 자기 자신의 특성이 잘 나타나야 한다. 남과 다른 자기만의 능력이나 긍정적이고 독특한 품성, 해당 분야를 공부하기에 적절한 성격 등이 골고루 나타날 수 있어야 한다. '②소개'에서 소개한다는 것은 알린다는 의미 이상이다. 목적의식을 지닌 글이기 때문에 강한 호소력을 필요로 한다. '③서'에서는 글이라는 사실을 명심해야 한다. 뷔퐁은 "글은 사람이다."라고 했다. 한 편의 글은 그 사람의 인격을 대변한다는 이야기다. 여기에서 제일 중요한 요소는 나의 살아온 이력에 대해 공감할 수 있는 진솔한 내용과, 상대방의 마음을 움직이게 할 수 있는 논리적 설득력이다. 이상을 정리하면 결국 **자기소개서란 자기의 특성을 객관적으로 표현하여 상대방을 설득하는** 글이라 할 수 있다. 그럼 이러한 자기소개서의 작성 요령을 구체적으로 살펴보도록 하자.

첫째, 성장 과정을 언급하라.

자신이 어릴 때부터 성장해 온 과정을 연대기적으로 기술해 나간다. 가족 사항이나 가풍을 반드시 언급하고, 중·고교와 대학 등 학창 시절에서 특기할 만한 점은 독특한 체험이나 에피소드를 섞어 가면서 작성하면 효과적이다. 이때 중요한 것은 최종 학교에 대해서는 좀 더 지면을 할애해 구체적으로 언급해야 한다는 점이다. 왜냐하면 인사 담당자가 가장 궁금히 여기는 부분이 바로 최근의 모습이기 때문이다.

둘째, 자신의 장점을 최대한 어필하라.

자신이 가지고 있는 좋은 점이나 특기 사항에 대하여서는 구체적으로 언급하는 것이 중요하다. 외국어 능력이 뛰어나다거나 리더십이 강하다거나 또는 업무 수행상 도움이 될 수 있는 특기 사항이 있다면, 자신의 체험과 함께 자세히 기술해야 한다. 이 과정에서 주의해야 할 것은 혹시 장점 어필이 자기 자랑처럼 여겨져서는 안 된다는 사실이다. 자기 자랑은 오히려 역효과를 낳을 뿐이기 때문이다. 이때 장점 어필이 자기 자랑처럼 보이지 않게 하기 위해, 자신의 단점 한두 가지를 솔직히 인정하면서 개선의 태도를 보이는 것도 좋은 방법이 될 수 있다.

셋째, 입사 지원 동기를 구체적으로 밝히라.

지원 동기의 중요성에 대해서는 이미 앞에서 언급한 바 있다. 반드시 자신의 꿈과 연결시키는 것이 중요하다. 좀 더 구체적 방법론으로, 막연한 일반론을 펴는 것보다 지원 회사와 직·간접으로 연관이 있는 내용들을 함께 언급하는 것이 좋다. 즉, 지원 회사의 업종이나 특성 등에 자신의 전공 또는 희망을 연관시켜 입사 지원 동기를 구체적으로 밝혀 주는 것이다. 이를 위해 평소 신문이나 해당 기업의 사보 또는 기타 자료, 인터넷 등을 통해 미리 준비해 두는 것이 필요하다.

넷째, 장래 희망과 포부를 말하라.

앞으로의 희망 내지 각오를 말할 때에는 '열심히' 또는 '최선을 다해'라는 막연한 표현보다는, 일단 그 회사에 입사했다는 가정하에 목표 성취와 자기 개발을 위해 어떠한 계획이나 각오를 가지고 일에 임할 것인지를 구체적으로 언급하는 것이 좋다. 또한 지원 회사의 업종에 맞게 성격을 재포장하는 지혜도 필요하다.

자기소개서를 작성할 때 유의해야 할 것

이번에는 자기소개서를 작성할 때 유의해야 할 사항에 대해 알아보자. 이때 중요한 것은 긍정적으로 서술하는 것과 진솔하고 간단명료하게 작성하는 것 등을 들 수 있을 것이다.

첫째, 긍정적으로 서술하라.

부정적인 인생관이나 사회관 또는 타인을 비방하는 내용들은 자기소개서에 아무런 도움이 되지 않는다. 이런 것이 지나치면 오히려 마이너스 요인으로 작용할 수도 있다. 따라서 밝고 긍정적인 인생관으로 패기 있게 앞날에 대한 소신을 피력하는 것이 중요하다. 한편, 자기소개서는 결국 입사를 위한 자기 PR이므로 지나치게 겸손하고 소극적인 모습을 보여서는 안 된다는 사실을 명심해야 할 것이다.

둘째, 상세하면서도 간단명료하게 쓰라.

자기소개서는 인사 담당자로 하여금 제법 많은 분량의 글을 읽어야 하는 부분으로, 자칫 잘못하면 지루한 느낌을 주어 부정적인 평가로 흐르기 십상이다. 따라서 이를 방지하기 위한 테크닉이 필요하다. 우선 이야기를 너무 장황하게 늘어놓아서는 안 되며, 과다한 수사법이나 지나치게 추상적인 표현 등도 금물이다. 이러한 것들이 읽는 사람을 지루하게 만드는 주범이기 때문이다. 따라서 문장은 간단명료하면서도 구체적이고 현실성 있는 어휘를 사용해야 하며, 설득력도 있어야 한다. 분량은 따로 정해 주는 경우에는 그것에 따르도록 하고, 대개 200자 원고지 여섯 매 분량이 가장 적당하다.

셋째, 진솔하게 작성하라.

자기소개서에 절대 과장되거나 거짓된 내용이 있어서는 안 된다. 인사 담당자에게 잘 보이기 위해 없었던 일을 허위로 과장하거나 꾸며 대어서는 절대 안 된다는 이야기다. 가정 형편이 어려웠다거나 하는 것들을 부끄럽게 생각할 필요가 없다. 오히려 그것을 극복하고 일어선 자신의 강한 의지를 보여 주면 더 큰 효과를 얻을 수 있다.

넷째, 평상적인 어투로 시작해서는 안 된다.

'나는…', '저는…' 따위의 평범한 어투로 시작하는 문장은 가급적 지양하는 것이 좋다. 이렇게 소개되는 자기소개서는 '개성이 없다'는 느낌을 줄 우려가 있다. 자기소개서는 가급적 하나의 작문을 쓰는 기분으로 쓰는 것이 좋으며, 적절한 제목을 따로 붙여 보는 것도 좋은 방법이라 할 수 있다.

다섯째, 시간적 여유를 갖고 깨끗하게 작성하라.

제출용 자기소개서는 충분한 시간을 갖고 초고를 작성한 후, 수정과 보완 과정을 거쳐 완성하는 것이 좋다. 그리고 여러 가지 알록달록한 색깔 펜을 사용하는 것보다 검정 펜으로 일관되게 작성하는 것이 안정감을 줄 수 있다. 여기저기를 여러 번 수정하는 일이 없도록 해야 하며, 띄어쓰기와 맞춤법에 주의하는 것도 잊지 말아야 한다. 가능하면 한자를 적절히 섞어 쓰는 것도 좋으나, 시험관도 모를 난해한 한자를 쓰는 것은 피하는 것이 좋다. 오자와 탈자가 없도록 유의하고, 고사 성어나 인용구를 쓸 때에는 반드시 그 문장에 적절한지를 알고 써야 한다.

여섯째, 개성 있는 자기소개서가 어필한다.

자기소개서 작성시 개인의 성장 과정이나 생각 등을 적어 내려가다 보면, 자칫 천편일률적인 내용이 되기 일쑤여서 읽는 사람이 지루해지게 마련이다. 수많은 응시자의 자기소개서 가운데 눈에 띄게 하기 위해서는 독특하게 작성할 필요가 있다. 문장력이 뛰어나다면 금상첨화겠지만, 그렇지 않더라도 작문을 하는 것처럼 제목을 특이하게 붙여 본다든지 '나는…', '저는…' 등의 평상적 어투에서 벗어나 자신의 좌우명이나 선현의 말씀 등을 인용, 읽는 이로 하여금 호기심을 불러일으키고 미소를 짓게 하려는 노력이 필요하다.

일곱째, 회사에 따라 내용을 달리 작성하라.

하나의 자기소개서를 가지고 여러 군데 회사에 중복 사용하는 것은 절대 금물이다. 인사 담당자들은 자기소개서 읽기 전문가들이기 때문에 이를 금방 알아차리게 된다. 따라서 지원 회사의 성격이나 업무 내용에 따라 내용을 조정하는 융통성이 필요하다. 언론사나 방송사라면 우등상보다는 번뜩이는 재치와 창의력, 대내외의 활발한 활동이 돋보일 수 있겠고, 일반 기업의 경우 업무 능력과 연관된 활동 내용과 성실성이 높은 점수를 받을 수 있다. 똑같은 내용으로 자기소개서를 여러 통 작성해 두기보다는 지망 분야에 따라 두세 종류의 자기소개서를 준비해 두는 것이 좋을 것이다.

여덟째, 경력자는 실무 경력을 위주로 작성하라.

경력자의 경우에는 성장 과정이나 성격 등과 같은 기초적인 내용보다는, 실제 업무 경험 및 능력을 자기소개서에 담는 것이 보다 중요하다. 따라서 실제로 경험했던 업무 내용을 위주로 기술하고 처리가 가능한 업무 범위, 처리 능력 등을 명확히 기술해야 한다.

| 자기소개서(견본) |

성장 과정

어린 시절 저는 사고뭉치였습니다. 아직도 무릎에 선명하게 남아 있는 각종 흉터들이 어린 시절의 저를 대변하는 듯합니다.

중학교에 들어가 반장, 회장 등의 직책을 맡으면서부터는 의젓함과 책임감을 갖추게 되었습니다. 공부에만 몰입하기보다는 많은 경험을 쌓기를 원하셨던 부모님의 교육으로 고등학교 시절에도 해군사관학교 입소, 서클 활동, 대면식 주관 등의 활발한 활동을 하며 즐거운 학창 생활을 했습니다. 무엇이든 두려워하지 않고, 한 가지 생각에 빠져 버리는 것을 지양하는 성격이기에 지금도 또래의 친구들보다는 풍부한 경험을 가지고 있다고 자부합니다.

성격의 장단점

저는 짬뽕과도 같은 사람입니다. 제 안에는 무수히 많은 개성이 있습니다. 때로는 넘치는 정의감에 강한 모습으로 일의 시비를 가리는가 하면, 때로는 누구보다도 섬세한 모습으로 여린 감정을 드러내 보이기도 합니다. 저를 깊이 오래 사귄 친구들은 제 변화무쌍한 모습을 좋아합니다. 평범한 인상이지만, 보면 볼수록 매력이 넘쳐 나는 인물이라는 칭찬도 종종 듣습니다. 이미 직장 생활에 뛰어든 선배들은 저를 보고 "너는 정말 직장 생활을 잘할 인물이야. 내가 회사를 차린다면 너 같은 애를 쓸 텐데…."라고 말씀하시곤 합니다. 늘 웃는 얼굴을 가지고 예의 바르게 행동했기 때문인 것 같습니다.

한 가지 색깔로 정의되는 사람은 너무 밋밋합니다. 다양한 재료들이 각각의 맛을 가진 채 어우러져 풍미를 지니게 되는 것과 같이 저, 이영주는 짬뽕과도 같은 사람입니다.

관심 분야 및 희망 업무

저는 생명 존중과 인권 존중의 마인드를 가지고 있습니다. 이번 여름에 필리핀의 오지에 찾아가 자원봉사 활동을 펼치고 돌아온 이유도 여기에 있습니다. 저보다 열악한 환경에서 생활하는 사람, 가진 것 없고 배운 것 없는 사람들의 삶까지도 포용하고 어우르려고 노력하는 삶, 바로 제가 추구하는 삶입니다. 앞으로도 지속적으로 사회와 이웃에 힘이 될 수 있는 활동들을 벌여 나갈 계획입니다.

직업관 및 입사 후 포부

저는 회사에서 필요로 하는 인재가 되기 위해 부단히 노력하고 있습니다. 지금껏 인성을 함양하고 기본적인 생각을 정립하는 데 치중해 왔다면, 지금부터는 제 스스로의 상품 가치를 높이기 위한 작업에 착수할 것입니다. 방학을 이용해 '취업 영어 특강'을 신청해 수강하고 있으며, 기본적으로 다룰 줄 아는 한글·워드·엑셀 외에도 파워포인트·홈페이지 제작의 컴퓨터 기술을 습득할 계획입니다.

대학 시절 각종 행사를 직접 기획하고 홍보하고 진행하는 경험을 통해서 스스로의 소질을 발굴하고 매력을 찾을 수 있었습니다. 특히 가요제를 기획하고 사회를 보았던 경험은 무척이나 인상 깊었습니다. 제가 낸 아이디어가 현실화되어 행사를 성공적으로 끝냈을 때의 그 쾌감이랜! 항상 깨어 있는 사고로 변화를 두려워하지 않고 참신한 발상으로 세상에 도전하고 싶습니다.

저는 낙천적이고 서글서글한 성격으로 낯선 사람과도 쉽게 친해집니다. 특히 외국인과 대화하는 것을 즐깁니다. 이러한 제 성격은 앞으로 기획·홍보 분야의 일을 해 나가는 데 있어 장점으로 작용할 것입니다. 전문적인 교육을 받은 경험은 없지만, 연계 분야로 취업해 보다 더 깊은 공부를 하고 싶습니다. 제 전공을 살려 제약 회사나 환경 친화적 모토를 걸고 있는 회사에 취업하게 된다면, 보다 깊은 통찰력으로 기획 및 홍보 분야에서 활약하고 싶습니다.

04

차별화 없는 이력서·자기소개서

– 내 이력서는 전단지?

지금은 퍼스널 브랜드 시대다. 자신만의 스토리가 있어야 취업에 도전해 볼 만한 시대이기에 좀 더 색다른 이력서와 자기소개서가 필요하다. 이력서라는 것은 개인의 이력, 즉 학력·자격 사항·특기 사항·수상 내용 등을 담은 서류를 말한다. 이러한 이력서에 포함된 경력, 학력, 외모, 외국어, 자격증, 기타 등에서 가장 중요하게 평가하는 것은 무엇일까? 커리어넷의 설문 조사에 의하면 경력 69.35%, 학력 7.26%, 외모 7.26%, 외국어 4.03%, 자격증 4.03%, 기타 8.06%를 차지한다는 결과가 나왔다고 한다. 결국 이력서에서 가장 중요한 것은 학력이나 스펙이 아니라 다양한 경력임이 밝혀진 것이다.

학생 신분으로 경력을 쌓기 위한 방법에는 무엇이 있을까? 아마도 대부분 자격증, 토익 점수 등을 생각하기 쉬울 것이다. 이 때문에 너나할것 없이 대부분 비슷한 방법으로 비슷한 스펙을 준비하여, 많은 지원자들이 상향 평준화된 스펙을 갖는 결과를 낳기도 하였다. 하지만 여기서 경력이란 그 업무와 연관된 경험을 뜻한다. 만약 그토록 고생하여 취득한 자격증과 토익 점수가 그 업무와 연관이 없다면, 그것은 회사가 요구하는 경력에 단 한 줄도 들어갈 수 없다는 사실을 기억해야 한다.

넘쳐 나는 무개념 지원자들?

내가 기업의 인사 담당자들을 만나 인터뷰해 보면, 아직도 무개념 지원자들이 많다는 하소연을 종종 듣게 된다. 그토록 입사가 중요하다고 하면서도 정작 입사의 첫 관문이라 할 수 있는 이력서 작성에서부터 무개념(?) 지원자들이 많다는 이야기다. 도대체 왜 이런 현상이 나타나며, 또 무개념 지원자란 어떤 사람을 말하는 것일까?

먼저 이력서 양식이 정해진 대기업의 경우, 지원자가 1차 서류 면접에서 내가 제출한 이력서가 휴지통으로 직행하지 않으려면 최소한의 채용 공고를 읽어 보는 것이 상식일 텐데, 그것조차 무시하고 우선 지원하고 보자는 생각에서 작성한 이력서가 너무 많다고 한다. 채용 공고에 분명히 '이력서 우측 상단에 연락처와 응시 분야를 명기하십시오.'라는 문구가 들어 있는데, 이를 보지 못해 생기는 웃지 못할 해프닝이다.

요즘에는 이력서와 자기소개서를 대부분 온라인으로 접수받고 있는데, 이 때문에 생기는 해프닝도 적지 않다. 이때 구직자들이 범하는 대표적 실수 중 하나가 친절하게 받는 사람 이메일 주소에 여러 회사의 이메일 주소를 기입하는 것이라 한다. 만약 본인이 인사 담당자라면 이 서류를 어떻게 처리하겠는가? 내가 인사 담당자라 하더라도 바로 쓰레기통으로 던져 버릴 것이다.

한편, 많은 구직자들 중에는 아직도 문구점에서 종이 이력서를 사서 그냥 빈칸만 채워 제출하는 경우를 종종 볼 수 있다. 도대체 이것은 어쩌자는 것인가? 또 많은 지원자들은 인터넷을 통해 모범 답안을 검색하거나, 합격한 사례를 보고 그대로 따라서 작성한 이력서를 보내는 경우가 다반사다. 문제는 이런 이력서의 경우, 수많은 사람들이 따라 하기 때문에 천편일률적인 느낌을 주게 된다. 이 역시 인사 담당자가 이력서를 쓰레기통에 던져 버릴 요인이 되기에 충분하다.

또한 많은 구직자들이 이력서와 자기소개서를 하루아침에 후딱 작성하는 경우를 보게 된다. 하지만 이것은 절대 금물이다. 이런 이력서와 자기소개서 역시 휴지통으로 갈 확률이 매우 크기 때문이다. 이력서, 자기소개서는 절대 하루아침에 작성하는 유의 것이 아니다. 내가 취업하고 싶은 회사에 입사해 자신이 관심 가는 직무를 맡고 싶다면, 관련 직무에 적합하게 나 스스로를 계발하고 새로운 역량을 발굴해서 그에 걸맞게 노력하는 과정을 통하여 이력서와 자기소개서가 작성되어야 한다. 따라서 이력서와 자기소개서는 대학을 들어가는 순간부터 아니, 이제는 초등학교 때부터 준비가 이루어지는 것이 바람직하다. 대학교에서도 입학 사정관 등을 활용해 학교 성적뿐만 아니라 자신의 진로를 위해 얼마나 꾸준히 준비해 왔는지를 중요한 평가 항목으로 다루고, 그런 사람을 선발하는 비율이 높아지고 있기 때문이다.

아마 당신도 길을 가다가 또는 집의 우편함을 통하여, 받고 싶지 않거나 나에게 필요도 없는 전단지를 받은 경험이 있을 것이다. 그때 당신은 그 전단지를 어떻게 처리했는가? 아마도 대부분 쳐다보지도 않고 쓰레기통에 버려 버렸을 것이다. 그런데 내가 보낸 이력서가 만약 그런 전단지 취급을 받는다면 어떤 기분이 들겠는가? 아마도 수치감에 가슴이 덜덜거릴 것이다. 그럼에도 불구하고 수많은 입사 희망자들이 오늘도 내 이력서를 이 회사, 저 회사에 마치 전단지 배포하듯 제출하는 경우가 너무도 많다. 이런 전단지 이력서를 잔뜩 받은 회사에서는 그 전단지 이력서를 모아서 버릴 쓰레기봉투값이 아깝다고 여기지 않겠는가. 그러니 제발 내 이력서가 최소한 전단지 취급은 받지 않게 정성을 기울이기 바란다.

오늘도 원점?

오늘도 실패하는 구직자들의 자화상을 살펴보자. 그들은 만날 인터넷만 검색하고, 자신이 알고 있는 취업 관련 사이트에만 접속한다. 문제는 그 취업 관련 사이트에는 대부분 취업을 희망하는 많은 구직자들이 동시에 접속하고 있기 때문에, 자신이 특별한 기회를 얻기에는 어려움이 있다. 기업은 한정되어 있는데 지원하고자 하는 사람들은 매우 많기 때문이다. 따라서 오늘도 실패하고 원점으로 돌아가지 않기 위해 필요한 것은 취업 관련 사이트에서 특별히 내가 얻을 수 있는 정보가 무엇인지, 각자가 전략적으로 접근해야 한다는 사실이다.

오늘도 실패하는 구직자가 되지 않기 위해 다른 경쟁 지원자들과 차별화된 취업 준비가 요구된다. 차별화된 취업 준비를 위해 여러 가지를 할 수 있겠지만, 내가 주장하는 것은 인사 담당자를 직접 만나 정보를 얻고, 스토리가 있는 나만의 SNS 이력서·자기소개서를 준비하라는 것이다. 다른 지원자들처럼 수동적이고 소극적인 준비보다 좀 더 능동적이고 적극적으로 인사 담당자와 소통함으로써 친분을 쌓고 인맥을 형성하는 과정에서 조언을 얻을 수 있고, 다른 지원 경쟁자들이 알지 못하는 중요한 입사 정보도 얻을 수 있지 않겠는가. 그럴 때 나는 좀 더 실패하는 구직자에서 성공하는 구직자로 나아갈 수 있게 될 것이다.

05
스토리 있는
SNS 이력서·자기소개서

　　요즘 청년들이 취업 학원에 다니면서 수십만 원에서 수백만 원까지 지출하며 이력서 작성법, 자기소개서 작성법, 면접 잘 보는 방법 등을 배우고 있는 것을 보면 참 안타까운 심정이 들 때가 많다. 왜냐하면 결국 이러한 취업 학원에서 배운 구직자들이 작성한 이력서와 자기소개서의 십중팔구가 비슷한 문체, 경력, 봉사활동 등으로 이어져 있기 때문이다. 이 때문에 기업의 인사 담당자들은 도대체 어느 지원자를 선발해야 할지 어려움이 많다고 나와의 인터뷰에서 하소연한 적이 있었다.

　　이런 문제를 해결하기 위해 당신은 어떻게 해야 한다고 생각하는가? 기업체 인사 담당자들로부터 환영받는 인재로 눈에 띄게 하려면 과연 나는 어떻게 해야 할까? 일단 채용 시장의 최신 트렌드를 익히는 것이 중요하다. 최근 채용 시장의 트렌드는 앞에서도 이야기했듯이 SNS다. SNS의 발전에 힘입어 이제 SNS만으로 채용하는 기업들이 점점 늘어 가고 있다. 실제로 SK·기업은행이 트위터를 통해 직원을 채용했고, 삼성·LG 등은 블로그나 페이스북, 트위터로도 채용했다.

이전까지 지원자에 대해 기업이 알 수 있는 방법은 이력서와 자기소개서가 다였다. 하지만 SNS 계정을 확인해 보면 단순한 이력서와 자기소개서에서 알 수 있는 것 외에도, 지원자의 인맥·성격·관심 사항·취업을 하기 위해 노력은 했는지, 이력서와 자기소개서에 쓴 것이 사실에 입각해서 작성한 것인지 객관적인 사항들을 확인할 수 있다. 이 때문에 최근 많은 기업들이 이력서에 SNS 계정을 기입하라고 별도로 칸을 만들어 놓기도 한다.

지원자의 입장에서는 마치 민낯을 들킨 여인처럼 기분 나쁠 수도 있겠지만, 수많은 지원자들 중에 옥석을 가려내야 하는 회사의 입장에서는 SNS 계정이 매우 고마운 존재라 하지 않을 수 없다. 따라서 이제 정말로 취업을 원하는 구직자라면 SNS 이력서, 자기소개서에 신경 써야 할 시대를 맞이하였다고 할 수 있다.

기업의 채용시 SNS 실제 활용 실태

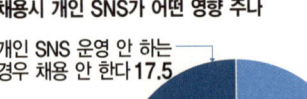
기업 인사 담당자 SNS 활용도 조사

자료: 잡코리아

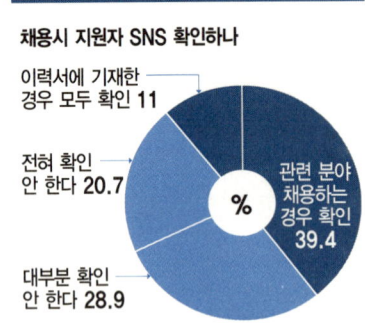

채용시 지원자 SNS 확인하나

- 이력서에 기재한 경우 모두 확인 11
- 전혀 확인 안 한다 20.7
- 대부분 확인 안 한다 28.9
- 관련 분야 채용하는 경우 확인 39.4

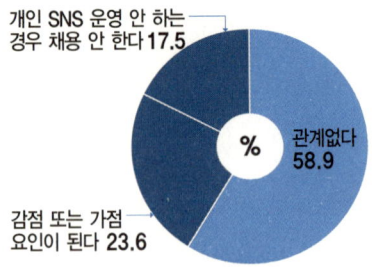

채용시 개인 SNS가 어떤 영향 주나

- 개인 SNS 운영 안 하는 경우 채용 안 한다 17.5
- 관계없다 58.9
- 감점 또는 가점 요인이 된다 23.6

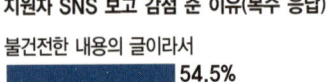

지원자 SNS 보고 감점 준 이유(복수 응답)

- 불건전한 내용의 글이라서 54.5%
- 부정적 사고가 엿보여 48.5%
- 특정 물품 홍보·판매하는 경우 33.3%
- 특정인이나 특정 기업에 대한 험담 때문 28.8%

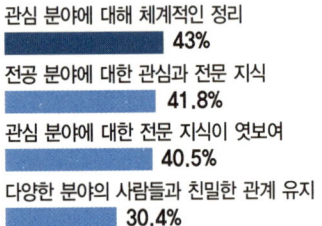

지원자 SNS 보고 가산점 준 이유(복수 응답)

- 관심 분야에 대해 체계적인 정리 43%
- 전공 분야에 대한 관심과 전문 지식 41.8%
- 관심 분야에 대한 전문 지식이 엿보여 40.5%
- 다양한 분야의 사람들과 친밀한 관계 유지 30.4%

출처(잡코리아 www.jobkorea.co.kr)

잡코리아에서 기업 인사 담당자들을 대상으로 한 설문 조사 결과, 'SNS를 방문하고 채용에 참고한다'가 50%를 넘는다는 사실은 주목할 만 하다. 또한 개인 SNS를 운영하지 않을 경우, 17%가 넘는 회사에서 채용하 지 않는다는 결과가 나온 것은 매우 중요한 대목이라 하지 않을 수 없다. 아마도 이 데이터를 통해 SNS가 채용 시장에서 얼마나 큰 위력을 발휘하 고 있는지 실감하였을 것이다.

SNS를 통한 채용 정보는 일반 구직 사이트보다 유리한 경우가 많다. 왜냐하면 채용 정보를 실시간으로 퍼뜨리기 때문에 잘만 활용하면 좋은 기회가 주어지고, 이때 당신이 지원하고자 하는 기업의 인사 담당자와 질문과 답변을 통해 더욱 가까워질 수 있는 계기를 마련할 수 있기 때문이다. 역지사지로 인사 담당자 역시 당신에 대하여 이력서 내용 이외에 더 많이 알고 싶어한다는 사실을 기억해야 한다. 이 때문에 인사 담당자는 활용하기 쉬운 존재인 검색을 통해 여러분을 뒷조사(?)한다. 그때 활용될 수 있는 것이 여러분의 SNS 이력서·자기소개서라는 것을 잊어서는 안 될 것이다. 만약 당신이 직접 체험하고 경험한 내용들로 진정성 있게 그리고 전문성 있게 채워진 SNS 이력서·자기소개서가 인사 담당자의 눈길을 끌게 된다면, 취업은 이미 따 놓은 당상이 될 것이다.

SNS 이력 관리를 위한 서비스

결론부터 말하자면 나의 지론은 블로그를 기본 베이스로 활용하는 것이다. 혹자는 트위터, 페이스북 등의 강력한 플랫폼이 생기면서 블로그가 사라질 것이라 말했지만, 오히려 블로그는 더욱 강력한 플랫폼으로 활용되고 있다. 따라서 트위터, 페이스북, 유튜브, 링크드인, 링크나우 등 다양한 플랫폼 중 누구나 쉽게 접근할 수 있는 블로그를 중심으로 활용하길 바란다. 그러나 이것은 나의 주장과 경험일 뿐 각자의 상황에 맞게, 취업하고자 하는 기업에 맞게 준비하는 것이 핵심이다.

블로그는 포털 사이트에서 검색·노출이 쉽게 반영되는 장점이 있다.

여러분이 포스팅한 내용들이 포털 사이트에서 쉽게 검색이 되기 때문에, 블로그를 활용하면 보다 많은 사람들에게 나를 알릴 수 있다. 또 블로그를 중심으로 트위터와 페이스북으로 확장하는 방법도 생각해 볼 수 있다.

블로그는 글뿐 아니라 사진, 동영상 등의 콘텐츠를 쉽게 올릴 수 있지만 트위터나 페이스북은 블로그보다는 아직 부족하다. 특히 트위터는 검색보다 확장의 기능이 강한 플랫폼이다. 짧은 140자의 글자로 신속한 정보 전달에 용이하며, 휘발성이 매우 강하다. 그리고 상대의 승인 없이도 무작위로 관계를 맺을 수 있기 때문에 진정한 친구는 아니라는 단점이 있다. 이와 대조적으로 페이스북은 서로간의 친분 관계를 쌓고 있는 사이에서 유용한 플랫폼이다. 각각의 세세한 기능들에 대한 이해는 각자 포털 사이트 검색을 통해 확인해 보기 바라고, 각각의 SNS 플랫폼에 대한 간단한 내용을 정리하자면 다음과 같다.

블로그

소셜 네트워크 서비스(social network system)의 기본으로 블로그가 자리 잡고 있다. 쉬운 접근성과 사용하기 편리한 인터페이스, 비용이 들지 않는 경제성, 나만의 다이어리식 콘텐츠를 쌓을 수 있다. 1인 미디어로 자신의 의견을 세상에 널리 알릴 수 있고, 포털 사이트에서 검색도 쉽게 될 수 있다. 트위터와 페이스북은 블로그와 연인 사이로, 블로그를 베이스로 트위터와 페이스북을 통해 더 널리 알릴 수 있다.

페이스북

개인간 교류 사이트로 사람 찾기 프로필 검색 서비스에서 시작되었다. 단순 인맥 관리를 넘어 정보의 유통 채널로서 중심 역할을 하고 있고, 인맥을 중심으로 한 인적 네트워크로서 정보의 확산은 트위터보다 느리나 진정성 있는 정보 공유가 가능하다.

트위터

언제 어디서나 정보를 실시간으로 교류하는 빠른 소통이 특징이다. 정보의 확산 속도가 매우 빠르다. 인맥 중심인 페이스북과 달리 불특정 다수와 정보를 공유하고, 원하는 대로 친구 관계를 맺고 끊을 수 있는 네트워킹으로 강력한 전파력을 갖고 있다.

링크드인, 링크나우

비즈니스용 SNS인 링크드인(외국계 비즈니스용 SNS)과 링크나우(국내 비즈니스용 SNS)에 대한 관심도 높아지고 있다. 비즈니스용 SNS는 참여자의 비즈니스 효율성을 높일 수 있는 다양한 기능을 제공한다. 짧은 시간 안에 손쉽게 인맥을 확장하고 비즈니스 파트너를 발굴하며, 커리어 개발을 할 수 있는 것이 장점이다.

특히 링크나우(www.linknow.kr)는 직장인·기업인·전문가를 위한 비즈니스용 SNS로, 한국에서 인맥 확장을 위한 매개 역할을 하는 강력한 플랫폼이다. 꾸준하게 많은 링크나우 사용자가 좋은 직장을 얻고 사업 수주,

투자 유치, 업무 제휴, 비즈니스 파트너 제휴 및 동업, 각종 마케팅과 인프라 구축에 성공했다. 링크나우 사용자는 대기업, 중소기업, 공공 기관 등에서 비즈니스 리더로 활동하고 있는 고급 경력직 종사자와 기업인이 80% 이상을 차지하고 있다. 또한 다양한 부가 기능들을 활용해 자신의 퍼스널 브랜드를 강화하고, 다양한 분야의 사람들과 인맥을 확장하며, 실시간으로 다양한 사람들과 소통할 수 있다. 인맥을 연결하면 상대방에게 내 소식과 프로필 변동을 쉽게 알릴 수 있고, 인맥 분류가 자동화되며, 메시지를 보낼 수 있다.

한편, 구직자는 전문 분야·직책·경력·학력 등을 상세히 프로필로 작성하고, 고용주인 사용자는 인물 검색 기능을 이용해 다양한 키워드로 인재를 검색해 회사가 필요로 하는 인재를 발굴할 수 있다. 그뿐 아니라 프로필 기반의 서비스로 인물 검색, 인맥 확장, 채용, 그룹, 행사 예약, 주소록, 아는 사람 찾기, 직장 동료 찾기, 대학 동창 찾기, 질문 답변, 추천서 작성 등 다양한 기능을 제공한다.

SNS 이력서, 자기소개서 무슨 내용을 담아야 하나?

대부분의 네티즌들은 SNS를 검색용이나 친구들과 연락하는 용도로만 활용하고 있다. 이제 반대로 콘텐츠를 생산해 담아내는 보석 상자로 활용하는 것은 어떨까? 사람은 양파 같아야 한다는 말이 있다. 바로 까도 까도 새로운 면모가 보이는 양파 같은 사람, 그 사람에게는 무언가가 더 있을 것 같은 그런 사람 말이다.

인사 담당자는 제출한 이력서와 자기소개서만 보는 것으로 끝내지 않는다. 이 사람에게는 뭔가가 더 있을 것 같은 양파와 같은 사람으로 보일 경우, 뒷조사에 들어간다. 검색을 통해 지원자의 SNS를 확인하고 더 많은 것을 알아낼 것이다. 그리고 1차 서류 면접을 통과시키고, 2차 심층 면접에서는 직접 구두로 더욱 자세히 알아보기 위해 질문을 해 주는 센스를 발휘하는 것이 요즘의 인사 담당자의 역할이고 대세다.

대부분의 인사 담당자들은 결과를 많이 낸 경험 많은 지원자를 선호한다. 그렇기 때문에 차별화된 SNS 이력서·자기소개서를 채우기 위해서는, 내가 바로 그 기업에서 원하는 최고의 적임자임을 증명할 수 있는 콘텐츠가 필요하다. 내가 바로 이 기업에서 채용하려는 인재고, 내가 바로 직무와 맞는 기초 역량을 가진 인재라는 것을 어필해야 한다는 것이다. 따라서 포스팅을 하더라도 다른 사람들과 같이 일반적이고 취업과 관련 없는 내용으로 콘텐츠를 생산할 것이 아니라 취업과 관련된 나의 성격, 나의 전공, 나의 과외 활동, 나의 적응력, 나의 창조성, 나의 리더십, 나의 긍정성, 나의 미래성 등으로 채워야 한다! 물론 일반 자기소개서처럼 내용을 포스팅하는 것이 아니라, 자기소개서에 작성한 것들을 증명할 수 있을 정도의 사진·동영상 등을 통해 한눈에 쉽게 파악될 수 있도록 하는 것은 필수다.

구체적인 경험을 바탕으로 콘텐츠를 담되, 기업의 업무와 관련된 콘텐츠를 담아내는 것이 중요하다. 그래야 자기소개서의 지원 동기를 증명할 수 있지 않겠는가. 자신의 자율 활동, 동아리 활동, 진로 활동, 봉사 활동, 특별 활동 등의 사진, 동영상으로 자신의 능력을 증명해야 한다. 그리고

■ 자기소개서에서 호감을 주는 문구 (단위%)

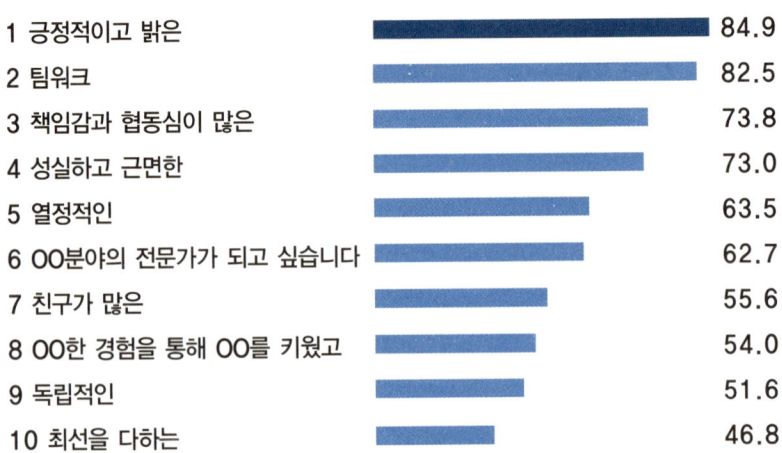

1 긍정적이고 밝은	84.9
2 팀워크	82.5
3 책임감과 협동심이 많은	73.8
4 성실하고 근면한	73.0
5 열정적인	63.5
6 OO분야의 전문가가 되고 싶습니다	62.7
7 친구가 많은	55.6
8 OO한 경험을 통해 OO를 키웠고	54.0
9 독립적인	51.6
10 최선을 다하는	46.8

■ 자기소개서에서 식상함을 주는 문구 (단위%)

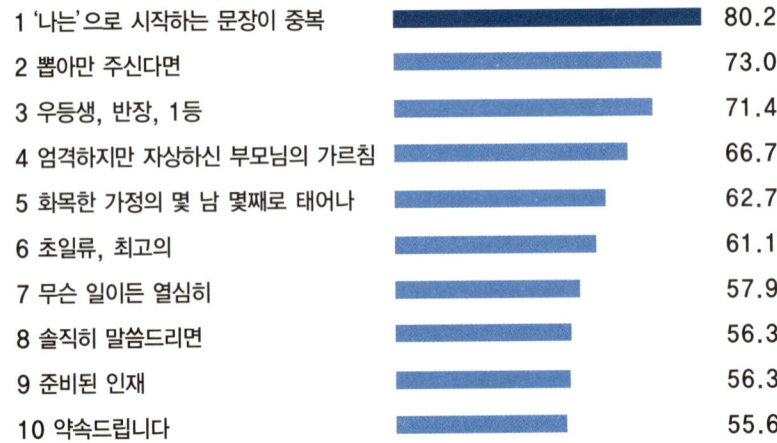

1 '나는'으로 시작하는 문장이 중복	80.2
2 뽑아만 주신다면	73.0
3 우등생, 반장, 1등	71.4
4 엄격하지만 자상하신 부모님의 가르침	66.7
5 화목한 가정의 몇 남 몇째로 태어나	62.7
6 초일류, 최고의	61.1
7 무슨 일이든 열심히	57.9
8 솔직히 말씀드리면	56.3
9 준비된 인재	56.3
10 약속드립니다	55.6

100인 이상 기업 인사 담당자 126명 대상 조사(복수 응답) 자료 : 인쿠르트

자신의 포부와 비전을 담아내고, 각종 관련된 내용들은 추상적이지 않게 객관적이고 구체적으로 수치화해야 한다.

자기소개서를 작성하는 데 정말 마음속에 와 닿지 않는 추상적인 단어들을 활용해 현란한 문구를 작성하려는 지원자들이 많다. 이는 시간 낭비, 노동 낭비일 뿐이다. 바로 휴지통으로 직행하는 신세를 면치 못한다. 지원자는 무조건 다른 경쟁자보다 눈에 띄어야 한다. 따라서 문구를 작성하더라도 역지사지로 생각하며, 내가 인사 담당자라면 '이 문구가 들어간 지원서를 어떻게 할 것인가?'를 고민하며 작성하는 지혜가 필요하다. 다음에 자기소개서에 호감을 주는 문구와 식상함을 주는 문구를 소개했으니 참고하기 바란다.

먼저 SNS를 배워라

최근 많은 사람들이 자신도 SNS 마케팅을 하겠다며 배우러 다니기도 한다. 나 역시 마케팅에 대해 공부하겠다고 마음먹고 열심히 쫓아다니곤 했던 기억이 생생하다. 그러길 몇 년이 지나 지금은 마케팅에 대한 강연뿐 아니라 내가 가지고 있는 콘텐츠를 알리는 데 SNS를 매우 유용하게 활용하고 있다.

나는 지금 대학 전공과는 전혀 관련 없는 일들로 더 많은 에너지를 쏟고 있다. 대학 전공보다 사회에서 배운 전공을 더 많이 활용하게 되었기 때문이다. 전공이라는 것은 자기가 잘하는 것이 전공이지 꼭 대학에서 배운 것만이 전공이 아니다. 우리는 주변에서 대학을 나오지 않고서도 얼마든지 훌륭한 사업을 펼치는 사업가를 발견할 수 있지 않은가. 결국 자신이 좋아하고 잘하는 것이 전공인 것이다.

내가 사회에서 관심 갖고 좋아하게 된 분야는 단연 마케팅과 진로에 관해서다. 그렇게 진로에 대해 관련 서적도 많이 보고 배우고 연구한 덕택에 공교육인 초·중·고등학교, 대학교뿐 아니라 사회 교육인 학원·청소년 수련관·평생 교육원 등에서도 많은 강연을 하고 있다. 물론 나만의 콘텐츠인 진로와 마케팅에 대해 공부하기까지는 많은 시간과 노력이 뒤따랐다. 그리고 나만의 콘텐츠이자 상품을 알리려면 마케팅을 빼놓을 수 없었다. 그래서 마케팅에 대해 더욱 많이 공부하고 연구하고 테스트해 본 결과 좋은 일들이 많이 있었고, 지금도 이어지고 있다. 결국 1인 미디어 역할을 하게 된 것이다. 1인 미디어가 되기 위해 포스팅한 것은 절대 아니다. 그저 좋아서, 관심이 가서 열심히 포스팅하다 보니 다양한 곳으로부터 러브콜을 받은 것이다. 내가 교육 기관에 "저 좀 써 주세요."라고 한 것이 아니라 바로 나를 모셔 간 상황이 된 것이다.

인터넷의 발달로 나뿐 아니라 다양한 사람들이 자신의 역량을 인터넷이라는 공간을 활용해 알릴 수 있게 되었다. 각자 그들의 콘텐츠를 담아내고, 그 콘텐츠들이 포털 사이트에서 검색되고, 많은 네티즌으로부터 공감이 형성되고, 그 안에서 공감된 네티즌의 친구들에게 추천을 하고, 추천받은 친구들은 또 다른 친구들에게 추천한다. 이렇게 끊임없이 연결되어 네트워크 효과를 보게 된 것이다. 그로 인해서 각종 방송 프로그램에 출연하게 되고, 그에 따른 전파력으로 더 많은 연봉으로 러브콜을 받고, 사업하는 사람들은 더 많은 매출을 올리고 있다. 역시 나를 모셔 가는 상황이 연출되고 있다.

이런 일들은 이제 먼 나라 이야기, 나와는 관련 없는 사람들의 일이 아니다. 바로 당신이 주인공이 될 수 있고, 구직을 희망하는 여러분도 얼마든지 그럴 수 있다. 자신이 잘할 수 있는 것이 무엇인지부터 고민하고, 자신의 장점을 발견했다면 그것을 혼자만 알고 있지 말고 자신감을 갖고 세상에 알리는 일부터 시작하라. 그리고 인사 담당자와 적극적으로 소통하고, 그로 인해 인사 담당자가 나의 SNS 이력서·자기소개서를 볼 수 있도록 하라. 그리고 온라인을 통해 서로 의견 교환을 하고, 인터뷰 요청으로 오프라인에서도 만나 볼 기회를 적극적으로 만들라. 그러다 보면 당신도 러브콜을 받고, 당신을 서로 모셔 가겠다고 나서는 회사가 더욱 많아질 것이다.

산골 소년 병천이의 예

산골 소년 병처니's Story(http://minna55.blog.me/)

병천이는 부모를 따라 6년 전, 서울에서 전북 장수로 귀농한 '산골 소년'이었다. 하지만 병아리 부화기를 직접 만들어 부화한 병아리를 분양하고, 부화기를 농가에 보급해 '병아리 에디슨'으로 유명해졌다. 결국 박병천 군은 건국대학교 입학 사정관 전형인 KU 자기 추천 전형으로 동물생명과학대학 동물 자원학과에 합격(2013학번)했다.

건국대 입학 사정관실은 '귀농 후 집안일을 도우며 동생을 돌보는 장남 역할과 함께, 창의적인 사고와 능력으로 오랫동안 작물 재배와 동물 사육 등 대학 전공과 관련한 농업 경영 분야의 활동을 통해 성과를 냈다. 또 관련 분야에 대해 호기심, 열정, 도전 정신이 돋보였다'고 평가했다. 그리고 '동물생명과학대학 동물 자원 과학과 모집 단위 관련 활동과 열정이 충분하고, 농촌진흥청이 발간하는 '월간 축산' 등 전공 관련 서적을 꾸준히 읽는 등 과학 교과목을 열심히 공부할 잠재력이 충분하다'고 평가했다. 병천 군은 자기소개서에 자신을 '미래 농축산업 혁명을 통한 글로벌 비전을 실현할 인재'며, '세상과의 소통 능력과 창의적인 도전 정신을 갖춘 농축산업 인재'라고 표현했다.

병천 군은 또한 지구촌 곡물 시장의 40%를 차지한다는 세계 최대 농산물 기업 카길(Cargill)의 한국 법인 카길애그리퓨리나의 장학생이기도 하다. 카길애그리퓨리나는 '병천이는 또래와 달리 미래 계획이 뚜렷하고 꿈이 확실한 학생'이라며, '병천 군 같은 친구들이 축산업의 미래를 짊어질 수 있도록 장학금을 지원했다'고 한다. 그렇다면 병천 군은 어떻게 이런 성과를 낼 수 있었을까?

서울에서 살았던 박병천 군은 2006년, 아버지 고향인 전북 장수군으로 가족과 함께 귀농했을 당시만 해도 농촌 생활에 어려움이 많이 따랐다고 했다. 하지만 아버지가 병천 군에게 닭 몇 마리를 가져다 주면서 병천 군의 인생은 달라지게 되었다. 병천 군은 인터넷 검색을 통해 닭에 대해 공부하며, 병아리를 부화시키는 방법을 연구하기 위해 직접 부화기를 제작하기도 했다. 병천 군은 결국 다양한 노력 끝에 대형 자동 부화기를 개발하는 데 성공했다. 이런 병천 군의 귀농 생활과 '병아리 에디슨' 스토리는 신문·방송 등 여러 언론에도 소개됐다.

병천 군은 자신의 귀농 스토리를 담은 블로그 '병처니's Story'를 개설했다. 방문자가 폭주했고, 현재까지 방문자가 94만 명을 넘을 정도가 되었다. 병천 군은 농업인 블로그 대회 최우수상도 받았고, 귀농한 부모님과 함께 자연 친화적인 삶을 사는 사람들과 동호인 카페(장수숲)도 운영하게 되었다. 그뿐 아니라 고교 회계 경제 상식 퀴즈 대회 최우수상도 받았고, 2012년에는 전북 학생 과학 발명품 경진 대회에서 금상을 받기도 했다.

병천 군의 이야기는 '단순 팩트가 아닌 스토리', 'SNS를 활용한 취업 트렌드'를 잘 보여 준 사례라 할 수 있을 것이다. 병처니's Story는 이력서와 자기소개서로만 확인할 수 없었던 지원자의 진정성을 확인할 수 있는 병천 군만의 플랫폼이고, 세상과 연결될 수 있도록 매개 역할을 해 준 병천 군만의 보물 창고이자 스토리 보고다. 이제 당신도 병천 군과 같은 스토리를 만들어 보지 않겠는가.

06
좋은 자기소개서의 조건

자기소개서는 태어나서 지금까지 나의 생활과 사고, 인격적인 측면 등 모든 면에서 지원하는 회사에서 일할 자격이 충분함을 설득하는 글이다. 그렇다면 어떤 자기소개서가 좋은 자기소개서로 평가받을 수 있을까. 좋은 자기소개서는 다음과 같은 요건을 갖춘 글이라 할 수 있다.

좋은 자기소개서의 요건

자기가 잘 나타난 글

자기가 잘 나타나는 글이 가장 좋은 자기소개서임은 두말할 나위가 없다. 그러나 자기소개서를 잘 쓴다는 것은 그대로 자기를 드러내기만 하는 것보다는, 자기의 장단점을 솔직하게 쓰면서도 상대방에게 호감을 줄 수 있어야 한다. 자기소개서의 글을 잘 쓴다는 것은 솔직한 자기 모습을 쓰되, 호감을 갖게 하는 기술을 의미한다.

객관적인 글(솔직한 글)

자기소개서는 자기를 소개하는 글이지만 주관적 성격의 글이 아니다. 자기를 드러내는 데 있어 자기 주관에 휩싸여 서술하는 것은 설득력을 보이기 어렵다. 비록 자기 이야기라 하더라도 솔직하고 객관적으로 서술해야 한다. 객관적으로 자기 자신을 제시할 수 있을 때, 그 사람에 대한 신뢰감은 물론 공감까지 얻을 수 있다.

논리적 설득력을 지닌 글

자기소개서에서 제일 중요한 점은 논리적 설득력을 지니는 것이다. 자기소개서를 읽는 인사 담당자는 이 분야 전문가라는 사실을 염두에 둘 필요가 있다. 따라서 인사 담당자들에게 호소력을 지니려면 탄탄한 논리적 구성이 가장 중요하며, 이에 특별히 신경 써야 한다.

표현이 명료한 글

문장이 비문법적이거나 장문(長文), 표현에 군더더기가 많은 것, 진부하고 구태의연한 문장 및 화려한 표현법, 추상적이고 연대기적 나열에 가까운 글은 좋은 글이 아니다. 문장이 단순명료해야 하고, 표현이 명료하여 군더더기가 느껴지지 않으며, 진실한 마음이 잘 우러나 설득력이 높은 글이 좋은 글이다.

자기(성격, 흥미, 특기)와 지원 분야가 일치하는 글

자기소개서는 자기의 성격과 흥미, 지금까지 공부한 모든 것이 지원하기를 원하는 부서에서 필요로 하는 품성과 기초 실력일 때 강력한 효과를 발휘한다. 예를 들어, 신문사에 지원하는 구직자가 1,2 학년 때 학생부 진로 지도난에 장래 희망이 법관으로 적혀 있는데도 어려서부터 신문 기자를 하고 싶었다고 쓰는 것은 커다란 감점 요인이 되고 말 것이다.

어렸을 때 가정 분위기, 부모님의 교육관, 가정 환경, 가훈

자기소개서의 도입부는 특별한 형식이 없는 한 어렸을 때의 이야기로 시작한다. 이때의 이야기는 장황하게 늘어놓아서 많은 분량을 차지하는 일이 없도록 주의한다. 간략하게 요약하면서도 핵심을 잘 제시해야 하는데, 객관적 사실보다는 자기 인생을 지배하게 된 가정 환경, 부모님들의 교육 철학, 가훈, 인생관 등이 나타나는 것이 좋다.

어렸을 때 인생 전체에 영향을 준 사건, 책, 큰 영향을 준 인물

어린 시절에 대한 서술에서 강한 인상을 주는 방법으로는 자기 인생 전체에 영향을 준 사건을 일화 형식으로 제시하거나 아주 감명 깊게 읽은 책, 주변이나 위인들 중 자기 인생에 절대적으로 영향을 미친 인물에 대해 현재와 미래를 관련지어 이야기하면 좋다.

초등학교·중학교 때의 특별한 기억들(특별 활동, 수상 실적, 주요 관심 영역)

초등학교와 중학교 시절에 대한 서술도 너무 장황하게 늘어지지 않도록 유의해야 한다. 이때에 뛰어난 점을 일일이 다 서술할 필요는 없으나, 전국적인 규모의 큰 시상이나 남들과 비교해서 아주 뛰어난 재능이나 경험은 서술해도 좋다. 진로를 결정하게 된 계기가 있으면 어느 시간이든지 간에 빼놓지 않고 서술해야 한다.

최종 학교(특별 활동, 동아리 활동, 봉사 활동, 좋아하는 과목과 그 이유, 수상 실적, 컴퓨터 및 외국어 능력, 각종 자격증, 학생회 활동, 기타 자기를 드러낼 수 있는 일화)

최종 학교에 대해서는 비교적 소상하게 제시해야 한다. 특별 활동반과 거기에서 배우고 느낀 점, 동아리 활동을 했다면 거기에서 배운 것과 느낀 점, 봉사 활동을 하면서 느낀 점, 좋아하는 과목과 그 이유, 교내외의 각종 수상 실적들을 나열하면서 자기의 장점을 부각시키는 것이 좋다. 컴퓨터 실력을 보여 주기 위하여 개인 홈페이지가 있다면 주소를 써서 확인시키고, 각종 사이버 공간에서의 활동도 소상하게 적는 한편, 외국어 능력을 증명할 수 있는 토익·토플·일본어 검정 시험 등의 성적도 제시한다. 자격증이 있다면 자격증 소개는 물론 어떤 이유에서 자격증을 땄는지, 그 과정에서의 느낌을 서술해도 좋다. 학생회 임원으로 활동했다면 활동 내용을 자세히 서술하고, 그 과정에서 느끼고 배운 점을 서술하며, 기타 남과 달리 독특한 경험과 기억이 있다면 주저 없이 일화 형식으로 소개한다.

인생관, 자기 성격의 특성, 장래 희망

자기소개서의 끝은 자기의 인생관, 철학이 나타나도록 좌우명 같은 것을 소개하는 것도 좋은 인상을 남긴다. 자기의 독특한 성격이나 습관, 장래 희망을 서술한다. 삶에 대한 자기의 의지를 보일 수 있는 문구로 마치면 무난하다.

07
이런 자기소개서,
반드시 탈락한다

　채용 담당자가 한 명을 채용하기 위해 봐야 하는 채용 서류는 수백 장에서 수천 장에 이른다. 그런데 이때 지원자들과 채용 담당자의 입장이 완전히 갈리게 된다. 지원자들은 당연히 자신이 보낸 채용 서류를 채용 담당자가 꼼꼼히 봐 줄 것이라 생각한다. 하지만 입장을 바꿔 놓고 생각해 보라. 당신이라면 수백, 수천 장의 채용 서류를 하나도 빼놓지 않고 처음부터 꼼꼼히 읽을 수 있을 것인지! 기계가 한다면 몰라도 인간이 그렇게 하기란 거의 불가능하다. 결국 채용 담당자가 자신이 보낸 채용 서류를 꼼꼼히 읽고 의사 결정을 할 것이라는 생각은 지원자의 큰 오해가 되는 셈이다.

　하지만 어쩌랴. 자기소개서가 통과되어야 다음 단계라도 밟아 볼 수 있으니! 따라서 무엇보다 주목받는 자기소개서를 작성하는 것은 서류 전형 통과의 관건이라 하지 않을 수 없다. 그렇다면 어떻게 자기소개서를 작성해야 최소한 쓰레기통으로 직행하지 않을 수 있을까. 다음에 채용 담당 실무자들이 가장 싫어하는 자기소개서의 예를 들었으니, 혹시 나의 자기소개서가 여기에 포함되지 않는지 잘 살펴보기 바란다.

나쁜 자기소개서의 타입

스테레오형

'저는 서울 불광동에서 1975년 3월에 2남 1녀의 막내로 태어났습니다. 공무원이셨던 아버님은 엄격함과 자상함으로 저희 형제들을 이끌어 주셨으며, 어머님은 아버님의 완고함을 부드러움으로 보완하면서…'

수많은 이력서를 접수받는 채용 담당자는 이 같은 자기소개서를 하루에도 수십 장 이상 접하게 된다. 자기소개서 사례에서 옮겨 놓은 듯한 자기소개서는 채용 담당자의 눈을 벗어나는 첫 번째 유형이다. 자기만의 독특한 자기소개서를 작성하는 것이 훌륭한 자기소개서의 출발이다.

감정 오버형

'비록 제가 능력은 부족하지만 만약 저에게 같이 일을 할 수 있는 기회를 제공하여 주신다면, 이것을 저의 숙명이라고 여기고 어떠한 일이라도 최선을 다하겠습니다. 지금까지 저를 알고 있는 모든 사람들은 신의와 성실로 일관한 저의 생활 자세와 적극적인 자세에 대하여…'

의욕과 성실함을 과시하려다 보면 감정에 휩쓸려서 자칫 생각 없는 감정형으로 비쳐질 수도 있다. 물론 채용에서 무시할 수 없는 중요한 기준은 조직에 대한 몰두와 헌신성이지만, 최근에는 조직에 대한 단순 헌신형보다는 비판적 창조형이 더 선호된다는 점을 고려해야 한다.

경력 나열형

'…대학에서 경험했던 과외 활동으로는 벤처 창업 동아리·여행 동아리와 영어 회화반 및 경영학과 학회 활동 등에 열심이었으며, 통신 모임으로는 유니텔 경영 사례 연구회 등에 소속되었습니다. 이와 같은 다양한 동아리 활동을 통해서 얻은 지식과 경험은 지금도 대학 시절의 가장 큰 추억으로 남아 있습니다. 먼저 벤처 창업 동아리 활동을 통해서…'

특별한 경력이 없다고 생각되면 다양한 활동을 소개하면서 '이 중에 하나쯤은 걸리겠지' 하는 생각을 가질 수도 있지만, 이는 큰 오산이다. 자기소개서에는 자신의 능력과 역량을 적절하게 보여 주어야 하지만, 불필요한 군더더기가 많은 경우에는 오히려 산만하게 보이기도 한다. 꼭 필요한 내용은 담아 주고, 불필요한 부분은 과감하게 삭제하는 것이 더 효과적이다.

사소한 실수형

우리는 항상 많은 실수 속에서 살아간다. 아주 사소한 오자·탈자나 누구든지 이해할 수 있을 만한 숫자의 오류, 많은 제출 서류 가운데에서 단 하나의 서류만을 첨부하지 못할 수도 있다. 혹은 마감 시간을 조금 넘겨서 제출할 수도 있는 일이다. 하지만 이런 사소한 실수들 때문에 당신은 서류 전형에서 아주 사소한 차이로 탈락될 수 있다. 만약에 자기소개서에 아주 작은 오류나 실수가 있다고 한다면, 수정액으로 지우거나 쓰는 것보다는 깨끗하게 다시 쓰는 것이 좋다.

역사 교과서 부록형

'1984년에 한국고등학교에 입학하였으며, 1987년에 한국고등학교를 졸업하였습니다. 동년 한국대학교 영문과에 입학하였습니다. 재학 중 90년부터 92년까지 강원도 철원에서 군 복무를 수행하였으며, 다시 복학 후 94년에 졸업하였으며, 졸업과 함께 '주식회사 한국'에 입사하였습니다. 이후 94년부터 97년까지는 인사 팀에 근무하였으며, 97년부터 현재까지 경영 기획 팀에 근무 중…'

자기소개서는 자신의 경력을 요약한 자료집이 아니라 왜 자기가 일을 해야 하는지에 대하여 설득하는 글이어야 한다. 강약과 리듬이 있는 자기소개서를 작성하는 것이 중요함을 잊지 말아야 할 것이다.

08
자기소개서 예문의 모든것

1. 자기소개서 - 애경산업, 압축

안녕하십니까? 저는 145769번 최○○입니다.

저는 1980년 4월, 대구에서 태어났습니다. 저는 초등학교 졸업쯤에 아버지가 돌아가셔서 어머니 밑에서 자랐습니다.

홀로된 어머니의 강한 생활력과 자식을 위해 헌신하시는 모습을 보며, 저는 어머니에게 결코 실망스런 아들이 되지 않도록 열심히 살아야 한다고 다짐했습니다.

저는 잘 참을 줄 알고 자신의 일은 자신이 선택하고 책임질 줄 알아야 한다는 소신을 갖고 있기에, 책임감과 성실성만큼은 자신이 있다고 생각합니다.

저는 대학에서 문헌 정보학을 전공했습니다. 문헌 정보학과라 하면 도서관에서 도서를 관리하는 것 이외에도 각종 매체의 문서나 미디어·인터넷 정보를 수집하고 관리, 경영하는 능력까지 배웠습니다.

이 정보 관리 능력을 영업에 접목시킨다면 남 못지않게 능력을 발휘할 수 있다고 생각합니다. 저에게 애경산업에서 근무할 기회를 주신다면, 애경산업 영업부의 귀재가 되어 보겠습니다. 감사합니다.

2. 자기소개서 – 스튜어디스

성장 과정 : 부모님께서는 "마음을 굳게 가지고 도전하면 어떤 일이든 안 되는 것이 없다."라고 가르쳐 주셨습니다. 이것이 곧 저의 생활 신조가 되어, 아무리 힘든 일을 만나도 포기하지 않고 해결하는 방법을 열심히 찾으며 노력하는 습관을 가지게 되었습니다. 무엇을 하라고 다독거리기보다는 항상 뒤에서 훌륭한 버팀목으로 서 계시면서, 제가 하려고 하는 일에 아낌없는 지원을 해 주신 부모님 덕분에 반듯하게 성장할 수 있었습니다. 그리고 항상 넉넉하신 인심으로 주위 이웃 분들에게 모범이 되시는 어머니와 힘든 삶 속에서도 웃음을 잃지 않으시는 아버지의 밝은 모습을 보며, 저 또한 긍정적인 사고방식과 밝은 성격을 지니게 되었습니다.

성격의 장·단점 : 밝고 명랑한 성격으로 새로운 환경에 적응을 잘하고 남들과 쉽게 친해지는 성격으로 고등학교 때에는 반장을 맡아 학우들을 이끌었고, 대학 생활 동안 프레젠테이션 발표와 스터디 그룹 활동 등에 참여했습니다. 최근에 프레젠테이션 발표의 리더를 맡아 다른 팀원 모두에게 역할을 분담하고 목표를 설정하는 데 참여하도록 하여 철저한 준비로 발표를 마치자, 교수님께서 "발표는 이렇게 하는 것이다."라고 칭찬을 아끼지 않으셨습니다. 이를 통해 성취감을 느꼈고, 동시에 팀원들과의 협동심과 리더십에 대해 많이 배울 수 있었습니다.

반면에 개구쟁이 같다는 소리를 많이 듣지만 그를 통해 원만한 대인 관계를 유지할 수 있었고, 어느 장소에서건 그 자리에서 부담 없이 어울리고 즐거운 대화의 장을 만들 수 있도록 개선하였습니다. 또한 주위 사람들의 충고를 수렴할 수 있는 포용성과 친구들의 카운슬러 역을 떠맡았던 사교성을 승무원 자질에 적용하여, 동료들과 쉽게 융화하고 훌륭한 팀워크를 이루어 고객 만족을 극대화할 수 있다고 사료됩니다.

경력 : 대학 진학과 더불어 더 많은 경험을 쌓고자 아르바이트를 하게 되었습니다. 처음 사회 경험으로 돈을 벌어 보았을 때, 얼마나 돈 벌기가 힘들고 그동안 부모님께서 사랑과 정성으로 저를 뒷받침해 주셨는지 고마움을 느꼈습니다.

비록 아르바이트지만 1년 넘게 의전 행사를 하면서 친절과 미소로 늘 실전처럼 고객을 대하였습니다. 고객이 요청하기 전에 항상 고객의 입장에서 생각해 보는 마음가짐으로 고객이 제 가족, 친구들이라고 생각하면서 서비스를 제공하였습니다. 일하는 동안은 힘들지만, 일이 끝나고 직원분들의 "수고하셨어요. 감사합니다."라는 작은 그 한마디에 보람과 성취감을 느끼곤 하였습니다. 이런 경험을 통해 어떠한 상황에도 적응할 수 있고 뜻밖의 일도 예측할 수 있는 통찰력과, 고객을 앞서 생각하는 서비스 정신을 배울 수 있었습니다.

동기 및 입사 후 포부 : 최고의 서비스와 안전을 바탕으로 우리나라 최고의 항공사로 성장하고 있는 아시아나의 구인 광고를 보았습니다. 끊임없는 서비스 개선으로 고객 만족을 창출하는 귀사의 모습을 보며 푸르른 창공에서 세계 각지의 사람들을 만나 견문을 넓히고, 여성 전문인으로서 귀사와 함께 성장할 수 있다는 생각이 들었습니다.

저는 경찰학과를 전공하였지만 결코 승무원의 업무와 연관성이 없다고 생각하지 않습니다. 경찰이란 직업은 '국민의 안전'이 가장 중요한 사안이지만 승무원은 그 대상만 다를 뿐, '고객의 안전'을 최우선으로 한다는 공통점이 있어 서비스 오리엔테이션을 갖추고 있다고 자부합니다.

언젠가 18년 비행 경력의 승무원이 바쁜 비행 스케줄 속에서도 자신의 목표를 위해 노력하여, 국내 여승무원 최초로 박사 학위를 취득했다는 기사를 읽었습니다. 그 모습을 보며 존경심과 함께 저의 10년 후를 그려 보며, 좋은 서비스와 열정을 넘어서 국제적 매너와 학문적 지식 등을 뒷받침하여 고객이 편안하고 안전한 비행을 할 수 있도록 좋은 여행 파트너가 되겠다고 다짐했습니다. 입사 후에는 늘 초심으로 꾸준한 자기 계발과 동료들과의 훌륭한 팀워크를 이룰 수 있도록 친화력을 키워서 타인에게 솔선을 보이고, 나아가 고객에게 수준 높은 서비스를 제공할 수 있는 글로벌 인재로 거듭나고 싶습니다.

감사합니다.

3. 자기소개서 - 교정직 공무원

성장 과정 : 저는 평범하지만 두 부모님 밑에서 많은 사랑을 받으며 부족함 없이 어린 시절을 보낸 거 같습니다. 하지만 고등학교 때부터 시작한 나의 외지 생활은 순탄하지는 않았습니다.

처음으로 집 떠나 고생이란 것을 하면서 부모님에 대한 사랑, 소중함, 인내 등 내 자신에 대해 인격적으로나 모든 면에서 그 시기에 겪었던 경험이, 지금에 저에게는 살아오면서 여러 위기와 어려움 속에서도 꿋꿋하게 견뎌 낼 수 있었던 힘의 원동력이었던 거 같습니다.

성격 및 장·단점 : 저의 성격은 정직하고 솔직한 게 장점이지만 때론 이것이 단점이 되곤 합니다. 성실해 보인다는 소릴 많이 들으며 자라 왔고, 저에게 있어서 제가 가지고 있는 많은 단점과 부족함이 지금까지도 저를 끊임없이 노력하게 만듭니다. 그리고 무언가를 한번 해야겠다 하면 끝까지 포기하지 않고 해내는 성격입니다.

교정직 공무원 지원 동기 : 예전에 저의 직업은 집을 교정하는 사람이었습니다. 그 일도 나름대로 보람된 일이었지만 종교를 가지게 되면서 저의 생각은 바뀌었습니다. 집보다는 사람을 교정하는 일이야말로 이 세상에 가장 보람되고 좋은 직업이라고 생각했습니다.

다시 태어나도 이 직업을 선택하고 싶습니다. 그리고 귀소 지원 동기는 어느 날 우연히 인터넷 카페에서 어느 종교인의 따뜻한 글 하나를 보게된 것이 계기가 되었습니다.

내용은 귀소 직원 중에 진급을 포기하고 현직에 계시면서 야간 신학대학 과정을 마치고 전도사로서 활동하시는 분이 이곳 홍성교도소에 계시고, 직원 분들이 모두 따뜻하게 대해 주셔서 고맙고 감사드린다는 글이었습니다. 이런 곳이라면 내 인생을 바쳐도 되겠다는 생각에 지원하였습니다.

앞으로의 포부 : 교도소 내 각종 사건 사고가 수용자들의 거실 내에서 문제가 많이 발생한다는 이야기를 들었습니다. 저는 건축과 인테리어를 전공했습니다. 그래서 교도소 내 각종 공간, 특히 수용자 거실에 관심이 많이 있습니다.

제 맡은 바 임무와 역할을 충실히 해 나가면서도 나름대로 많은 관심을 가지고 노력해서 현대 교정 발전에 조금이나마 도움이 되는 일을 하는 것이 제 목표이자 꿈입니다.

4. 자기소개서 – 공무원

성장 과정 : 저 박○○는 수수하고 순박한 사람들이 많이 살고 있는 충

남 ○○에서 1남 2녀 중 막내로 태어나, 모든 일에 저의 결정을 믿고 지지해 주시는 아버지와 매일 자신감을 주시는 인자한 어머니 밑에서 많은 사랑을 받으며 자랐습니다. 그러면서도 농사일을 하시는 부모님의 부지런한 모습을 어릴 때부터 보고 자랐기에 농사일도 함께 거들면서 부지런함과 성실, 자립심과 근면한 노동의 가치도 함께 배웠다고 생각합니다.

장점과 단점 : 저의 장점은 성격이 매우 꼼꼼해서 모든 사소한 일에도 계획을 세워서 실천하는 것입니다. 그래서 약속 시간이 되기 전에 미리 계획을 세워 행동하기 때문에, 약속 시간은 정확하게 지켜서 주변 사람들에게 신뢰 있는 사람으로 통합니다. 하지만 때론 계획을 세우는 데 치중하다 시간이 낭비되거나 추진력이 약화될 때도 있는 것 같아, 계획과 행동력의 균형을 이루기 위해 노력하고 있습니다. 그리고 처음 보는 사람들에게는 낯을 가리는 편이라 처음에는 친해지기가 어렵지만, 조금만 친해지면 누구와도 잘 어울리는 성격입니다. 이러한 소극적인 면은 사회에 나가 자연스럽게 많은 사람들을 만나면서, 적극적이고 밝은 성격으로 개선될 것이라 낙관적으로 생각하고 있습니다.

지원 동기 : 공무원을 지원한 동기는 저희 큰아버지께서는 현재 공무원이십니다. 자라면서 자연스럽게 주변 사람들이 큰아버지가 하시는 일로 인해 도움과 기쁨을 얻은 모습을 볼 수 있었습니다. 저도 큰아버지처럼, 다른 사람들에게 유익을 주면서도 국가 운영에 이바지하는 공무원이 안정

적이면서도 제 성향에도 맞는다는 확신이 들어 지원하게 되었습니다.

지원 후 포부 : 큰아버지처럼 훌륭한 공무원이 되고 싶다는 꿈을 세운 뒤부터 그 다짐을 이루기 위해 지금까지 최선을 다했고, 열심히 노력해 왔습니다. 그래서 지금 이 자리에 서 있다고 생각합니다. 성실하면서도 세심한 배려가 장점이고 꾸준히 노력하는 타입인 제가 공무원이 된다면, 최선을 다해 국민에게 봉사할 것입니다. 또한 전문적인 분야의 실력을 갖추는 공무원이 되어서 국가에 없어서는 안 될 중요한 인재가 되겠습니다.

5. 자기소개서 - 일반 기업

성장 과정 : 바람직한 인격 형성을 위해선 유년 시절은 자연과 벗하고, 청소년기는 친구와 벗하고, 청·장년기는 치열한 사회와 접해야 한다고 합니다. 어려서는 시골에서 보냈고, 이후에는 공부에 대한 열정이 있어 서울로 전학을 오게 되어 많은 친구를 사귀었으며, 친구나 선배와 많은 교류를 가졌습니다. 능력 있고 자신 있는 사회인이 되기 위해, 대학에서 자신의 계발에 많은 시간을 할애했습니다. 물론 많은 시행착오를 겪었지만 거기에 머무르지 않고, 그것을 통해서 새로운 경험과 개선점을 찾으려는 노력을 게을리 하지 않았습니다.

성격의 장단점 및 특기 : 한마디로 말하면 '하면 하고 안 하면 안 한다'는 것입니다. 사소한 것에서는 양보를 많이 하는 편이지만, 내가 한번 승부를 건 일에 대해서는 절대 양보하지 않습니다. 그렇다고 무턱대고 아무것에나 승부를 걸지는 않습니다. 어떤 현안이 있을 때, 너무 완전한 방법을 강구해 놓고 행동하기보다는 일단 저질러 놓고 사태를 수습하는 스타일입니다. 성격은 차분하면서도 사교적이고, 인물형은 리더형이라기보다는 참모형입니다. 단점은 한 가지 일에 너무 몰두하여 다른 일들을 간과하는 경우가 종종 있다는 것입니다.

교내외 활동과 중요 경력 : 대학 1학년 때 교내 서클인 ○○에 들어, 거기에서 음악 활동 이외에도 엄격한 조직 사회를 배웠습니다. 그해 여름에는 '한국자유총연맹'에서 주최하는 중국 연수단에 선발되어 낯설었던 중국과 접하게 되었습니다. 그리고 96년 9월~97년 9월까지 중국어 연합 서클인 '○○'에서 회장 일을 맡아 하면서 중국 문화와 언어에 조예를 키웠습니다. 이런 경험들을 통해 중국을 위시한 동양의 시대가 오리라는 확신이 섰습니다. 대학에서는 ○○○를 전공했고, 중국어는 부전공으로 했습니다. 중국어에 있어서만큼은 자신 있는 중국통(中國通)입니다.

희망 기업 지원 동기 : 자신에 대한 신념이 있고 기업에서 자기 꿈을 실현하고자 하는 사람이면 누구나 보다 안정적이고, 누구나가 인정해 주는 곳에서 일하고 싶어합니다. 이것 이외에도 보다 중요한 것은 개인 역량의 실현 여부에 있습니다. 제 개인적으로는 돈 많이 주는 회사보다는 제 능력을 발휘할 수 있는 회사에서 일하고 싶습니다. 그리고 사원들을 위한 지속적인 교육 프로그램이 많은 회사에서 일하고 싶습니다. 자신의 계발 없이는 발전이 없으므로 이런 것들이 충족된 ○○회사에서 일할 수 있으면 합니다.

입사 후 희망 업무와 포부 : 세계화 조류에 뒤지지 않기 위해, 일선에서 뛰는 해외 영업 파트에서 일하고 싶습니다. 특히 중국 전문가가 되고 싶습니다. 무역을 하기 위해서는 우선 어학이 기본이 되어야 하는데, 중국어를 바탕으로 전문 무역가가 되어 조직 사회에서 제 능력을 인정받고 싶습니다. 제가 비록 무역을 전공하지는 않았지만, 입사 후에는 무역 부문에서 부족한 점을 집중적으로 학습할 것입니다. 그리고 인생을 살면서 최종적으로 추구하고 싶은 것은 시대감을 잃지 않고, 그 시대를 이끌어 가며 살아가는 것입니다.

6. 자기소개서 - 검찰 사무직

기본이 바로 서는 그날까지 이 한 몸 바치고픈 국민의 심부름꾼 정○○입니다.

성장 과정, 학창 시절 : 저는 1980년 경남 의령에서, 농업을 하시는 부모님의 2남 중 둘째로 태어났습니다. 시골에서 자라면서 웃어른을 만나면 반드시 인사하라고 가르치신 부모님의 가르침에 예의범절을 배웠고, 직접 농사일을 도우면서 '땀 흘려 일하지 않고는 그 무엇도 얻을 수 없다'는 교훈을 몸소 깨달았습니다.

저희 집 가훈은 '知者無敗(아는 자는 패함이 없고), 勤子無貧(부지런한 자는 가난이 없다)', 즉 끊임없는 배움과 부지런함을 강조한 것으로 공무원으로서의 자세와 일치한다고 생각합니다.

초등학교, 중학교는 의령에 있는 용덕초등학교, 의령중학교를 다녔으며 고등학교는 의령에서 한 시간 가량 떨어진 진주 명신고등학교를 다녔는데, 이때부터 부모님 곁을 떠나 하숙 생활을 하며 지냈습니다. 방황의 시절인 청소년기에 부모님 슬하를 벗어났기에 방황의 유혹도 있었지만, 어린 시절 제가 지켜본 부모님은 비가 오나 눈이 오나 당신의 아들들을 남부럽지 않게 키우기 위해 땀 흘리며 일하시는 모습이었기에, 이를 생각하면서 열심히 공부했습니다.

대학교는 같은 도시에 있는 국립 경상대학교를 다녔으며, 현재는 휴학 중입니다. 전공은 경영 정보학으로 기업의 경영을 지원하기 위한 정보 시스템, 즉 컴퓨터 관련 교과목을 배웠습니다. 21c 정보화 시대에 발맞추어 나가기 위해선 컴퓨터 운용 능력은 반드시 필요하므로, 이러한 저의 능력이 공무원의 정보화에 많은 도움이 될 것입니다.

대학교 시절 사물놀이 동아리, 학과 소모임 활동을 하면서 고등학교 시절 느껴 보지 못했던 소속감과 사회적 책임감을 몸소 느끼며 배웠습니다.

지원 동기 : 제가 검찰 사무직에 지원하게 된 동기는 먼저 근면하며 성

실하고자 하는 저의 태도와 적성이 공무원과 맞았고, 무엇보다도 일반 기업에서 기업의 이윤 추구를 위해서 일하여 얻는 보람보다 국민에게 봉사하여 얻는 보람이 더 크기에 제가 꼭 가야 할 길이라고 생각했습니다.

장·단점 : 저의 장점은 남보다 특별히 뛰어난 점은 없지만, 저에게 주어진 일에 대해선 반드시 마무리짓는 끈기와 노력하는 모습입니다. 이번 검찰 사무직 필기 합격도 세 번의 시험 동안 포기하지 않고 끝까지 노력한 결과라고 생각합니다.

단점으로는 매사에 꼼꼼하고 완벽하게 처리하려고 하다 보니 무엇을 결정하는 데 많은 시간이 걸린다는 것입니다. 하지만 이런 단점을 고치려고 현재 노력 중이며, 고친다면 공무원의 직무를 수행함에 있어 무사안일주의식의 처리는 절대로 없을 것입니다.

존경하는 사람 : 제가 존경하는 분은 저희 아버지이십니다. 넉넉하지 않은 형편에서 당신의 동생을 위해 자신의 학업을 그만두시면서까지 동생 뒷바라지를 하신 사랑과 희생의 모습과 UR, 한미 FTA 등 좋지 않은 농업 현실 속에서 끊임없는 자기 발전과 노력으로 저희 형제를 남부럽지 않게 키워 주신 고마움을 가장 존경스럽게 생각합니다.

좌우명 : 저의 좌우명은 '현재에 충실하여 후회 없는 삶을 살자'입니다. 지나간 과거에 얽매이지도 않고 아직 오지 않은 허황된 미래만을 보지

도 말며, 지금 이 순간을 충실히 살아가고자 하는 저의 바람입니다.

희망 업무와 포부 : 제가 희망하는 부서는 먼저 검찰청에서 가장 기본이 되는 업무를 수행할 수 있는 부서에서 숙련될 때까지 일한 다음, 수사과에서 일해 보고 싶습니다. 피해를 입은 사람들이 억울한 일이 없도록 일을 처리함으로써 그로 인해 얻는 보람과 자긍심을 느껴 보고 싶기 때문입니다.

제가 검찰 사무직에 합격한다면 단지 먹고 살기 위한 공무원으로서가 아닌, 보람된 일을 하고 있다는 자긍심으로 저의 공직 생활을 만들어 가고 싶습니다. 그리고 법과 정의가 바로 선 나라를 위해 국민의 심부름꾼이 되어 이 한 몸 바쳐 보고 싶습니다.

7. 자기소개서(미스코리아 출전)

안녕하십니까? 여성의 섬세함과 부드러움으로 세상을 아름답게 가꾸고 싶은 여자 ○○○입니다.

현재 ○○대학교 경영학과에 있고, 제가 미스코리아에 참가하게된 것은 저의 외적인 미와 함께 내적인 미를 미스코리아 대회뿐 아니라 세계 대회에 널리 알리고자 이 자리에 나오게 되었습니다.

제가 만일 미스코리아 진이 된다면 우선 전국 미스코리아에 나아가 대전과 충남의 미를 알리고, 더 나아가 세계적인 대회에서 우리나라의 아름다운 미와 함께 고풍스러운 한국의 문화를 널리 알리고 오겠습니다.

저의 취미는 영화 감상인데, 영화는 우리가 쉽게 접할 수 있는 종합 예술로서 저에게는 상상력과 미적 감각을 키우는 데 크게 도움이 되고 있습니다.

영화 감상으로써 다양한 문화를 경험하고, 따뜻하고 감동적인 스토리를 통해 감성을 키우는 데도 많은 도움이 되고 있습니다.

저의 어머니는 제가 닮고 싶고 존경하는 여성상입니다. 여자로서 갖춰야 할 모든 조건을 갖추고 계시며, 무엇보다도 가정을 소중히 여기고 가족의 소중함을 느끼게 해 주시는 분이십니다. 특히 제가 미스코리아 대회에 나올 수 있도록 적극적으로 도와주시고 격려해 주시고 계십니다.

저의 장점은 모든 면에서 긍정적으로 사고를 가지려는 것입니다. 긍정적인 사고를 가진다는 것은 어떤 극단적인 상황에서도 목표를 향해 도전할 수 있는, 일관성과 추진력을 갖는다는 것입니다. 반대로 저의 단점은 고집이 세다는 점입니다. 한번 주장하면 끝까지 관철하려는 의지가 너무 강하기 때문에 주변 사람들을 어렵게 하기도 하지만, 저는 저의 단점을 알고 있고, 또 단점은 장점화하고자 노력하는 것 또한 저의 장점이기도 합니다.

저는 미스코리아 대회에서 아름다움의 미와 내면의 미와 선한 마음을 널리 알리고자, 또한 영광의 진이 되고자 노력하고 있습니다.

지금의 저는 노력하기 전과는 사뭇 다르게, 외적인 미인의 아름다움과 내적인 미인의 긍정적인 가치관, 선한 마음을 갖고 저 자신을 아름다운 여성으로 만들어 가고자 최선의 노력을 다하고 있습니다.

아프리카에서는 한동안 비가 오지 않으면 원주민들이 반드시 기우제를 드립니다. 그런데 기우제만 드리면 꼭 비가 온다고 합니다. 그 이유는 원주민들이 비가 올 때까지 기우제를 드리기 때문입니다. 이처럼 중도에 포기하지 않고 끈질기게 헤쳐 나가고, 안 되면 될 때까지 해 나가겠습니다. 감사합니다.

8. 자기소개서 – 해군 부사관 지원

안녕하십니까?

저는 대전 111002, 대한민국의 바다를 지키고 싶은 씩씩한 여자 정○○입니다.

현재 중부대학교 경찰 법학과 휴학 중에 있으며, 다른 자격증은 없지만 취미와 특기는 러시아어입니다.

러시아 해군이 부동의 세계 2위라고 알고 있으며, 러시아 전투 함정의 기술도 우리가 배워야 할 것이 많다고 생각하여 러시아어를 배워야 할 필요성이 있다고 생각해 꾸준히 배워 왔습니다.

저의 지원 동기는 대한민국의 미래는 바다에 있다고 생각해, 큰 자부심을 갖고 여자의 이름보다는 해군이라는 이름으로 넓은 바다에서 세계를 보며 꿈을 키우기 위해 해군에 지원했습니다.

나라를 지키기 위함에 있어 남녀의 차이는 인정하지만, 차별에 도전하여 새로운 해군 문화를 창출한다는 정신으로 굳은 각오를 가지고 있습니다.

제가 경찰에 관련된 과인 만큼, 경찰과 군인은 국민의 생명과 재산을 보호하고 사회의 법과 질서를 유지한다는 것에 있습니다. 다만 그 일을 수행하는 방법의 차이가 있을 뿐입니다. 경찰과 군인, 두 가지 모두 중요한 일이기에 누가 더 중요하다고 선택할 수 없으며, 그래도 우선순위를 택하자면 군인을 택하겠습니다. 나라가 없다면 우리 국민의 자유와 평화를 지키는 경찰 역시 없을 것이기 때문입니다.

저의 가족은 저를 포함해 아버지, 어머니, 여동생입니다.

저희 아버지는 제가 가장 많이 피를 이어받아 성격과 외모가 너무 비슷합니다. 따뜻한 마음을 한가득 가슴에 담고 있으셔서 저는 항상 든든합니다. 늘 항상 웃으시는 아버지의 모습엔 인자함이 가득하십니다. 아버지께서는 육지를 지키신다면 저는 바다를 지키고, 제 동생은 하늘을 지키는 것이 세 부녀의 목표입니다.

저의 어머니는 제가 닮고 싶고 존경하는 여성상입니다. 여자로서 갖춰야 할 모든 조건을 갖추고 계시며, 무엇보다도 가정을 소중히 여기고 가족의 소중함을 느끼게 해 주시는 분이십니다.

제 동생은 속이 깊고 잔정이 많아 저와 둘도 없는 친구며, 제 동생은 하늘을 지키는 부사관이 되는 것이 꿈입니다.

부사관은 장교와 병사들 사이를 유연하게 이어 주는 다리 역할을 하는 것으로 알고 있습니다. 이런 부사관의 직위에서 매력을 느끼고, 이러한 직분을 잘 수행할 수 있다는 자신감으로 늘 동경의 대상이기 때문에 저와 제 동생의 꿈은 부사관이 되는 것입니다.

저의 장점은 모든 일에 있어 끈기와 인내를 가지고 꾸준히 노력하는 자세입니다. 하나를 시작했으면 끝까지 매듭을 짓기 때문에 도중에 포기하는 일은 없는 것이 저의 장점입니다. 반면에 단점은 약간 고집스러움이 있다는 점이지만 일방적으로 제 주장만이 옳다는 것이 아닌, 융통성 있게 모든 일에 대처해 나가고 있습니다.

제가 외관상 모습은 작고 연약하게 보일 수도 있지만, 정신적인 힘이 뒷받침되어 있다면 문제는 없다고 생각합니다.

군이 아직은 남성 중심의 문화를 가진 조직이지만 여군이 협력하여 변화되는 가치, 미래적 가치를 바탕으로 한발 앞서 조직을 변화시키고, 섬세하고 세밀한 여성이 동등한 계급으로서 자아실현을 할 수 있는 곳이 바로 여군이라고 생각합니다. 더구나 앞으로는 물리적 힘이 기준이 되는 보병전이 아니라 최첨단의 정보전이라고 생각합니다.

부분 부분들의 어려움은 어느 집단이나 있을 것입니다. 또한 사회가 변하면 사람도 그 변화에 발맞추어 변화할 줄 알아야 합니다. 하지만 근본이 변해서는 안 됩니다. 사회가 평등을 지향하고 남자 일, 여자 일 따로 없다 하더라도 외모가 틀리고 성질이 다르듯이 기본적으로 남자와 여자는 분명 차이가 존재합니다. 그런 걸 무시하고 무조건적인 평등을 주장한다는 것은 근본에 어긋나는 것이라고 생각합니다. 또 단순한 성별 차이로 인해 남녀가 차별 대우를 받는 일은 없어야 하겠습니다.

저는 이런 점에서 여군의 섬세하고 정확한 기능을 바탕으로 한 역할이 더욱 인정받는 시기에 섬세하고 세밀한 여성의 장점을 살리고, 부드러운 카리스마와 리더십으로 해군의 조직을 만들어 나가겠습니다. 감사합니다.

9. 자기소개서 - 체신청 승진 시험

저는 ○○에서 5남 3녀 중 일곱째로 태어나 대가족에서 유년 시절을 보냈습니다.

고등학교 학창 시절에는 학교 내 간부 일도 맡아 보고 웅변 모임, 밴드 하는 친구들과의 생활 등 다양하게 동아리에도 가입하여 많은 친구들을 접해 보았습니다.

고등학교를 졸업하고 수개월 동안 대학 생활도 하였으나, 몇몇 친구들과 대학 생활을 포기하고 제2의 정주영을 꿈꾸며 산업 전선에 몸을 담기도 하였습니다. 그러나 세상은 젊은 우리들의 생각과 너무도 많은 괴리가 있었습니다.

많은 것을 배우고 귀향하여 새로운 도전을 시작하여 오늘의 공무원이 되었습니다.

1980년에 공무원을 시작하여 오늘이 있기까지 가장 기억나는 일이라면 1987년, 개인 분야 보험 모집 실적이 전국에서 4위를 달성하여 장관님의 표창과 당시 월간 체신지에 성공 사례를 게재하는 일이 있었고,

1994년 ○○ 시절에는 최적의 수련원 부지를 확보하여 현재에도 운영하고 있는 것과,

1995년 ○○ 업무과장 시절에는 ○○ 분야 전국 1위를 3연패하는 실적을 올렸으며,

2006년도 하반기부터 ○○ 직을 수행하면서는 경영 평가 만년 5등급의 부진국이라는 오명을 불식시키기 위하여 치밀한 계획과 분석, 과감한

마케팅과 추진력으로 2006년도 상반기 경영 평가 1위, 총괄국 평가 1위, 소속국 평가 1위, 목표 사업 평가 1위, ○○ 평가 1위 등 괄목할 만한 실적을 올렸습니다.

재직 중에도 항상 중단한 학업이 마음에 걸려 현재 ○○대에 재학 중에 있습니다.

저의 장점은 첫째로, 사업에 대한 열의와 책임감입니다.

둘째로는 모든 일에 긍정적인 사고와 폭넓게 전체를 보는 시야로, 남을 잘 이해하는 사고를 가지고 있습니다.

단점으로는 성격이 급한 편이고, 계획했던 것은 반드시 이루어야 한다는 강박 관념 같은 것이 자리하고 있어 어떤 사업에 포기를 하지 못한다는 점입니다만, 앞으로 조금씩 노력해서 고쳐 나가도록 할 것입니다.

제가 존경하는 사람은 도산 안창호 선생입니다.

안창호 선생의 사상인 흥사단 4대 정신인 무실(참되자), 역행(일하자), 충의(정성과 신의를 다하자), 용감(굳은 의지와 진취적인 정신)을 저의 좌우명으로 삼고 실천하려 노력하고 있습니다.

마지막으로 저의 희망은 승진 외에는 더 이상 바랄 게 없습니다.

승진의 기회가 주어진다면 화합된 직원들의 힘과 저의 강한 추진력을 바탕으로 조직의 발전에 충분히 기여하리라 믿어 의심치 않습니다.

감사합니다.

10. 자기소개서 – 병원

<table>
<tr><td colspan="6" align="center">자 기 소 개 서</td></tr>
<tr><td rowspan="3">인적
사항</td><td>성명</td><td>성별</td><td>생년월일</td><td colspan="2">최종 학력</td><td>비고</td></tr>
</table>

	성명	성별	생년월일	최종 학력	비고
인적 사항	김미O	여자	82년 10월 20일	충북대학교 수학과	
	현주소		충북 청주시 홍덕구 개신동 삼익아파트 101동 502호		

**성장
과정**

배낭으로 땀에 흠뻑 젖었던 등 사이로 시원한 바람이 들어옵니다. 이마에 흐른 땀을 닦으며, 발 아래 무한히 펼쳐진 지평선을 바라봅니다. 하늘, 나 그리고 땅. 제가 하늘과 제일 가까이 있는 것 같습니다. 1999년 여름, 가족과 덕유산 정상에서 맛보았던 저의 즐거움입니다. 항상 앞장을 서는 오빠와 쉬엄쉬엄 걷자고 졸라대는 저와 언니, 맛있는 김밥을 꼭꼭 챙기시는 어머니, 그리고 언제나 맨 뒤에서 묵묵히 걸어오시는 아버지. 이렇게 다섯 명이 저희 집의 등산 멤버입니다. "산은 거짓말을 하지 않는다."라고 말씀하시는 아버지의 영향으로 어린 시절부터 등산을 자주 다녔습니다. 산을 오르는 동안 힘이 들어 몇 번씩 포기하고 싶었지만, 산 정상에 올라 배낭을 내려놓으며 제가 맛보았던 기쁨은 그동안의 힘들었던 일들을 잊기에 충분했습니다. 등산을 통하여 힘든 과정을 이기고, 정상에 섰을 때의 즐거움을 느낄 수 있었던 저의 경험 때문에 현재도 산을 좋아하며 자주 등산을 하고 있습니다.

**성격
(장단점)**

'반성은 하되 후회는 하지 말자'는 생활 신조를 가지고 있습니다. 최선을 다했다면 결과에 관계없이 후회는 남지 않는다고 생각합니다. 이미 지난 시간보다는 앞으로 다가올 미래를 생각하고, 지금 제게 주어진 문제에 최선을 다하려고 노력합니다. 후회는 인생을 갉아먹지만 반성은 더 나은 미래를 준비할 수 있다고 생각합니다.

사람과 사람이 만나 좋은 인간관계를 형성하기 위해 서로간의 믿음을 쌓는 것이 중요합니다. 감히 제가 자신을 모든 사람들에게 신뢰를 주는 사람이라고 말할 수는 없지만, 저는 그러한 신뢰를 쌓기 위해 노력한다고 자신 있게 말할 수 있습니다. 믿음을 줄 수 있는 첫 번째 과정이 약속을 지키는 것이라 생각됩니다. 제 자신과의 약속뿐만 아니라 친구들과의 약속을 중요하게 여기며, 특히 누군가와의 만남을 약속했을 때 그 시간을 잘 지키기 위해 노력합니다. 이것이 저의 큰 장점이라고 생각합니다.

성격의 단점으로는 다소 급한 성격인 저는 일을 추진할 때 서두르는 경향이 있습니다. 이러한 저의 단점을 보완하기 위해 제가 맡은 일이나 약속 등을 메모하여 계획성 있게, 차분하게 생활하려는 습관을 가지고 있습니다.

학교 생활	대학 진학 후 고등학교 선배의 권유로 처음 동아리에 가입하여 테니스를 접하게 되었습니다. 단순히 운동을 해야겠다는 마음으로 테니스를 시작했지만, 동아리 활동을 하면서 소극적인 자세로 살아온 저를 변화시키는 계기가 되었습니다. 남들보다 연습량이 부족할 때는 혼자 코트에 남아 공을 쳤고, 또한 레슨이 끝난 후 선후배와 함께 코트를 정리하며 협동심 및 다양한 인간관계 형성과 친분을 쌓을 수 있는 기회를 갖게 되었습니다. 특히 테니스라는 운동을 통하여 선배가 후배의 자세를 교정해 주고 레슨을 함으로써, 타인에 대한 배려 및 내가 가진 지식을 남과 공유할 수 있다는 넓은 아량도 배울 수 있었습니다. 또한 대학 생활 동안 제 스스로 나태해지거나 무기력해질 때, 법정 스님의 '오두막 편지'라는 책을 읽으며 생활을 반성하는 기회로 삼았습니다. 책의 내용 중 "너는 네 세상 어디에 와 있느냐?"라는 구절이 있는데, 그 물음에 대한 답을 찾으며 자신을 돌아보았습니다.
지원 동기	어떠한 분야라도 이제는 고객을 만족시키기 위한 경쟁력을 갖추기 위해서는 서비스로 승부를 걸어야 한다는 생각을 하게 되었습니다. 특히 앞으로는 의학의 발달과 식생활 개선으로 인해 노령화 인구가 점차 늘어나는 추세에 있으므로, 이제 병원도 시설이나 명성에 못지않게 서비스의 질적 향상을 도모하지 않는다면 기대만큼의 성과를 올릴 수 없다고 봅니다. 따라서 저는 충북대학병원과 함께 출발한다는 생각으로 도전의 기회를 갖고자 지원을 결심하게 되었습니다.
입사 후 성장 목표	병원의 구체적인 내용을 추진하는 것은 운영자의 결정에 따르지만, 그 실질적인 업무 처리나 성과를 내는 것은 실무진의 노력 여하에 달려 있다고 생각됩니다. 어떻게 보면 너무나 당연한 내용이 될 수도 있겠지만, 이런 기본적인 마인드를 가지고 일을 처리하다 보면 '내가 바로 병원의 주인이다'라는 의식에서 보다 효과적인 결과를 낼 수 있을 것이라고 생각합니다. 제가 하는 일 하나하나에 병원의 이미지가 걸려 있다는 생각으로 매사에 최선을 다할 것이며, 제 분야의 최적임자로 인정받도록 노력하여 병원의 발전에 작게나마 기여하는 사원이 되겠습니다.

자기소개서						
인적 사항	성명	성별	생년월일	최종 학력		비고
	현주소					
성장 과정						
성격 (장단점)						
학교 생활						
지원 동기						
입사 후 성장 목표						

제3장

가장 중요한 것은, 면접

01
면접, 왜 중요한가

어떤 회사 입사 시험 중에 다음과 같은 문제가 있었다고 한다.

"당신은 거센 폭풍우가 몰아치는 밤길에 운전을 하고 있습니다. 마침 버스 정류장을 지나치는데 그곳에는 세 사람이 버스를 기다리고 있습니다. 죽어 가고 있는 듯한 할머니, 당신의 생명을 구해 준 적이 있는 의사, 당신이 꿈에 그리던 이상형. 당신은 단 한 명만을 차에 태울 수 있습니다. 어떤 사람을 태우시겠습니까?

선택을 하고 설명을 하십시오. 여러분은 그 어떤 답도 나름대로 이유가 있습니다.

죽어 가는 할머니의 목숨을 우선 구할 수도 있고, 의사 선생님을 태워 은혜를 갚을 수도 있습니다. 그러나 은혜는 다음에도 갚을 수 있으나 이

기회가 지나면 다시는 만나지 못할 수도 있으므로, 현실적으로 이상형을 차에 태워 가겠다는 솔직한 답변을 할 수도 있습니다."

재미있는 것은, 200명의 경쟁자를 제치고 최종적으로 채용된 사람이 이 질문에 했던 답이다. 그는 위의 질문에 대해 다음과 같이 답했다.

"의사 선생님에게 차 열쇠를 드리죠. 할머니를 병원에 모시도록…. 그리고 난 내 이상형과 함께 버스를 기다릴 것입니다."

면접의 중요성

앞에서도 이야기했듯이 인재의 채용은 기업에 있어서는 가장 중요한 투자 중의 하나며, 유능한 인재의 확보는 기업의 생사와도 직결되는 중요한 문제다.

과거에는 설비나 자금 등이 중요한 문제인 때도 있었으나 최첨단 정보 사회가 된 지금, 기업에서 가장 중요한 요소는 단연 인재다. 따라서 최근 각 기업들은 인재의 중요성을 깊이 인식하며 인재의 확보에 많은 노력을 기울이고 있다.

특히 이러한 경향은 대규모 채용을 벗어나 소수의 인원만을 채용하는 시대로 접어들면서 더욱 두드러지고 있다. 과거 대규모 공채로 인재를 뽑던 시절에 비해 소규모 채용은 능력 있는 인재를 뽑는 촉진제가 되고 있다. 소규모 채용에서 중시되는 것은 단연 면접이라 하지 않을 수 없다.

기업의 입장에서 유능한 인재란 무엇일까? 단지 서류나 필기시험에서 높은 점수를 획득한 사람일까? 절대 그렇지 않다.

기업 입장에서 유능한 인재란 내부의 잠재력과 가능성을 지닌 사람을 말한다. 또한 현대 기업들은 조직에서 조화를 이루며 창의적인 능력을 발휘하는 인재를 원한다. 이러한 잠재력과 가능성, 창의력은 단지 서류만으로 판별해 내기란 무척 어렵다. 따라서 면접의 중요성이 더욱 강조되지 않을 수 없다. 이에 기업들이 면접을 하는 방식도 커다란 변화의 조짐을 보이고 있다.

　　먼저 서류나 필기시험을 참고로 2~3회의 면접을 실시하여 지원자의 자질과 사람됨을 관찰하고 채용을 결정하는 기업이 늘어나고 있다. 이것은 기업들이 암기 위주의 지식보다는 잠재력과 가능성을 더욱 중시하기 때문에 나타나는 현상이다.

　　사람을 한 번 만난 것으로 파악할 수 없듯이 면접 또한 한 번으로 판단할 수 없어, 한 번이 아니라 몇 차례에 걸쳐 시행하는 것이다. 이뿐만이 아니다. 기업에서는 지원자의 자질을 파악하기 위해 다양한 면접 기법까지 도입하고 있다.

　　기업에서는 이제 단순히 지식이 높은 사람보다 자신의 특성과 기업의 문화, 분위기, 특성을 조화시킬 수 있는 사람을 원한다. 또 기업들은 세계화, 국제화 시대에 적응할 수 있는 창의적인 인재를 원한다.

　　이런 인재의 잠재력은 서류만으로는 도저히 발견해 낼 수 없다. 하지만 면접시험을 통하여, 서류나 필기시험으로 알아낼 수 없었던 이러한 능력들을 발견할 수 있게 된다.

　　면접관은 가정 환경, 성격의 장단점, 가치관, 취미, 교우 관계, 상식 등 다양한 질문을 한다. 필기시험 성적이 우수하다고 하여 면접시험을 소홀히 하는 것은 매우 잘못된 생각이다.

우수한 성적을 받았지만 옳지 않은 가치관을 갖고 있거나, 대인 관계가 원만하지 않거나, 성격상의 결함이 있거나, 심리적인 불안정성, 제출한 서류와 상반되는 경우 등이 비일비재하게 발생하기에 이에 대비하여 기업은 철저한 준비를 통해 면접시험을 실시하고 있는 것이다. 또 기업이 면접시험에 커다란 비중을 두는 이유는 일반적인 지식은 대부분의 수험생들이 갖추고 있을 것이라는 판단하에, 이들의 잠재력과 인간성에 더 많은 관심을 두고 있기 때문이기도 하다.

면접은 인재를 선발하는 채용 과정에 있어서 지원자와 면접관이 직접 대면하여 질문과 대답이라는 과정을 통해 지원자의 잠재적인 능력, 책임감, 인내력, 사고력, 창의력, 업무 추진력, 대인 관계, 성격 등을 알아보는 과정이다.

최근 신입 사원의 채용 방식을 분석해 보면 기업에 따라 약간씩 차이는 있으나, 필기시험보다는 면접시험을 통한 인물 평가에 더 많은 비중을 두는 경향이 두드러짐을 알 수 있다.

그 예로 지도 교수의 추천을 받으면 아예 필기시험을 면제하거나, 필기시험 합격자를 모집 인원의 2~3배나 더 뽑아 면접시험에서 최종 합격자를 가려내는 기업들도 상당수에 달하는 것을 들 수 있다.

면접시험의 양상도 전과는 많이 달라져서, 개별 또는 집단 면접식으로 세 차례에 걸쳐 면접시험을 치르는 등의 경향을 보이고 있다. 특히 요즈음은 대학을 졸업했을 경우엔 대개 기본적인 실력을 갖추었다고 보기 때문에, 더더욱 면접시험의 중요성이 강조되고 있다.

02
최근의 면접 동향을 파악하라
– 스펙 중심에서 인성, 창의성 중심으로!

　최근 들어 대기업들의 신입 사원 채용 방식이 크게 바뀌었다. 과거에는 서류와 필기시험에 중점을 두었기 때문에 면접은 의례적인 통과 과정 정도로 인식되었다. 하지만 최근에는 서류와 필기시험에서 몇 배수의 인원을 뽑아 면접시험에서 적성 검사, 외국어 능력 평가 등과 함께 실력을 테스트하여 당락을 결정짓는 제도로 크게 바뀌었다. 각 기업들은 갑자기 왜 이렇게 채용 방식을 바꾼 것일까? 그 이유는 급변하는 세계의 경제 상황과 맞물려 있다.

　1990년대까지 성장 일로를 걷던 세계 경제는 2000년 들어 하락세를 면치 못하고 있다. 급기야 미국의 서브프라임 모기지 금융 사태가 벌어지면서 세계 경제는 대공황 이후 최대의 위기를 맞이하고 있다. 현재 하락 분위기를 반전시키기 위해 온갖 힘을 쏟아 붓고 있으나 여전히 위기 상태를 벗어나지 못하고 있다. 이런 험악한 세계 경제 정세 속에서 우리나라의 경제 또한 오래된 침체에서 벗어나지 못하고 있다. 우리나라 경제의 경우, 특히 미국에 의존하고 있는 부분이 크기에 더욱 흔들림 현상이 심화되는 가운데에 있다. 거기에 오래된 내수 경기의 침체는 우리나라 기업들을 위축되게 만들기에 충분했다. 과거 고도의 경제 성장을 이루던 시대에는 그저 매장에 상품을 진열하기만 하면 상품이 팔렸으나, 지금은 사정이 180도 바뀌었다. 조금이라도 기술이 뒤지거나 식상하면 시장에서 도태된다.

현재 우리나라의 경제를 이끄는 2대 기업이 삼성전자와 현대자동차다. 더욱이 삼성전자의 경우, 휴대폰 매출 세계 1위를 기록할 정도로 세계적 기업으로 우뚝 올라서 있다. 삼성전자 한 회사가 1년에 벌어들이는 돈만 해도 가히 천문학적인 숫자를 떠올려야 할 정도로 매번 기적의 소리를 울리고 있다. 그런데 이런 삼성전자조차도 스스로를 위기라고 진단한다. 왜냐하면 뭔가 새로운 것을 내놓지 못하면 언제 1위 자리에서 내려올지 모르는 상황이 벌어지고 있기 때문이다. 나아가 한때 휴대폰 시장 점유율 40%를 자랑하며 세계 1위를 굳건히 유지하다가 몰락한 핀란드의 노키아처럼, 삼성전자도 언제 무너질지 모르는 위기감 속에 있는 것이다. 문제는 지금의 기업들은 과거의 안일함 속에 눌러앉아 있으면 곧바로 위기가 온다는 사실이다. 우리나라 최고의 기업이자 세계 최고의 기업인 삼성전자가 이 정도라면, 그 나머지 기업들의 상황은 두말할 나위 없을 것이다.

그렇다면 이처럼 위기에 놓여 있는 기업에서 가장 필요로 하는 것은 무엇일까? 놀랍게도 바로 인재다. 그것도 과거와 같은 학벌 위주의 지식형 인재가 아닌, 조직에서 조화를 이루며 창의적인 아이디어를 낼 수 있는 창의적 인재다. 스티브 잡스라는 창의적 인재 한 사람이 쓰러져 가던 애플을 세계 최고의 기업으로 우뚝 세운 것처럼, 지금 위기에 놓여 있는 우리나라 기업에 가장 필요한 것이 바로 조화와 창의를 갖춘 인재인 것이다.

기업에도 창의적 인재가 필요하다

기업의 채용 문화가 급격히 바뀐 이유는 바로 여기에 있다. 기업에서는 더 이상 높은 학벌의 스펙을 갖춘 인재가 현 위기의 기업을 일으켜 세우는 데 큰 역할을 하지 못한다는 사실을 이미 간파하였다. 그렇다면 재빨리 위기에서 벗어나는 길은 새로운 21세기형 참신한 인재를 뽑아야 하는 것인데, 21세기적 인재를 더 이상 서류 전형과 필기시험만으로 발굴할 수가 없다.

생각해 보라. 기존의 채용 방식으로 지원자의 단편적인 지식 외의 인간성, 성장 가능성 등을 파악할 수 있는지. 또한 다가올 무한 경쟁 시대를 대비하여 창의적이고 능동적인 잠재력을 파악할 수 있는지. 그래서 기업들은 이러한 인재의 자질을 파악할 수 있는 면접시험으로 눈길을 돌렸고, 그래서 면접시험은 이제 기업의 채용 방식 중 가장 높은 비중을 차지하게 된 것이다.

더 이상 출신 학교나 학과, 성적 등은 평가의 기준으로 그다지 큰 영향을 주지 못하는 시대로 접어들고 있다. 대신 스펙 외적인 요소를 배제한 블라인드 인터뷰, 면접관과 함께 하루를 보내며 평가받는 다차원 면접, 수험생들끼리 서로를 평가하는 동료 평가 면접 등이 더욱 중요한 평가 기준으로 이용되고 있다.

면접시험의 강화는 면접시험의 횟수와 시간을 크게 증가시키고 있다. 2회에 걸친 면접은 이미 보편화되어 있으며, 다양한 면접 방식이 개발되고 있다. 면접 시간에 있어서도 종래의 5분 정도에서 1시간, 특별한 경우에는 하루 종일 걸리는 경우도 있다. 면접관의 구성에 있어서도 기존의 관리자급 이상에서 개성이 뚜렷한 사원 면접관 제도가 확산되고 있다. 이는 입사 후 같이 일하게 될 사람들의 능력을 파악하고 서로간의 친밀감을 강화시키는 기회를 제공한다. 면접 장소 역시 수험생의 총체적인 모습을 파악하기 위해 기존의 사무실이나 강당을 탈피하여 야외 공원, 노래방, 간이주점 등 부담 없고 진솔한 모습을 볼 수 있는 장소가 이용되고 있다. 이런 경우 지원자들은 면접관과 많은 시간을 보내며 평가를 받게 된다.

여기 창의적 인재를 뽑는 것이 얼마나 중요한지에 관한 의미 있는 에피소드가 있어 소개하고자 한다. 브라이언 카바노프의 『씨 뿌리는 사람의 씨앗』 중에 나오는 내용이다.

경제 불안이 온 나라를 덮친 가운데 한 젊은이가 직장을 구하러 뛰어다녔다.

어느 날 그는 자신의 재능에 가장 잘 맞는다고 생각되는 구인 광고를 발견하고 서둘러 그 회사로 달려갔다. 그러나 벌써 서른일곱 명이나 되는 사람들이 그보다 먼저 와서 줄을 서 있었다. 줄 맨 끝에 서서 마냥 기다리기만 하다가는 면접 기회도 가져 보지 못하고 물러날지도 모를 일이었다. 하지만 그는 포기하지 않고 다음과 같은 메모를 써서 사장 비서에게 건네주면서, 사장에게 꼭 전해 달라고 당부했다.

'부탁합니다. 응시 번호 38번의 헨리 제임스를 면접하기 전에는 절대로 어떤 사람도 채용 결정을 내리지 말아 주십시오.'

젊은이는 쪽지를 전하고 대기자들 뒤에 가서 서 있었다. 잠시 후 사장이 밖으로 나오더니 줄 맨 끝으로 가서 그 젊은이에게 말했다.

"내가 찾고 있는 것은 바로 창조적인 생각과 독창성이오. 제임스, 난 당신을 채용하겠소."

03
면접에도 종류가 있다

　　기업마다 최고의 핵심 인재를 뽑기 위한 이색(異色) 아이디어가 봇물을 이루고 있다. 불확실한 경제 상황을 돌파하려면 무엇보다 확실하고 유능한 인재 확보가 필요하기 때문이다.

　　1980년 창업 이래 초고속 성장으로 100대 기업에 들고, 중국에서 가장 성공한 기업으로 선정되기도 했던 이랜드 그룹은 국내 대기업 중 처음으로 입사 지원서의 파격을 선언하였다. 세상에! 입사 지원서에 학력이나 나이, 성별(性別) 기재난을 완전 폐지키로 결정한 것이다. 그렇다면 이랜드는 무엇으로 학력, 성별, 나이난을 대신하였을까? 그것은 구직자들 스스로가 자신의 가치관과 적성, 능력 등을 보여 주는 2MB(메가바이트) 분량의 '자기 증명 자료' 파일이다. 이것은 지원자의 가치관과 적성·능력을 알 수 있게 해 줄 뿐만 아니라, 컴퓨터 문서나 동영상·그래픽 제작 같은 정보 처리 능력도 평가할 수 있는 일석이조의 효과도 있다.

이색 면접 트렌드

이러한 이색 채용 트렌드의 큰 특징 중의 하나는 기존 '사내(社內) 면접'의 파괴를 들 수 있을 것이다.

최근 대졸 신입 사원을 채용한 침구업체 '이브자리'의 예를 살펴보자. 이 회사의 입사 마지막 '관문'은 사무실이 아니라 등산 현장이었다. 1차 시험 합격자 65명이 사장을 포함한 회사 임직원들과 함께 새벽 6시부터 4시간 동안 서울 근교 불암산에 오른 것이다. 이 면접에 참여했던 이브자리의 인사 팀장은 "등산하면서 회사 간부들이 응시자들과 1 대 1로 대화를 나누고, 산 정상에서 즉석 장기 자랑 등을 하는 산악 면접을 가졌다."라며, "이를 통해 지원자들의 체력과 창의성, 협동성 등을 다각도로 파악할 수 있었다."라고 말했다.

현대오토넷은 식사와 술자리 면접을 실시하였다. 사실 사람은 밥 먹을 때와 술자리에서 가장 인간적인 모습을 보이기에 인상적인 면접 방식이라 할 수 있을 것이다. 또 GS칼텍스는 축구 면접을 거쳐 최종 합격자를 뽑았다. GS칼텍스 측은 "기존 사원들과 축구 경기를 치른 뒤 회식을 하며 지원자들의 팀워크, 대인 관계 등을 측정했다."라고 말했다. 대한항공의 경우 객실 승무원 채용시 '롤 플레잉(role playing, 역할 수행) 면접'을 한다. 교과서적 지식보다는 승객이 어려운 일을 요청하거나 커피를 쏟거나 어린이가 소란을 피울 때 같은 여러 상황을 설정해, 순간적인 기지와 대응 능력을 살펴보는 방식이다.

한편, 영어 면접과 감성·상상력도 면접 평가 항목으로 부각되고 있다. 삼성그룹의 경우, 국제 사업 수행 능력 측정 차원에서 삼성물산이 영어 프레젠테이션 면접을 처음으로 도입했는데, 이를 삼성전자와 제일기획 등 다른 관련 계열사로 확대할 방침이라고 한다. 또 아모레퍼시픽은 면접시 비발디의 사계(四季) 등을 들려주며 음악 감상문을 쓰라고 하는가 하면, 국민카드는 지원자의 창의력과 자기 표현력을 평가하기 위해 종이 한 장에 자신을 표현할 수 있는 사물이나 동물을 그려 보라는 '그림 면접'을 실시하기도 했다.

어떤가? 세상에 이렇게 많은 종류의 면접 방식이 시행되고 있다니, 마치 면접의 신세계를 보는 듯하지 않은가.

전통적 면접의 분류

면접의 트렌드가 바뀌어 다양한 모양의 면접이 이루어지고 있지만, 아직도 많은 기업에서는 전통적 방식의 면접을 시행하고 있다. 그렇다면 전통적 방식의 면접에는 어떤 종류가 있는지 알아보도록 하자.

단독 면접

한 사람의 지원자와 한 사람의 면접관이 개별적으로 질문과 응답을 하는 보편적인 방법으로, 많은 시간이 소요되고 면접관의 주관이 개입될 단점이 있기는 하지만, 지원자의 특성을 면밀히 관찰할 수 있는 가장 좋은 방법이다. 이 방법은 지원자에게 필요 이상의 긴장감을 유발할 수 있으나, 편안한 마음으로 면접에 응한다면 다른 방식에 비해 오히려 좋은 결과를 얻을 수 있다.

개인 면접

다수의 면접관이 한 사람의 수험생을 대상으로 질문과 응답을 하는 형태의 면접 방식으로 면접관이 여러 명이므로 다각도의 질문이 나올 수 있고, 이를 통해 수험생의 다양한 측면을 알아낼 수 있다는 장점이 있다. 이때 수험생이 유의해야 할 사항은 질문에 대한 답변을 할 때, 다수의 면접관이 지켜보고 있다는 사실이다. 따라서 질문을 한 면접관에게만 대답을 한다는 자세를 취할 것이 아니라 모든 면접관에게 대답한다는 기분으로 질문에 응해야 한다. 여기에는 물론 시선 처리도 포함된다. 면접관들은 그 기업의 경영층으로 구성되는 경우가 많으며, 수석 면접관은 채용 전체를 관장하는 상무급의 임원이 맡는 것이 일반적이다. 경우에 따라 사장급이 참석하는 경우도 있으나 대개의 경우, 해당 부서가 채용 시험을 담당한다.

개인 면접의 또 다른 형태는 수험생 한 명이 여러 명의 면접관을 차례로 거치는 방식이다. 즉, 여러 개의 방으로 된 면접실에 각 방마다 면접관이 한 사람씩 들어가고, 수험생은 차례로 각 방으로 들어가 면접시험을 보게 된다. 이러한 방법은 수험생의 부담을 줄여 더 좋은 답변을 할 수 있고, 면접관들도 자신의 분야에 대해서 전문적인 질문을 할 수 있다는 장점이 있다.

개인 면접에 있어서 공통적인 질문으로는 지망 동기, 직업관, 성격, 가치관, 교우 관계, 이성 문제, 결혼, 취미, 특기 등이 있다. 일반적으로 처음 2~3분간은 수험생의 자기소개를 요구하는 경우가 많다. 이에 대응하여 대답할 내용을 미리 간략하게 정리하는 것이 중요하다. 대답을 할 때에는 남들과 비슷하게 해서는 안 된다. 자신만의 개성을 표현하기 위해 직접 체험한 내용들을 대답에 포함시켜야 하는 것이다.

집단 면접

다수의 면접관과 다수의 수험생이 질문과 응답을 하는 방식으로, 여러 명을 한꺼번에 평가하는 형태의 면접 방식이다.

이 방법은 시간을 절약할 수 있다는 데 장점이 있다. 같은 질문을 여러 수험생에게 동일하게 한 경우, 같은 대답을 하는 것이 불리하게 작용하지는 않지만, 다른 수험생에 비해 세련된 대답을 하는 것이 평가에 좋은 영향을 미친다. 자신이 질문을 받지 않는 경우는 타인의 대답을 경청해야 한다. 면접관들은 경청하는 태도 역시 주시하고 있기 때문이다.

집단 토론식 면접

여러 명의 수험생(5~8명 정도)들에게 특정한 주제를 주고 토론을 시켜, 면접관들이 발언의 내용이나 토론 자세 등을 평가하는 방식이다. 이때 면접관들은 자유로운 토론이 되도록 노력한다. 토론의 방법은 회사 측에서 사회자가 나와 주제를 주고 토론을 하는 방법, 주제는 주되 사회자는 수험생 중 한 명이 맡는 방법, 사회자도 주제도 없이 자유롭게 토론하는 방법 등이 있다.

이러한 면접 방식은 수험생의 이해력, 협조성, 판단력, 표현력 등의 종합적인 태도와 능력을 정확히 드러내므로 수험생의 입장에서는 가장 어려운 방식이다. 집단 토론식 면접에서 주의해야 할 사항은 주어진 주제가 명확히 결론 내려질 성질의 것이 아니라는 데에 있다. 따라서 자신을 돋보이게 하기 위하여 너무 많은 말을 한다거나 시간을 끄는 것은 바람직하지 못하다. 타인의 의견을 경청하는 태도도 중요하며, 타인의 말을 가로막거나 너무 심한 반박을 해서도 안 된다. 반면에 자신의 의견을 말하는 것을 주저하거나 발언의 횟수가 적으면 좋은 평가를 받기 어렵다. 또한 언제나 주제에 입각한 발언을 하고, 요점을 명확히 하기 위해 결론부터 이야기해야 한다. 간단한 필기도구는 면접관들에게 치밀하다는 인상을 줄 수 있고, 시간의 낭비도 줄일 수 있다. 주제가 주어지지 않은 자유 토론식인 경우에는, 가능한 시사성이 높거나 면접관도 흥미를 가질 수 있으며, 문제점이 다각적이고 각각에 대한 정당한 주장들이 펼쳐질 수 있는 주제를 설정해야 한다. 그러므로 평소에 신문 사설이나 매스컴의 토론 프로그램을 시청함으로써 나름대로의 시각을 정립해 두는 것이 유리하다.

프리젠테이션 면접

면접 직군과 상관없이 특정한 주제에 대해 토론을 하는 집단 토론 방식과는 달리, 직군별로 전문성 있는 주제에 대하여 자신의 의견·지식·경험 등을 발표함으로써 수험생 개인의 특성이 최대한으로 발휘될 수 있도록 하는 면접 방식이다.

중점 평가 항목은 각 직군에서 요구되는 문제 해결 능력, 전문성, 창의성, 기본 실무 능력 등이 있다. 발표 주제는 대기 시간 중에 자신이 원하는 직군을 선택하게 하고, 내용은 실제로 발생 가능한 상황을 중심으로 자신의 의견을 정립하여 발표하게 한다. 부적절한 용어 사용이나 무리한 주장은 하지 말아야 하며, 자신의 논리적인 판단을 근거로 발표할 수 있는 능력을 배양해야 한다.

04

다중 미니 면접이란?

– 인성 테스트

　면접의 종류 중 또 하나 놓치지 말아야 할 것이 있다. 이 면접의 이름은 MMI, 즉 다중 미니 면접(Multiple Mini Interview)이다. 다중 미니 면접은 말 그대로 '여러 가지의 짧은 인터뷰를 통해 지원자의 인성을 검증하는 면접 방식'을 말한다. 즉, 다중 미니 면접의 최고 목적은 단지 인성을 검증하는 데 있다.

　최근 각종 악성 사고가 사회 곳곳에 터지면서 인성 교육의 중요성이 새삼 떠오르고 있다. 군대에서 터져 나오는 총기, 구타, 자살 사고부터 심지어 정치계와 법조계에서까지 터져 나오는 성범죄 사건 등은 결국 인성 문제에 기인한다는 사회적 여론이 뜨겁다. 이것은 직장에 있어서도 마찬가지다. 평생 직장의 개념이 사라지면서 이제 직원들은 더 나은 조건의 직장이 나타나면, 이전 직장은 헌신짝처럼 버려 버리는 일이 비일비재하게 터지고 있다. 또 명문대 출신의 능력자라 하여 뽑아 놓았더니 직장 생활에 적응하지 못하고 물의를 일으키는 직원들이 점점 더 많아지고 있다. 이런 직원들은 그 회사에 도움을 주기는커녕 피해를 주지 않으면 다행이다.

사정이 이러다 보니 최근에는 기업에서도 직원의 실력 못지않게 인성이 중요하다는 사실을 인식하게 되었다. 그런데 지원자의 인성에 대한 검증을 가장 철저히 할 수 있는 방법이 바로 다중 미니 면접인 것이다.

다중 미니 면접의 방식

우리나라에서 다중 미니 면접은 의대생을 뽑는 과정에서 가장 먼저 실시되었다. 아무래도 사람의 생명을 다루는 의사의 인성이야말로 가장 중요한 부분이기에 도입되었던 것 같다. 서울대 의대의 경우, 2013년도 입시부터 수험생을 상대로 다중 미니 면접을 실시하였다고 한다.

그렇다면 다중 미니 면접은 어떤 방식으로 진행될까? 먼저 지원자는 5~10개의 방을 거치며 면접을 하게 되는데, 방별로 한두 명의 면접관이 여러 개의 상황에 따른 짧은 질문을 던지며, 지원자의 윤리 의식·책임감 등을 검증하게 된다. 서울대의 경우, 상황 질문만 하지 않고 지원자로 하여금 직접 상황 연기까지 하게 함으로써 인성을 테스트하기도 하였다.

그렇다면 다중 미니 면접에서 던져지는 상황 질문에는 어떤 것들이 있을까? 다음 상황과 질문들을 보라.

- 당신이 주차하다 BMW를 약간 긁었다. 주차 요원이 이를 주인에게 알렸다. 당신이 차 주인이라면 어떻게 할 것인가?

- 15살 철수가 축구를 하다 다리를 다쳤다. X-레이 검사 결과 뼈암이 의심됐다. 암일 경우 다리까지 잘라야 하는 상황이다. 철수 어머니는 당신(의사)에게 자기 대신 아들에게 얘기해 달라고 부탁했다. 당신이 어머니라면 어떤 기분일까? 당신이라면 어떻게 할 것인가?

- 당신은 의대 2학년생으로 의료 봉사를 갔다가 당뇨병으로 괴로워하는 노인을 만났다. 그는 돈도 없고 돌보는 가족도 없었다. 근처에 병원도 없었다. 당신은 어떻게 할 것인가?

- 당신은 조원들과 함께 도서관에서 참고 도서를 찾고 있다. 필요한 책을 찾았으나 저작권 문제로 복사하거나 빌릴 수 없는 상황이다. 당신의 친구는 필요한 부분을 몰래 찢으며 됐다고 가자고 한다. 당신은 어떻게 할 것인가?

- 대학교에서 일어나는 성 추행 사건의 원인과 대안을 어떻게 생각하는가?

어떤가? 당신이라면 이러한 질문에 어떤 대답을 할 것인가? 결국 인성이 잘 갖춰져 있고 양심이 밝은 사람이라면 이 질문에 답하기도 아주 쉬울 것이다. 하지만 인성에 문제가 있는 사람이라면 이제 이상한 답변을 쏟아 낼 것이다. 이렇게 다중 미니 면접에서는 상황 질문을 통하여 인성을 검증하게 되는 것이다.

다중 미니 면접에서 검사하는 인성의 종류에는 윤리·정직성·도덕성 검증이 있고, 다음으로 공감 능력·의사 소통 능력 검증이 있다. 또 자아 성찰, 자기 이해 검증이 있다. 이러한 인성의 종류별로 각 인성에 해당하는 상황을 던져 주고, 거기에 대한 답을 요구하거나 연기를 하게 함으로써 인성을 검증하는 것이다.

05
면접, 이런 순서로 진행된다

　이제 실제 면접 과정을 살펴보도록 하자. 면접은 과연 어떤 순서로 진행될까? 면접 순서를 아는 것이 중요한 이유는, 이것을 알고 면접에 임하는 것과 모르고 면접에 임하는 것이 하늘과 땅 차이이기 때문이다. 생각해 보라. 시험을 볼 때 무슨 내용이 나올지 아무것도 모르고 시험을 보는 것과, 어떤 유형의 문제가 나올지 미리 알고 시험을 보는 것의 차이가 얼마나 클지! 면접 과정을 익히는 것은 마치 시험이 어떤 유형으로 나올지 미리 알고 시험에 임하는 것과 비슷한 경우다. 그러니 여기에서 제시하는 면접 과정의 순서를 꼭 익혀 두도록 하자. 지금부터 나와 함께 마치 머릿속에 그림을 그리듯 면접 순서를 따라가 보자.

면접 진행 순서

1) 대기실

면접시험은 이미 대기실에서부터 시작된다. 자기 차례를 기다리는 동안 예상되는 질문에 대한 대답을 최종적으로 정리하면서 마음을 가다듬는다. 차례가 가까워지면 다시 한 번 자기의 복장을 살핀다.

2) 호출

담당 직원이 이름을 부르면 똑똑히 대답한다. 면접실 문을 두세 번 노크한 뒤 응답이 있으면 문을 열고 들어간다.

3) 입실

면접실에 들어서면 조용히 문을 닫은 다음 정면을 향하여 가볍게 허리를 굽혀 인사한다. 그리고 면접 위원에게 "××번 ○○○입니다." 하고 자기의 수험 번호와 성명을 말한 후, 의자에 앉아 등받이에 등을 약간 기대는 것이 좋다. 면접 위원의 눈을 너무 빤히 바라보거나 시선을 이리저리 돌리지 않도록 유의하라. 시선은 면접 위원의 가슴 부분을 향하는 게 적당하다. 다리는 꼬거나 벌리지 말고 가지런히 하며, 두 손을 무릎 위에 자연스럽게 올려놓고 질문을 기다린다.

4) 질의·응답

질문이 시작되면 침착하게 질문자를 바라보며 주의 깊게 청취하고, 답변할 때에는 잠깐 생각을 정리한 뒤 또렷하게 대답한다. 너무 빨리 말하거나 말끝을 흐려 얼버무리는 인상을 주지 않도록 한다. 질문에 대한 답을 할 때에는 자신감 있는 태도가 중요하다. 만약 대답을 잘 못했다 하더라도 머리를 긁적거리거나 혀를 내밀지 않도록 하고, 질문 내용을 잘 모를 때에는 얼버무리지 말고 다시 묻도록 한다. 또 질문에 대답할 때 "에~, 저~" 등 불필요한 말이 나오지 않도록 주의해야 한다.

5) 퇴장

들어왔을 때와 반대의 동작으로 조용히 면접실을 나간다. 이때 주의할 점은 면접시험이 끝났다는 해방감에 무의식적으로 문을 거칠게 닫는 일이 없도록 해야 한다는 것이다. 면접시험이 끝나고 의자에서 일어날 땐 자신이 앉았던 의자를 정돈한 후, 15°정도의 가벼운 인사를 한다. 퇴실할 때에도 힘없는 표정을 짓지 않도록 주의한다. 면접 위원은 수험생이 들어오면서부터 나가기까지의 일거수일투족을 관찰하고 있음을 기억해 두어야 한다.

06
면접장에서의 행동 강령들

　먼저, 대기실에서 순서를 기다릴 때에는 예상 질문에 대한 대답을 최종적으로 정리하면서 마음을 가라앉혀야 한다. 대기하는 시간이 길어져 지루할 수도 있으니 이때 위기를 잘 넘겨야 한다. 옆 친구와 조용히 이야기하는 것도 좋으나 가능한 한 조용히 있는 것이 좋다.

　면접실에 들어가서는 편안한 분위기를 연출하는 것이 중요하다. 면접관들은 이미 반복되는 일정 속에 지쳐 있기 때문에, 이런 면접 위원들에게 밝은 모습을 보여 주면 의외로 큰 점수를 얻을 수도 있다. 다음에 소개하는 면접장에서의 행동 강령을 익히도록 하자.

면접장에서의 행동 요령들

어떤 일이 생겨도 당황하지 말고 침착하게!

면접장에서는 의외의 일이 터질 개연성이 충분히 있다. 갑자기 준비하지 않은 질문을 받는다든지 갑자기 면접관이 말꼬리를 잡고 늘어진다든지 하는…. 이때 중요한 것은 당황하지 말고 마음을 가라앉혀야 한다는 사실이다. 마음속으로 심호흡을 하는 것도 좋은 방법이다.

면접관과 눈을 마주치자.

눈이 마주치는 것을 두려워하는 사람이 있다. 이 사람은 이미 지고 들어가는 것이다. 내가 먼저 당당히 눈을 마주쳐 면접의 자신감을 얻어야 한다. 눈을 마주치는 것은 당신의 자신감과 집중력을 나타낸다. 그렇다고 너무 눈만 보고 있으면 안 되며, 면접관이 말을 할 때에는 입술을 보는 것이 자연스럽다.

회사에 대한 관심과 열정을 표현하자.

회사에 대한 관심과 열정을 표현하는 기회가 왔을 때에는 약간 오버해도 된다. 여기서 내숭떨면 손해다. 지원 회사의 장단점을 분석해서, 같은 업종에 있는 다른 회사를 제치고 굳이 이 회사를 택한 이유를 열정적으로 피력하라. 열정이 넘치는 사람의 에너지는 상대에게 팍팍 전달되는 법이다.

프로처럼 옷을 입자.

지원하는 회사 분위기와 걸맞은 옷을 입는 게 좋다. 보수적인 회사이거나 대기업의 경우엔 점잖은 정장 차림을 선호하는 반면, 벤처 기업이나 광고 회사 등은 편안한 캐주얼 차림 정도로도 무난하다.

답변은 2분 이내에 끝내라.

대답이 길어지면 면접관은 차츰 흥미를 잃게 되고, 당신 자신도 하려던 말의 핵심을 놓쳐서 횡설수설하게 될지 모른다. 답변은 2분 이내에 짧고 명료하게 하라.

비장의 무기 - 예리한 질문을 던져라.

회사에 앞으로 관심을 가진 사업이나 방향에 대해 준비해 둔 비장의 무기로 날카로운 질문을 던지는 것도 좋은 방법이다. 이때 중요한 것은 단순한 호기심 차원이 아니라 나름대로 전문적인 지식이 동반되어야 한다. 그래서 이 사람이야말로 우리 회사가 찾던 바로 그 인재구나 하는 생각이 들게 해야 한다.

공감적 경청을 하라.

답변을 잘해야 된다는 '조바심' 때문에 질문의 요지를 놓칠 수 있다. 따라서 반드시 면접관의 말을 경청하고 질문의 핵심을 파악하여 그에 상응하는 답변을 하는 것이 중요하다. 또 질문 중간에 끼어들지 않도록 주의해야 한다.

두괄식 나열법으로 말하라.

답변을 할 때 결론을 먼저 말하고 이유를 설명하는 것이 좋다. 이를테면 "…라고 생각합니다. 그 이유는 첫째 …이고, 둘째 …이며, 셋째 …입니다."라고 대답하는 방식이다.

차분하면서도 소신 있게 답변하라

만약 ○○ 씨는 어느 부서에서 근무하고 싶습니까? 라고 면접관이 이렇게 물으면 "네, 시켜만 주시면 무슨 일이든지 잘할 수 있습니다."라고 패기 있게 대답하거나 "네, 저는 ○○ 분야를 전공했고 ○○에 관심이 많습니다. ○○에서 일하고 싶습니다."라는 식의 소신 있는 답변도 무방하다.

또 상사가 퇴근한 후 중요한 사안을 결정해야 될 상황이라면 어떻게할 겁니까? 라는 질문이 나왔다면 "최종 결정권을 가진 분이 퇴근하셨기 때문에 결정을 미루도록 하겠습니다."라는 답변보다는 "휴대폰으로 연락을 취한 후 상의드리겠습니다." 또는 "저의 책임 영역에서 선 조치 후 보고하겠습니다." 등의 적극적인 답변이 바람직하다.

e메일을 이용하라.

인터뷰에서 결정적 실수를 했을 때에는 e메일을 이용하는 것도 좋은 방법이다. 숫자, 경쟁 회사 이름 등 인터뷰 때 했던 실수를 정중하게 정정하는 것은 결코 무례한 행동이 아니다. 하지만 인터뷰 중 휴대폰이 울리는 등 부주의해서 오는 실수는 예외다. 이런 경우에는 모든 걸 포기하고 다른 직장을 알아보는 게 상책이다.

좋은 인상을 남겨라.

면접에서 질문에 대한 답변 못지않게 중요한 것은 '좋은 인상'이다. 좋은 인상은 답변 내용은 물론 질문에 응하는 태도, 면접 장소에 들어가거나 나올 때 비치는 몸가짐 등을 통하여 면접관에게 전해지게 된다. 특히 밝은 표정과 공손한 목소리, 단정한 옷차림도 지원자의 인상에 영향을 미치므로 깨끗하고 산뜻한 느낌을 주도록 신경 써야 한다.

우선 좋은 첫인상을 전달할 수 있도록 하자.

사람을 만날 때 무엇보다 중요한 것이 첫인상이다. 좋은 첫인상을 주기 위해 면접 장소에 들어설 때에는 앉으라는 권유가 있을 때까지 잠시 서서 기다리는 것도 좋다. 또 첫 만남을 가졌을 때 최근 화제가 되고 있는 소재들로 인사말을 준비해 적극적인 '첫인상'을 남기는 것도 좋지만, 자신이 없다면 질문이 나올 때까지 경청하는 자세를 취하는 것도 바람직하다.

외국 기업들의 경우, 외국인 면접관들이 일상적인 인사와 함께 악수를 청하는 경우도 있으니 차분한 태도로 부드럽게 상대방 눈을 쳐다보며 자연스럽게 응해야 한다. 설사 면접관의 질문이 모르는 내용이거나, 대답을 하고 나서 대답이 잘못됐다고 느껴지더라도 시종일관 침착하고 밝은 표정을 유지하는 것이 좋은 인상을 위해 중요하다.

제4장

성공적 면접 준비 비법

01
면접에 합격하려면
평소 이렇게 연습하라
— 면접 준비 5원칙

'지금 내 모습이 5년 후의 나를 결정한다'는 말이 있다. 그만큼 지금 나의 행동이 중요하다는 이야기다. 당신이 정말로 취업에 성공하고 싶다면 반드시 통과해야 할 관문이 면접이다. 면접에 합격해야만 비로소 취업에 성공할 수 있는 것이다. 당신은 진심으로 취업하고 싶은가? 그렇다면 지금 당장 면접 준비에 들어가야 한다. 면접 준비는 단지 면접 하루 전날 준비하는 것이 아니다. 권투 선수가 경기에 이기기 위해 몇 개월 전부터 꾸준히 훈련하는 것처럼, 면접도 평소에 꾸준히 연습해야 비로소 합격이라는 달콤한 열매를 얻을 수 있다. 당신이 정말로 면접에 합격하고 싶다면 평소부터 다음과 같은 것들을 연습해야 할 것이다.

먼저 답변을 논리적으로 잘하기 위해 **논리성과 통찰력을 기르는 일을**

해야 한다. 사실 이것은 하루아침에 되는 것이 아니다. 평소에 신문의 사설이나 칼럼, 책을 많이 읽는 습관을 길러야 한다. 사고의 논리성과 사물에 대한 통찰력은 바로 이런 과정을 통하여 길러지게 된다. 다음으로 **커뮤니케이션 능력을 기르는 일도 중요**하다. 아무리 내 생각이 논리성과 통찰력으로 중무장되었다 하더라도 이것을 상대에게 제대로 전달할 수 없다면 무용지물이 되고 만다. 커뮤니케이션의 기본은 일단 말이다. 말로 서로 의사 소통을 할 수 있기 때문이다. 지금 온통 영어 열풍에 빠져 있는데, 나는 먼저 모국어를 잘하는 것이 더 중요하다고 생각한다. 모국어를 잘해야 외국어를 잘할 수 있기 때문이다. 이러한 커뮤니케이션 능력의 기본 척도가 되는 말을 잘하기 위한 연습 하나를 소개하겠다. 책을 소리 내어 읽기를 하는데, 이때 입을 크고 넓게 활짝 열면서 큰 소리로 천천히 읽는 것이다. 이렇게 하면 발음이 살아나기 시작하면서 자연스레 말하기에도 자신감이 붙게 될 것이다.

마지막으로 연습해야 할 것은 바로 태도에 관한 것이다. 사실 앞의 두 가지가 조금 모자라더라도 태도만 올바로 갖춰져 있다면 의외의 점수를 얻을 수도 있다. 반대로 앞의 두 가지를 모두 갖췄다 하더라도 태도가 불손하다면 커다란 감점 요인이 되고 말 것이다. 태도는 이처럼 중요한 역할을 한다. 먼저 겸손하고 예의 바른 태도를 길러야 한다. 겸손하고 예의 바른 태도를 기르기 위해서는 나보다 나은 사람은 존경하고, 나보다 못한 사람은 존중하며, 나와 비슷한 사람은 인정해 주는 습관을 갖는 것이 중요하다. 또한 태도가 똑바로 세워져 있는 사람이란 먼저 웃으며 인사하고 말하는 자세를 갖춘 사람이다. 결국 이런 자세는 상대로 하여금 좋은 인상을 들게끔 한다. 또 태도가 똑바로 세워져 있는 사람은 당연히 단정한 용모를 갖추게 된다. 머리 모양이나 옷차림은 단순하고 단정하면서도 나이에 어울리는 차림새를 갖춰야 상대로부터 호감을 얻을 수 있을 것이다.

면접 준비 5원칙

앞에서 이야기한 면접에 성공하기 위해 평소 연습해야 할 것들을 바탕으로 하고, 오랫동안 내가 이 분야에서 쌓아 온 노하우를 바탕으로 하여 다음에 내 나름의 면접 준비 5원칙을 만들어 보았다. 이것을 숙지해 두면 커다란 도움이 될 것이다.

1) 지피지기(知彼知己)

먼저 자기 자신에 대해 스스로 질문을 해 본다. '내가 하고 싶은 일은? 가장 잘하는 것은? 내 성격은? 나만의 뛰어난 능력은…?' 등.

당신은 어떤 것보다 이러한 질문들에 대해 자신 있게 대답할 수 있어야 한다. 또 지원한 회사에 대해 철저히 조사해 두는 것은 기본이다. 지원 분야와 업무에 대한 생각을 정리해 두면 답변할 때 많은 도움이 된다.

2) 예상 질문·답변 연습

인사 담당자들이 가장 먼저 혹은 가장 많이 물어 보는 질문은 당연히 "자신을 소개해 보십시오."다. 이에 대한 답변을 미리 준비해 두지 않으면 언제 어디에서 태어나 어느 학교를 졸업했다는 식의, 너무 평범한 답변으로 흐를 가능성이 매우 높다. 따라서 자신을 홍보할 수 있는 인상적인 답변을 미리 준비해 두는 것이 반드시 필요하다. 한편, 근로 조건과 관련해서도 미리 답을 준비해 두어야 한다. 면접관이 불시에 이에 대한 질문을 할 수 있기 때문이다. 이때 애매한 대답이나 자신 없는 표명, 회사의 조건과 차이가 많이 나는 답변 등을 해 버려 감점을 당하는 경우가 허다하다. 이에 대한 답변은 반드시 내 중심이 아닌, 회사의 입장을 배려하는 선에서 해야 좋은 점수를 받을 수 있을 것이다.

3) 구체적이고 솔직하게

면접관이 "자신의 장점이 무엇입니까?"라고 물어 왔을 때 "책임감이 강하고 문제 해결 능력이 뛰어납니다."라는 단답형 답변보다는 학교 생활 등에서 책임을 맡고 수행했던 일의 과정과 결과, 어떤 식으로 문제 해결을 해 나갔는지 등 구체적인 예를 들어 답변하면 훨씬 좋은 점수를 얻을 수 있다. 이때 주의해야 할 것은 과장이나 거짓말을 해서는 안 된다는 사실이다. 면접관들은 한두 번 면접을 본 것이 아니기 때문에, 점수를 높이기 위해 거짓말을 한다고 판단되면 곧바로 자세한 질문이 뒤따른다. 즉, "컴퓨터 통신을 자주 합니까?"라는 질문에 사실과는 달리 "그렇습니다."라고 대답하면 "e메일 주소를 말해 보세요." 하는 식의 질문이 이어지는 것이다. 따라서 반드시 자신의 경험을 바탕으로 한 진솔한 답변을 하는 것이 중요하다.

4) 친밀감으로 신뢰 구축

면접장에 들어오는 태도, 인사하는 법, 앉는 자세, 말하는 법 등 사소한 것에서부터 인사 담당자는 점수를 매기게 된다. 따라서 언제나 정돈된 행동을 보여 주도록 해야 한다. 또 면접 시간 동안 분위기를 부드럽게 풀어 나가 서로 통한다는 느낌이 들도록 노력하는 것도 중요하다. 간혹 지원자들 중에 짧은 시간에 자신을 자세히 소개하기 위해 많은 말을 하는 사람이 있는데, 많은 말을 하기보다는 면접관의 말을 진지한 태도로 청취하는 것이 더 중요하다.

5) 면접 후의 마무리도 중요

인사를 안 하고 뒤돌아 나오거나 허둥대는 모습은 감점 요인이 될 수 있다. 반드시 정돈된 태도와 바른 인사로 면접을 끝내야 한다.

02
면접관이 싫어하는 면접자 유형

아마도 지금까지 이 글을 읽고 있는 사람이라면 면접이 간단치 않구나 하는 생각을 가질지도 모르겠다. 그냥 가서 있는 그대로 보여 주면 되지 뭐가 이리 복잡해 하고 투덜거리는 사람도 있을지 모르겠다. 물론 어떤 운 좋은 사람은 이런 준비를 하지 않고도 합격한 이가 분명 있을 것이다. 하지만 대부분의 사람들은 그렇지 못하다는 데 비극이 있다. 그래서 조금 복잡해 보일지라도 이런 준비를 해야 하는 것이다. 그런데 면접을 준비하는 과정에서 반드시 놓치지 말아야 할 것이 있다. 바로 상대의 마음을 읽는 것이다. 여기서 상대란 당연히 면접관을 말하는 것이다. 도대체 면접관들은 어떤 마음을 가지고 면접에 임하는 것일까? 면접관들이 싫어하는 타입은 어떤 유형이고, 좋아하는 타입은 어떤 유형일까? 만약 이것을 알 수만 있다면 면접을 준비하는 데 커다란 도움이 될 것이다. 미팅을 나가는데 상대가 무엇을 좋아하는지, 또 싫어하는지 미리 알고 있다면 큰 도움이 되는 것과 마찬가지다. 다음에 여러 회사의 인사 담당자들과 실제 인터뷰한 내용을 소개하도록 하겠다. 아마도 당신은 이들의 말을 통하여 실제 면접관들의 마음을 어느 정도 읽어 낼 수 있게 될 것이다.

실제 면접 진행자들의 말, 말, 말

이직자 면접

"요즘엔 회사가 구직자를 일방적으로 인터뷰한다기보다 서로 선택권을 쥐고 있다는 생각으로 인터뷰한다. 매번 물어 보는 질문이 '왜 이직을 생각하는가'다. 떠나고 싶은 데에는 저마다 이유가 있겠지만, 구직자가 전 직장을 정면으로 비난하고 나설 때에는 놀라게 된다. 언젠가 이곳을 떠날 때에도 역시 같은 모습일 것 같아서다. 이럴 때에는 자신을 키워 줄 수 있는 '풀'이 되지 못했거나, 일이 단조로워 충분히 능력을 펼치지 못했다는 의미는 전달하되 순화해서 표현하는 게 좋다."

면접관이 중요하게 생각하는 기본 지식이 없는 경우

"최근 인턴 면접을 진행했는데, 지원자 대부분이 지원 회사에 대한 기본 지식이 없는 상태로 면접에 임했다. 예를 들어, 한국GM에서 판매하고 있는 차 이름을 3개 이상 답해 보라 했더니 자신 있게 답변하는 지원자가 하나도 없었다. 미리 준비한 대답만 집중적으로 연습하다 보니 정작 면접관이 중요하게 생각하는, 회사에 대한 배경 지식을 소홀히 준비하는 경향이 있다."

너무 수동적인 경우

"질문을 던졌는데 '예' 하고 다음 질문을 수동적으로 기다릴 때 안타깝다. 자신의 재능을 발산하진 못할망정 침묵으로 일관하는 어리석은 행동은 피하는 게 상책이다."

항공사 면접의 경우

"항공사는 철저하게 서비스 직종에 속하기 때문에 다양한 나이, 계층과 원만한 관계를 맺을 수 있어야 한다. 피하고 싶은 지원자는 혼자만의 시간을 중요하게 생각하며, 낯을 많이 가리고 숫기가 없어 상대를 불편하게 하는 타입, 비행기 많이 타고 해외여행을 자주 갈 수 있다는 부푼 꿈만으로 도전하는 사람들은 다시 한 번 생각해 주길 바란다. '채용 사이트에 이력서를 올려놓았더니 운 좋게 연락이 왔다'고 고백하는 불필요한 솔직함, 인도네시아와 인도를 분간하지 못하는 무지는 그 즉시 탈락을 부른단 사실도 잊지 말아야 한다."

비호감인 경우

"육체적으로나 정신적으로나 건강해 보이지 않는 모습은 삼가면 한다. 일하고 싶단 열정이 보이는 태도가 아니라 회사원이 되고 싶어서 '구직'하는 모습이 표면적으로 보이는 경우도 비호감이다. 면접의 수준과 대화를 나누는 상대에 맞춰 대화를 이끌어 가야 하는데, 그런 디테일한 부분이 부족한 지원자는 미안하지만 사절이다."

제약 회사 영업직의 경우

"영업직(제약 회사는 영업 부서의 비중이 크다)의 신입 사원은 스펙, 능력보다 태도를 고려한다. 제품에 대한 지식은 교육이나 워크숍으로 향상될 수 있지만 긍정적인 마인드, 불굴의 의지, 열정은 한순간에 만들어지는 게 아니다. 반면 경력 사원은 철저하게 성과를 본다. 물론 어느 쪽이라도 스펙만 믿고 불성실하게 면접 준비를 해 오는 건 절대 통하지 않는다. 개인적으론 면접관의 말을 중간에 자르는 지원자, 불편한 질문에 솔직하게 답변하지 않는 지원자는 단번에 아니라고 느껴진다."

자만심으로 보이는 경우

"주눅 들지 않고 자기 생각을 자유롭게 말하는 요즘 세대의 자신감, 보기 좋다. 그러나 상당수 지원자의 답변이 자만심으로 느껴진다. 제대로 알지 못하는 이야기는 순간적으로 만들어서 하지 말아야 한다. 질문자는 이미 질문에 대해 생각해 본 사람이다. 순간의 센스는 필요하지만, 옳지 않은 답을 옳은 것처럼 강조하는 모습은 보기 싫다. 순발력, 센스는 전적으로 그 사람의 경험에서 나온다. 본인의 경험에 대해 자신 있게 말하길 바란다. 또 옷을 센스 있게 입으려면 양말까지 잘 맞추면 좋겠다."

트위터코리아 채용의 경우

"최근 트위터코리아의 채용 면접 중 열에 아홉의 지원자가 아래와 같이 답변했다. 'B2B(기업간 전자 상거래)에서 오랜 경력을 쌓아서', '전통 미디어에서 탈피하고 싶어서', '지금 속한 회사는 보수적이라서'…. 심지어 어떤 이는 SNS는 한 번도 사용한 적 없다고 운을 뗐다. 이런 대답을 들을 때마다 왜 우리가 B2C(기업 대 소비자간 전자 상거래), 소셜 미디어 경험도 없는 사람을 뽑아야 하나 싶다. 자유로운 업무 환경은 트위터가 아닌 곳에서도 찾을 수 있다. 나라면 유저로서 트위터의 장단점, 트위터에서 펼칠 수 있는 영향력에 대해 좀 더 구체적으로 답했을 거다."

주관이 없어 보이는 경우

"'아무 일이나 시켜만 주면 최선을 다하겠다'고 많이 말한다. 낡은 표현이어서 감각이 없어 보일 뿐 아니라 자기 주관이나 취향도 없어 보인다. 본인이 잘하는 일이나 하고 싶은 분야, 면접 보는 회사에 대한 열정을 보여 주는 구체적인 발언을 하길 추천한다."

균형 감각을 갖춘 사람 OK

"인터뷰로 개인의 능력을 가늠해 볼 수 있지만 실제 능력 지수를 파악하는 데에는 한계가 있다. 결국 얼마나 함께 일하고 싶은 사람인가란 질문만 남는다. 갤러리는 그림으로 사람을 대하는 장소라 어느 현장보다 스태프 간의 조화가 우선이다. 매력적이면서 함께하기에 지나침 없는 균형 감각을 갖춘 사람을 1순위로 찾는다. 명품으로 치장한 사람, 건방진 태도를 개성으로 착각하는 사람, 직장을 우아한 취미 생활로 간주하는 사람에겐 흥미가 생기지 않는다. 허황한 비전말고 일에 대한 애정을 진지하게 피력하는 밝은 캐릭터가 지금껏 가장 오랫동안 기억 나는 '인터뷰다."

불성실한 대답을 하는 경우

"합격에 대한 일말의 의지, 의욕도 느껴지지 않는 불성실한 대답을 하는 이들은 이해할 수 없다. 말하기도 싫은데 면접은 뭐 하러 보러 왔나."

회사에 어떤 도움을 줄지 답하는 사람 OK

"자신이 회사에 어떤 쓰임새가 있을지를 스피치해야 한다. '배워 보고 싶다', '경험해 보고 싶다'란 말은 신입생 면접에서나 할 얘기다. 회사 입장에선 지원자가 어떻게 회사에 도움을 줄 건지가 더 궁금할 따름. 수많은 경쟁자 가운데 나를 돋보이게 하려면 자신감 넘치는 말투, 여유 있는 유머, 자상하고 싹싹한 태도 외에 면접관을 '인간 대 인간'으로 생각하고 어필하는 것도 좋다. 흡사 남녀의 첫 만남에서 상대의 마음을 사로잡는 것처럼…."

맞지 않는 포트폴리오 가져오는 경우

"남성복 팀에 지원하면서 대학교 때 만든 여성복 포트폴리오를 가지고 오는 디자이너 지원자가 있더라. 어떤 근거 자료도 없이 말로 해결하려는 것 같아 마이너스 점수를 주고 싶다. 거꾸로 브랜드의 성향과 어울리는 코디네이션을 보여 준 지원자에겐 플러스 점수를 마구 주고 싶다.”

능력보다 됨됨이를 본다

“첫째, 막무가내 열정은 사절이다. 경험이 아닌 환상에서 나온 열정이란 난관 앞에 얼마나 보잘것없는지! 둘째, 스펙보다 취향이다. 화려한 스펙보다 풍부한 호기심과 분명한 취향이 콘텐츠를 만든다. 셋째, 능력보다 됨됨이다. 혼자 잘하는 사람보다 함께 잘하는 사람이 후에 타인의 능력을 극대화해 주는 좋은 리더로 클 확률이 높다.”

막연한 열심을 답하는 경우

“짧은 면접 시간 내에 성격, 업무 수행 능력, 잠재력을 평가해야 하니 나름대로 심사숙고한 질문을 던진다. 본인에게 잊히지 않는 경험, 사건을 통해 배운 점을 물어 보는 것도 그 사람의 성격과 가치관을 좀 더 파악할 수 있어서다. 막연히 열심히 하겠다는 발언은 난감하다. 아무리 후보가 많아도 ‘진정성 있는 스토리 텔링’을 준비해 오는 지원자에게 끌리더라.”

디자이너 면접의 경우

“디자이너를 뽑을 땐 그날 입은 스타일링 코드를 눈여겨본다. 비싼 옷을 입는 게 포인트가 아니다. 적어도 본인이 일하고 싶은 브랜드의 컨셉을 반영했는지 고려한다. 경쟁 브랜드 옷으로 전신을 치장하고 오거나, 심하게 개성만 드러낸 지원자는 브랜드에 대한 최소한의 예의조차 없다고 느껴진다."

제대로 준비가 안 된 경우

"면접 시간이 다됐는데 전화해서 길을 헤매고 있단 지원자를 직접 '모시러' 나간 적 있다. 제발 위치 정도는 머리에 입력하고 오자. 면접 보러 오는데 청바지에 운동화 신고 오는 것도 지양하자. 행여 업무차 나이 지긋한 저자 만나러 갈 때 그 차림으로 갈까 무섭다."

거만한 태도로 보이는 경우

"회사가 신입 사원을 채용하는 건 바꿔 말하면, 선배를 통해 배워 나가야 할 막내 사원을 팀의 구성원으로 받아들인다는 의미다. 의외로 거만한 태도로 말하고 행동하는 사람을 면접에서 심심찮게 봤다. 입사하기 전 선발 과정에서도 안하무인의 태도를 보이는 후배를 받고 싶은 선배는 아무도 없을 것. 역으로 지나치게 긴장하는 경우엔 면접 자체가 동문서답으로 흘러가 지원자가 연약한 사람이란 인상을 지울 수 없다. 면접이 원래 떨리는 게 당연하단 마음으로, 떨림을 설렘으로 받아들이고 면접장에 들어가길 권한다."

사전 준비를 꼼꼼히 한 사람 OK

"브랜드에 대해 꼼꼼히 조사한 후, 자신의 비전과 브랜드의 색깔을 접목해 자신을 어필한 지원자가 내내 기억에 남는다. 젊은 층의 객관적인 시각으로 브랜드를 볼 수 있어 신선했다."

PD 면접의 경우

"PD 지망생들이 범하는 실수 중 하나가 통통 튀는 '끼'를 표출해야 한단 '강박'에 사로잡혀 도를 넘는 거다. 합숙 면접시 회식을 하면서 면접을 보기도 하는데, '멋지게 잘 노는 아이'로 보이고 싶어 주량을 넘어 달리다 낭패 보는 경우도 왕왕 있다. 또 하나 빠지기 쉬운 함정은 어설프게 아는 지식을 대단한 걸로 착각하는 거다. 예컨대 편집기를 좀 다룰 줄 안다고 '깝죽대는' 피면접자보다는 편집감이 좋아 보이는 잠재력 있는 인재를 뽑게 된다."

R & D 면접의 경우

"R & D(연구 개발) 부문에서는 기술에 대한 심도 있는 이해가 중요하다. 전공 관련 질문을 하되 범위를 넓혀, 지원자가 학생 시절 얼마나 고민의 흔적을 남겨 왔는지를 중점적으로 살펴본다. 포털 사이트에서 검색해 알 수 있는 지식이 아닌, 본인만의 경험과 이해를 바탕으로 한 대답이 나오면 무조건 '오케이'다."

03
첫인상이 좋았다면
면접은 따 놓은 당상이다

　면접에 필승하기 위해 면접관에게 좋은 호감을 주는 것은 당연한 일이 될 것이다. 그렇다면 어떻게 해야 면접관에게 좋은 호감을 줄 수 있을까? 많은 경우, 한 사람이 다른 사람을 만날 때 갖는 호감도는 첫인상에 좌우되는 경우가 많다. 첫인상이 좋으면 내내 좋은 호감으로 이어질 수 있지만, 만약 첫인상이 좋지 않았다면 이것이 곧 선입관으로 작용하여 호감을 주는 데 커다란 방해 요소로 작동하게 된다는 이야기다.

　그렇다면 좋은 감정을 주기 위해 첫인상이 무엇보다 중요하다는 결론에 도달하게 된다. 문제는 이러한 첫인상이라는 것이 거의 30초 안에 결정난다는 사실에 있다. 이것은 다시 말해 당신에 대한 호감도가 30초 안에 결정된다는 이야기와 다름없다. 사람들은 누구나 밝고 건강한 이미지를 가진 사람과 가까이하고 싶어한다. 당신이 다른 사람에게 보일 첫인상은 어떻다고 생각하는가? 만약 첫인상에 자신이 없다면 당신은 어떻게 할 것인가? 포기해 버릴 것인가? 하지만 절대 실망하거나 포기하지 말기 바란다. 왜냐하면 지금부터라도 노력하면 얼마든지 나의 첫인상도 좋은 이미지로 그려 낼 수 있기 때문이다. 이제부터 나와 함께 당신의 인생에서 가장 중요한 첫 만남의 30초를 호감으로 이끌기 위해 무엇을 해야 하는지 살펴보도록 하자.

첫인상이란 도대체 무엇인가?

사람의 이미지 형성에서 가장 중요한 것이 첫인상이라고 했다. 그렇다면 도대체 첫인상이라는 것이 무엇이기에 이토록 중요한 기능을 하는 것일까? 첫인상이란 사람을 처음 만났을 때 상대에 대한 어떤 느낌을 갖게 되는 것이다. 물론 한 번의 만남을 통해 상대의 모든 것을 판단할 수는 없지만 '다음에 다시 만나고 싶다', '이 사람과 사귀어 보고 싶다', '이 사람과 거래를 해 보고 싶다'는 판단을 할 수는 있게 된다. 고덴 엘포트(Gorden Allport)의 대인 지각 이론에 따르면 사람은 30초 동안에 처음 만난 상대의 성별, 나이, 체격, 직업, 성격, 신뢰감, 성실성 등을 어느 정도 평가할 수 있다고 한다. 사람들은 이런 능력을 바탕으로 상대의 첫인상을 평가하는 것이다.

사람은 누구나 어떤 사람을 처음 만날 때 이러한 첫인상을 바탕으로 상대를 평가하게 된다. 그렇다면 첫인상은 어떻게 작용하여 형성되는 것일까? 첫인상이 형성되려면 사람의 마음속에 부정성 효과와 초두(初頭) 효과, 인지적 구두쇠 효과가 작용한다고 한다. 여기서 부정성 효과란 대개 누군가를 처음 만났을 땐 긍정적인 특성보다 부정적인 특성(예를 들어 '표정이 딱딱하다', '거만하다'는 것)이 그 사람을 평가하는 데 더 많은 영향을 준다는 것이다. 이 때문에 단점보다 장점이 많은 사람도 어떤 사소한 단점 한 가지 때문에 전체적인 평가가 부정적이 될 수도 있다. 첫인상이 중요한 이유도 바로 여기에 있다. 한편, 초두 효과란 먼저 제공된 정보가 나중에 제시된 정보보다 더 큰 영향력을 발휘하는 것을 뜻한다. 흔히 남성들이 여성을 만날 때 묻지도 않는 자기 자랑을 늘어놓는 것도 이런 이유에서다. 이 때문에 상대에게 좋은 첫인상을 주려면 처음 만났을 때, 가능한 한 자신의 장점을 최대한 부각시키는 것이 중요하다. 마지막으로 인지적 구두쇠 효과란 사람들이 전반적으로 사물을 판단할 때, 가능하면 노력을 덜 들이면서 결론에 이르려고 하는 경향이 있다는 것을 뜻한다. 만약 '사실 난 알고 보면 좋은 사람인데'라고 스스로를 평가하는데 실상은 종종 오해받는 경우가 많다면, 바로 인지적 구두쇠 효과 때문이라 할 수 있다. 이 경우 첫인상을 좀 더 좋게 가꿀 필요가 있다. 기회는 그렇게 여러 번 오지 않기 때문이다.

관리하면 나도 좋은 첫인상을 줄 수 있다

이제 첫인상이 무엇인지 조금 이해가 되었는가? 지금부터 기업의 인사 담당자들이 좋아하는 첫인상에 대해 알아보자. 기업의 인사 담당자들은 면접시 어떤 첫인상에 끌릴까? 한 설문 조사에 따르면, 기업의 인사 담당자들이 구직자를 면접할 때 가장 높은 점수를 주는 첫인상은 '웃는 표정인' 것으로 나타났다. 인사 담당자들은 웃는 표정의 지원자에 대해 호감(5점 만점에 4.20점)과 신뢰감(4.25점)이 가고, 성실(4.31점)할 것 같은 느낌을 갖는다고 평가한 것이다. 또한 이 조사에서 외모에 가장 큰 영향을 많이 끼치는 요소로는 '얼굴 표정', '피부색', '얼굴색'순으로 나타났다. 이 조사 결과에 의하면, 결국 표정이 밝은 사람이 좋은 첫인상을 남긴다는 결론을 얻을 수 있다. 결국 표정 관리가 좋은 첫인상을 남기는 데 있어 가장 중요한 항목으로 떠오른 것이다.

그렇다면 왜 표정 관리가 첫인상에 가장 커다란 영향을 미치는 걸까? 첫인상이 형성될 때 가장 많은 영향을 주는 부분은 역시 시각적인 요소다. 시각적인 요소에는 얼굴 표정, 옷차림, 액세서리, 보이는 자세 등이 있는데 그 중 사람을 처음 만났을 때 시선이 가장 먼저 가는 곳이 바로 얼굴이다. 그리고 얼굴의 표정에 의해 그 사람의 인상이 결정된다. 이제 왜 표정 관리가 첫인상에 가장 커다란 영향을 미치는지 알게 되었는가.

많은 사람들을 만나다 보면 늘 밝고 활기찬 표정으로 다른 사람까지 즐겁게 하는 사람이 있는가 하면, 항상 어두운 표정으로 상대방의 기분까지 나빠지게 하는 사람이 있다. 표정이 밝은 사람은 대체로 성격도 밝고 적극적인 경우가 많다. 이런 건강한 이미지를 지닌 사람과는 늘 누구든지 가까이하고 싶어한다. 내가 아는 어느 사업가는 미국에서 어렵게 생활하고 있던 어느 날, 우연히 주위 사람에게서 "○○○ 씨는 한 번도 웃는 얼굴을 본 적이 없는 것 같아요."라는 말을 듣고 상당한 충격을 받았다고 한다. 그때까지 자신의 얼굴에 대해 별 관심이 없었던 그로서는 당연한 일이었을 것이다. 그는 이전까지 자신의 표정이 그렇게 어두운 것은 물론, 그로 인해 상대에게 부담을 주고 있었던 사실에 대해서도 전혀 알지 못했다. 그 후 그는 의식적으로 하루에 15분씩 샤워하면서 거울을 보고 웃는 연습을 했다고 한다. 처음에는 갑자기 웃는 자신의 모습이 무척 어색했지만 꾸준히 연습한 결과, 한 달쯤 지나서부터는 점차 자연스러워졌고, 지금은 만나는 사람들 대부분 어쩌면 웃는 모습이 그렇게 자연스럽고 멋있느냐며, 비결 좀 가르쳐 달라는 말까지 종종 듣는다고 한다. 밝아진 표정 때문인지 지금은 사업도 잘되고, 그때보다 경제적으로도 상당히 좋아졌다고 한다. 밝은 표정의 파워는 이런 것이다.

이렇게 밝은 표정은 자신의 성격뿐만 아니라 사업에도 많은 영향을 준다. 밝은 미소를 짓는 것은 생각으로만 되지 않는다. 우리의 얼굴 근육은 평소 쓰는 부분만 발달되어 있기 때문에, 평소 웃지 않던 사람이 갑자기 웃으려고 하면 어색하고 근육 경련이 일어나기도 한다. 그럼에도 불구하고 얼굴 표정은 얼마든지 훈련에 의해 바꿀 수 있다. 이것은 첫인상도 관리에 의해 바꿀 수 있다는 뜻과 같다. 얼굴 표정을 밝게 바꾸려면 지금부터 매일 조금씩 표정 훈련을 꾸준히 연습해야 한다.

얼굴 표정 관리하기

지금부터 얼굴 근육 훈련을 통해 표정을 바꾸는 요령을 알아보자. 다음 네 가지를 매일 조금씩 훈련하고 꾸준히 연습한다면, 분명히 당신의 표정도 밝게 바꿀 수 있을 것이다.

첫째, 평소 거울을 자주 보는 습관을 기르자.

거울을 보면서 자신의 표정이 얼마나 딱딱한지를 느껴 보는 것이 중요하다. 먼저 자신의 입꼬리가 위를 향하는지 일자(一字)인지 아래를 향하고 있는지 잘 살펴보라. 만약 입꼬리가 처져 있다면 살짝 위로 잡아당겨 보자. 이런 동작을 여러 번 반복하면 조금씩 변화가 생기기 시작할 것이다. 성격이 예민하거나 신경질적인 사람 중에는 양미간에 세로 주름이 나 있는 경우가 많다. 자신의 미간에 세로 주름이 한 줄 혹은 두세 줄 있는 사람은 지금부터 많이 웃는 노력을 해야 한다. 그 주름이 오래되면 골이 파여서 쉽게 지워지지 않는다. 관상학자들은 이곳을 명궁이라고 부르는데, 이 명궁은 복이 들어오는 대문이라고 해서 아주 중요한 부위에 해당한다. 이곳이 넓고 두둑해야 운이 좋아진다고 하니, 주름이 잡혀서 좁아지지 않도록 자주 웃어서 명궁을 펴 주도록 하자.

둘째, 눈썹을 살짝 올려 본다.

눈썹이 올라가면서 눈도 살짝 크게 떠질 것이다. 마음이 열리면 눈도 같이 열리게 되는데 눈썹을 살짝 올려 줌으로써 기분도 좋아질 것이다. 이때 "안녕하십니까?"라는 인사도 함께 소리 내서 해 보면 목소리도 밝게 나는 것을 느낄 수 있을 것이다.

셋째, 웃는 모습을 연습한다.

다음은 자신의 웃는 얼굴을 여러 가지 만들어 보고 그 중 가장 자연스럽다고 생각하는 입 모양을 기억해 둔다. 그 상태를 유지할 수 있도록 몇 번이고 반복해서 연습하라. 이 훈련이 당신의 표정을 밝게 바꾸는 데 큰 역할을 하게 될 것이다.

넷째, 평소 밝고 좋은 생각만 하는 훈련을 한다.

사실 근육의 훈련만으로는 표정이 자연스럽게 밝아지지 않는다. 자신의 표정을 정말로 밝게 바꾸고 싶다면, 자신의 생각과 생활을 아주 긍정적으로 바꾸는 것이 가장 좋은 방법이다. 기분 좋은 생각을 많이 하고 농담을 즐기며 마음의 여유를 갖도록 자신을 바꿔 보자. 그러면 주위 사람들로부터 인기도 높아질 것이다.

패션 이미지 관리도 중요하다

표정 관리 다음으로 첫인상에 있어 중요한 것이 바로 패션 이미지다. 과거와 달리 현대는 패션의 시대다. 많은 사람들은 옷차림으로 상대의 첫인상을 결정짓는 경우가 많다. 대개 사람을 처음 만나면 그 옷차림을 통해 상대방의 직업이나 생활환경을 추측하게 된다. 지나치게 외모에 치중하는 것이 바람직하지는 않지만, 옷은 타인에게 보이는 중요한 메시지가 되기 때문에 의상 연출도 전략적으로 할 필요가 있다.

의상 연출시 가장 중요한 것은 T.P.O.(time, place, occasion)에 의한 연

출이다. 먼저 자신이 무슨 목적으로 어느 곳에 가서 누구를 만나는가를 고려해서, 그 상황에 적합한 옷을 입는 것이 가장 중요하다. 정치인이 선거 유세를 위해 지역을 방문할 때에도 연설 대상이나 지역에 따라 의상 연출은 수시로 바뀌게 된다. 예를 들면 생활 형편이 어려운 지역을 방문할 때에는 후보자도 점퍼 차림에 운동화(유명 상표가 아닌)를 신고 간다. 이렇게 의상 연출은 자기 기분 내키는 대로 입는 것이 아니라 항상 자신의 직업과 위치, 주변 환경을 고려함으로써 좋은 이미지가 더 부각될 수 있도록 해야 한다.

그렇다면 비즈니스맨들의 바람직한 의상 연출 방법에는 어떤 것들이 있을까? 다음에 당신의 패션 이미지에 도움이 될 만한 정보들을 소개한다.

정장 차림은 상대에게 신뢰감을 주고 품위 있게 보인다.

가장 포멀한 정장은 아래위 같은 옷감과 같은 무늬로 된 한 벌의 수트를 의미한다. 이때 남성의 경우는 흰색 드레스셔츠에 투 버튼 수트를, 여성의 경우는 스커트 길이가 무릎 위 5cm를 넘지 않도록 주의하고 구두의 높이도 5cm 이내여야 한다. 또한 값비싼 의상보다는 단정하고 깔끔하게 의상을 입는 것이 더 중요하다.

정장에 무난한 색상은 감색과 회색 계열이다. 흔히 곤(紺)색이라고 하는 짙은 감색은 신사복의 유니폼과 같다. 누구나 짙은 감색 양복 한 벌은 준비해 두는 것이 좋다. 만약 자신의 피부가 하얗고 인상이 날카로워 보여서 고민하는 사람이라면, 밝은 색의 양복을 입어 분위기를 보완하는 것도 좋은 방법이다.

검정은 자칫 타인에게 너무 권위적으로 보일 수 있으니, 편안하게 상대에게 다가가길 원한다면 밝고 가벼운 느낌의 옷을 입는 것이 좋다. 남성에 비해 여성은 좀 더 여러 가지 색상을 선택할 수 있는데 와인색, 카키색, 베이지 계열도 무난하다.

액세서리와 옷 차림새도 중요하다.

가끔 여성들 중에는 무엇이 바빠서인지 얼룩진 옷을 그대로 입고 나오는 경우가 있는데, 이런 사소한 부분이 전체 이미지를 흐리게 한다. 어떤 옷을 입는가도 중요하지만 그에 못지않게 잘 다려진 옷, 깨끗하게 손질된 옷을 입는 것도 중요하다.

한편, 액세서리는 최소한의 것으로 하는 것이 좋다.

지나치게 많은 액세서리는 비전문가로 보이게 할 우려가 있다. 한두 가지 포인트를 줄 수 있는 것으로 하고, 여성의 귀걸이는 드레스 차림이 아니라면 달랑거리지 않는 부착형으로 하는 것이 무난하다.

활동성 있는 옷차림을 하는 것도 중요하다. 비즈니스 수트는 활동성이 있어야 한다. 지나치게 타이트한 옷은 움직이기 불편하고 보는 사람도 부담스럽다. 옷을 자랑하러 온 건지 일을 하러 온 건지 구분이 안 가는 옷차림은 곤란하다.

남성복 연출시 주의할 점

대부분의 여성들은 패션 연출에 뛰어나지만 남성들은 그렇지 못한 경우가 많기에, 남성복 연출시 주의할 점에 대해서만 다음에 간단히 소개하였으니 참고하기 바란다.

- 한 벌 수트는 한 벌로만.
- 노타이에 밖으로 드러낸 셔츠 깃은 NO.
- 허리띠와 멜빵은 함께 하지 않는다.
- 튈 때 튀더라도 구두 색깔로는 튀지 말도록!
- 수트 차림에 흰 양말은 무좀을 광고하는 꼴.
- 상의 왼쪽 가슴에 있는 포켓은 비워라(신사는 자신의 현금을 드러내지 않는다).
- 세 가지 이상의 색상을 사용하지 않는다.

면접시 옷차림과 화장법, 피부 관리까지

이제 실제 면접 현장에서의 옷차림과 여성들의 화장법에 대해 소개하도록 하겠다. 바늘구멍같이 좁은 취업 문을 뚫기 위해 반드시 거쳐야 할 관문이 바로 면접이다. 외모가 실력을 뒷받침하는 것은 아니지만, 면접관에게 호감을 사면 그만큼 합격 가능성이 커진다. 따라서 어떤 옷차림으로 면접관에게 호감을 줄 수 있을까를 고민해야 한다.

남성과 여성 모두 지나치게 튀는 옷차림보다는 깔끔하고 단정한 옷차림이 좋다. 취업 정보 업체 '잡링크' 김현희 팀장은 여성 면접자들에게 다음과 같이 옷차림 정보를 인터뷰해 주었다.

"여성 정장은 베이지색이나 검정색, 구두는 검정색, 스타킹은 연주황색이 가장 무난하다. 귀고리나 팔찌 등 액세서리는 최대한 자제하는 게 좋다."

그렇다면 남성 면접자의 경우 어떤 옷차림이 좋을까? 남성은 지적인 분위기와 안정된 느낌을 줄 수 있는 회색이나 검정색의, 두세 개 버튼이 달린 기본형 정장이 무난하다. 너무 헐렁하면 나이가 들어 보이고, 몸에 꽉 끼는 캐주얼 정장은 가벼운 이미지를 줄 수도 있다. 셔츠는 흰색이나 재킷과 같은 계열 색상으로 입는다. 바지 길이는 구두 등을 살짝 덮는 정도가 적합하다.

다음은 여성들의 화장에 관하여 살펴보자.

면접을 앞둔 여성 지원자들에게 자주 해 주는 조언 중 하나가 너무 튀거나 진한 화장은 피하라는 것이다. 진한 화장보다는 전체적으로 얼굴선이 선명하면서도 다소 윤곽이 살아 있는 듯한 이미지를 연출하는 게 좋다. 면접은 짧은 시간 안에 자신의 '상품 가치'를 팔아야 하는 무대이기 때문이다. 전체적으로 얼굴을 갈색이나 오렌지색으로 꾸민다는 생각으로 화장을 하면 평균 이상은 된다. 개성을 살리고 싶다는 취지는 이해하지만 속눈썹이나 진한 마스카라 역시 금기다. 면접관들은 다소 보수적인 편일 때가 많기 때문이다. 눈 화장은 되도록 하지 않는 게 좋고, 투명 립글로스 등으로 입술 선을 그린다는 생각으로 칠하면 편안한 인상 연출이 가능하다.

면접 전 피부 관리에 대하여

면접 전날 긴장된 마음에 잠을 설치면 피부가 푸석푸석해지기 쉽고, 자칫하면 뾰루지 등이 솟아날 수 있다. 따라서 잠자리에 들기 전 잠깐 틈을 내 야채나 과일로 얼굴 마사지를 하거나, 에센스나 로션을 충분히 발라주면 좋다. 각질이 일어나기 쉬운 눈가나 입가 주위에는 영양 성분이 듬뿍 들어 있는 크림 종류를 덧바르면 효과적이다. 애경산업 미용 연구팀 정지은 연구원에 의하면, 눈두덩이 자주 붓는 사람은 자기 전에 화장 솜에 화장수를 듬뿍 묻혀 눈 위에 2~3분 올려놓으면 부기를 어느 정도 뺄 수 있다고 한다.

머리는 파마보다 생머리가 단정한 인상을 준다. 본래 머리 색깔보다 약간 밝은 느낌의 염색도 나쁘지 않다. 앞머리가 흘러내리는 헤어스타일을 하면, 자신도 모르게 손을 자꾸 머리 쪽으로 올리게 돼 태도가 흐트러지기 쉽다. 이럴 때에는 미리 미용실에서 정돈하고 간다. 너무 긴 머리는 여성스러움이 지나치게 부각돼 업무 능력이 떨어져 보일 수도 있다. 긴 머리는 귀 뒤로 단정하게 묶는 게 좋다. 면접 때에는 TV 아나운서처럼 상큼한 단발이나 깔끔한 커트 머리가 유리하다. 그러나 무엇보다도 가장 중요한 것은 생동감 있는 표정이다. 무표정한 얼굴만큼 최악의 태도는 없다. 상황에 맞는 옷차림과 화장에 덧붙여, 당당하면서도 자신감 있는 태도와 표정으로 면접에 임하면 좋은 평가를 받을 수 있을 것이다.

04 목소리도 첫인상이다

– 목소리 관리법

'목소리에도 인상이 있다.'

이것은 언젠가 TV 강의에서 김창옥 교수가 했던 강의의 제목이다. 우리는 인상 하면 단지 외모만 생각했는데, 목소리에도 인상이 있다 하니 매우 신선한 느낌으로 다가왔다. 당신은 목소리에도 인상이 있다는 이 말에 동의하는가? 실제 우리가 사람을 만날 때 느끼는 첫인상을 떠올려 보면, 목소리에도 인상이 있다는 사실을 금방 알아챌 수 있다. 매우 잘생기고 훤칠한 어떤 남자를 만났는데, 갑자기 여자 같은 목소리를 내는 바람에 잘생기고 훤칠한 남성 이미지가 무너졌던 경험이 누구에게나 있지 않은가. 반대로 늘씬하고 아름다운 여자를 만났는데 투박한 목소리에 실망한 경험도 누구나 한 번쯤 있지 않은가. 이처럼 목소리 역시 첫인상을 결정짓는 데 지대한 역할을 한다.

이쯤에서 당신은 나에게 반문할지도 모르겠다. "그래요, 나는 목소리가 좋지 않은데 그럼 어쩌란 말이에요?"라고 말이다. 내가 목소리가 첫인상에 중요하다는 이야기를 끄집어내었다는 것은, 당연히 목소리 역시 얼굴 표정처럼 훈련에 의해 얼마든지 다듬을 수 있음을 뜻하지 않겠는가. 만약 그동안 당신의 목소리가 좋다고 평가받지 못했다고 하더라도 절대 실망하지 말고 다음의 이야기에 귀를 기울이기 바란다.

당신의 목소리와 웃음소리를 점검하라

먼저 당신의 목소리가 다른 사람에게 호감을 주는지, 아니면 불쾌감을 주는지부터 판단해야 할 것이다. 다음에 타인에게 불쾌감을 주는 목소리에는 어떤 것들이 있는지 소개한다. 만약 당신의 목소리도 여기에 해당한다면 당장 목소리 관리에 들어가야 할 것이다.

당장 고쳐야 할 목소리 worst 9

1) 거칠고 탁한 목소리

2) 발음이 부정확한 목소리

3) 너무 작아서 의사 표현이 불분명한 목소리

4) 수줍어 끝소리가 잦아드는 목소리

5) 톤이 지나치게 높아 신경에 거슬리는 목소리

6) 아기처럼 어린 양이 밴 목소리

7) 짜증 섞인 목소리

8) 툭툭 내뱉어 던지듯이 말하는 어투

9) 입 안에서 우물거리는 목소리

그렇다면 이런 목소리를 어떻게 좋은 목소리로 바꿀 수 있을까? 다음에 좋은 느낌을 주는 목소리를 만드는 발성법을 소개한다.

먼저 다음과 같은 소리를 입술을 내밀지 말고 입꼬리를 당기면서 말하라.

- 아-에-이-오-우 / 우-오-이-에-아
- 가나다라마바사아자차카타파하
- 강낭당랑망방상앙장창캉탕팡항
- 각낙닥락막박삭악작착칵탁팍학

다음으로 평소 말하는 음보다 한 옥타브 올려 말하라('미'음 정도).

마지막으로 식장에서 사회 보듯 조금 빠른 듯한 템포로 말하라. 이때 답답한 느낌을 주지 않도록 하는 것이 중요하다.

사실 목소리도 얼굴처럼 타고나는 것이기 때문에 근본적으로 목소리를 바꿀 수는 없다. 하지만 듣기 싫은 목소리를 듣기 좋은 목소리로 바꿀 수는 있다. 마치 여자들이 화장을 통하여 보기 좋은 외모를 가꾸는 것처럼 말이다. 나는 이것을 '목소리 화장하기'라 부른다. 목소리도 얼굴처럼 화장하면 얼마든지 남에게 호감을 주는 소리로 바꿀 수 있다. 다음에 목소리를 화장하는 법을 소개하니 꼭 해 보기 바란다.

목소리 화장하는 법

1) 자세를 바로 하라. 말을 할 때에는 항상 등을 곧게 펴고 가슴을 올리고 배에 힘을 주며 집어넣는 자세를 취해야 한다.

2) 톡톡 튀는 밝은 목소리로 생동감 있게 이야기하라.

3) 항상 밝고 희망적인 생각을 하며 긍정적인 말을 하라. 내 말을 듣고 있는 상대가 유쾌한 기분이 들도록 환하게 리듬을 타며 말을 해야 한다.

4) 발음을 정확하게 하면서 목소리를 낮추어라. 매일 신문의 사설 부분을 큰 소리로 낮고 정확한 발음으로 음독하는 연습을 하라. 발음을 더욱 분명하게 하고 싶다면 입에 볼펜을 문 채로 소리를 내서 읽는 훈련을 하면 좋다.

5) 콧소리를 없애라. 턱과 혀를 느슨하게 하고 목과 입을 열어, 소리가 코로 새는 것을 막아야 한다.

6) 날카로운 소리를 자제하라.

7) 자세를 바로 하고, 한 호흡씩 늦춰서 여유를 갖고 말하라.

8) 음성을 잘 관리하라. 이를 위해 흡연, 기침, 피로 등으로 성대에 부담을 주는 것을 피해야 한다. 목소리가 잘 안 나올 때에는 길게 숨을 쉬거나 침묵하거나 레몬 즙이 든 따뜻한 차를 마시면 좋다. 또 매일 소금물로 가글링하면 목을 깨끗하고 건강하게 관리할 수 있다.

웃음소리 관리도 빼놓지 않아야….

　마지막으로 웃음소리에 대한 이야기를 하고자 한다. 평소 얼굴 표정이 아름다운 사람도 웃을 때 보면 실체가 드러나는 경우가 있다. 유난히 잇몸이 많이 보인다거나 으스스할 정도로 웃음소리가 이상하다면, 좋은 이미지가 한순간에 날아갈 수 있다. 우리는 이런 경우를 한 번쯤은 경험해 보지 않았는가. 혹 자신의 웃음소리가 남에게 나쁜 영향을 줄 만큼 이상하지 않은지 점검해 봐야 한다. 물론 그것은 자기 스스로 잘 알 수 없기에 주변 사람에게 물어 보는 것이 가장 정확하다. 만약 자신의 웃음소리에 문제가 있다는 평가를 듣게 되었다면, 당장 웃음소리 역시 좋은 웃음소리로 바꾸는 연습을 해야 할 것이다.

05
진정한 화법이 자신의 가치를 높인다

아무리 좋은 인상을 가지고 준비를 많이 했다 하더라도 면접은 결국 말로 판가름 나는 시험이라 할 수 있다. 면접이란 결국 말로 시험을 보는 방법이기 때문이다. 말을 잘하지 못하면 면접에서 합격하기란 거의 불가능하다고 해야 할 것이다. 그렇다면 어떻게 해야 말을 잘할 수 있을까? 그리고 어떤 것이 말을 잘하는 것일까?

한 사람이 말하는 방식을 화법이라 한다. 신기하게도 이 세상의 그 수많은 사람들이 말하는 방식이 모두 다르다. 어떤 사람의 말은 귀에 쏙쏙 들어오는가 하면, 어떤 사람의 말은 같은 나라 말인데도 알아듣기조차 힘든 경우가 허다하다. 당신은 상대에게 말을 잘 전달하는 편인가, 아니면 잘 전달하지 못하는 편인가? 놀라운 것은 내가 한 말이 상대방에게 정확하게 내 뜻대로 받아들여질 확률은 30%밖에 안 된다는 사실이다. 그것은 말의 억양, 단어 선택, 태도, 문화적 양식, 지식 수준, 사회 체계 등이 서로 다르기 때문에 나타나는 현상이다.

세상에 나 혼자 존재한다면 굳이 말이 필요 없다. 말은 결국 상대방과 의사 소통하기 위해 만들어진 수단이라 할 수 있다. 이때 말은 나와 상대가 서로 주고받게 되는데 이러한 것을 대화라 한다. 결국 앞에서 이야기했던 개인의 화법이란 대화법을 이야기함을 알 수 있다. 이러한 대화에는 세 가지 타입이 있다. 머리로 하는 대화와 입으로 하는 대화, 그리고 가슴으로 하는 대화가 그것이다. 머리로 하는 대화 중 대표적인 예를 들어 보면 학자나 정치가들이 지식으로 말하는 것을 들 수 있다. 또 입으로 하는 대화는 상인이나 아나운서들이 상업적으로나 직업적으로 상황에 따라 전달하는 대화를 말할 수 있으며, 가슴으로 하는 대화로는 부모 자식 간이나 친구, 혹은 연인끼리 서로 마음을 터놓고 진심으로 말하는 것을 들 수 있을 것이다.

당신은 대화의 세 가지 타입 중 어떤 것이 상대에게 가장 감동을 줄 수 있다고 생각하는가? 당연히 가슴으로 하는 대화일 것이다. 부버는 진정한 대화란 '나와 너'의 관계에서 형성될 수 있음을 강조하고, 귀머거리 대화나 기술적 대화가 아닌 타인의 존재를 인정하고 타인에게 몰두하는 진실성 있는 대화가 진정한 대화라고 했다. 즉, 가슴으로 하는 대화가 진정한 대화라는 것이다.

만약 당신이 비록 말이 어눌하더라도 가슴으로 하는 대화를 잘할 수 있다면, 당신의 가치는 지금보다 매우 높아질 것이다. 반면에 머리로 하는 대화나 말로만 하는 대화에 익숙해 있다면, 당신은 상대로부터 가치를 인정받기 쉽지 않을 것이다. 그렇다면 어떻게 해야 가슴으로 하는 대화를 잘할 수 있을까? 이를 위해서는 감성 지능, 즉 'EQ'와 '경청'이 매우 중요한 화두로 떠오르게 된다.

감성 지능을 높여라

감성 지능이 높은 사람은 자기 자신의 감정을 잘 이해할 수 있으며, 동시에 감정 조절 능력이 뛰어나다. 이를 바탕으로 다른 사람의 감정을 이해하고 조절할 수 있기 때문에 감정의 흔들림 없이 여러 가지 위기에 잘 대처할 수 있으며, 다른 사람을 공감시키는 능력 또한 탁월하다. '공심위상(攻心爲上)'이란 말이 있다. 이는 마음을 공략하는 것이 상책이란 뜻이다. 어떤 사람이 공심위상에 뛰어날까? 바로 감성 지능이 높은 사람이다. 이들은 상대방의 마음에 공감을 일으킬 수 있는 에너지가 매우 크기 때문에 공심위상을 잘할 수 있는 것이다.

그렇다면 어떻게 해야 감성 지능을 높일 수 있을까? 이를 알기 위해 우선 감성 지능에 대하여 좀 더 깊이 알아보도록 하자. 감성 지능이라 다음 다섯 가지로 분류된다. 첫째, 자기 감정을 아는 능력. 둘째, 정서를 올바르게 표현하는 능력. 셋째, 자신의 감정을 잘 다스리는 능력. 넷째, 상대방을 이해하는 능력. 다섯째, 감정을 승화시켜 자기 발전의 에너지로 활용하는 능력이다. 감성 지능이 높은 사람은 이와 같은 능력이 있기 때문에 남과 쉽게 공감을 일으킬 수 있다. 또 남과 조화로운 관계를 맺고 있기 때문에 이들은 주로 온화한 얼굴, 부드러운 시선, 밝은 표정, 애정이 가득 찬 목소리를 소유하고 있다. 당신도 이런 능력의 소유자가 되고 싶지 않은가.

안타깝게도 감성 지능을 하루아침에 높이는 방법은 없다. 전문가들은 이러한 감성 지능이 지능 지수처럼 어릴 때 거의 결정된다고 하지만, 주변에서는 자신의 노력으로 감성 지능을 높인 예를 얼마든지 찾을 수 있다. 최근 자기 계발 등에서 개발되고 있는 방법들이 대부분 감성 지능을 높이는 방법들이기도 하다. 따라서 지금부터 내 마음을 바꿔 먹고 감성 지능을 높이기로 결정한다면, 당신도 불가능하지만은 않다는 점을 명심하기 바란다.

'화안애어(和顔愛語)'란 말이 있다. 즉, 사랑스런 말과 표정은 굳게 닫힌 마음의 문을 열게 한다는 뜻의 한자 성어다. 사랑스런 말과 표정은 훈훈한 에너지를 발산한다. 어두운 인생의 길목에 희망찬 한 줄기의 빛을 보내는 것이다. 이 에너지는 점점 당신의 감성 지능을 높이는 데 기여하게 될 것이다. 앞에서도 이야기했듯이, 감성 지능이 높다는 것은 상대를 이해하고 공감하는 능력이 뛰어나다는 것을 뜻한다. 이런 사람은 결국 상대의 마음을 사로잡아 내 편으로 만들 수 있게 된다. 과연 어떻게 해야 이런 단계까지 도달할 수 있게 될까?

인간 누구나 자기 나름대로의 판단 기준을 가지고 있다. 그 기준을 무시하고 나 혼자 아무리 열을 낸다 하더라도 상대는 협박, 강제, 공격, 회유로밖에 받아들이지 않을 것이다. 마음의 벽은 두꺼운 것이다. 이쪽이 강하게 나가면 그럴수록 점점 상대의 벽은 두꺼워져 버리고 만다. 이때 상대의 기준과 일치시킬 수는 없다 하더라도 가까이 가도록 노력하는 자세가 중요하다. 상대가 갖는 인식과 가치 체계에 대한 이해, 이것이 상대방에 대한 진정한 배려와 이해다.

대화란 선의가 바탕에 깔려 있을 때 비로소 상대에게 여운을 남기게 된다. 이야기가 상대에게 마음의 상처를 주고, 상대 또한 그 반작용으로 듣기 싫은 소리를 하게 되는 것은 서로에게 애정이 없기 때문이다. 상대방을 잘 배려하고 이해하기 위해서는 대화 중에 감정 이입이 중요하다. 감정 이입(empathy)이란 경청과 비슷한 것으로 내 입장에서 이해하는 것이 아니라 그의 감정 및 상태에 들어가는 것, 곧 입장을 바꿔 놓고 생각해 보는 것이다. 이해(understand)도 바로 그 사람의 상태(stand) 아래(under)로 들어가는 것을 뜻하지 않는가.

공감적 경청이 필요하다

'기쁨을 나누면 갑절이 되고, 슬픔을 나누면 절반이 된다'고 한다. 대화에서 중요한 것은 가슴과 가슴이 통하는 것이다. 진정한 대화를 위해 나의 진정성도 중요하지만, 상대의 말에 귀를 기울이는 것도 그에 못지않게 중요하다. 상대의 말에 귀를 기울이는 것을 경청이라 한다. 경청은 상대방의 가슴속에 들어가 기쁨이든 슬픔이든 함께 나누고자 하는 것이다. 듣는 것(hearing)과 경청(listening)은 다르다. 듣는 것은 소리라는 음파가 속귀의 귀청을 울리는 물리적 현상인 반면, 경청은 상대가 전하고자 하는 메시지를 받아들여 그 의미를 이해하는 것이다. 경청은 소리를 감지하는 물리적 귀가 아니라, 감정을 알아차리는 마음의 귀를 갖는 것이라 할 수 있다.

그렇다면 어떻게 해야 경청을 잘할 수 있을까? 경청은 상대방을 인간적으로 존중하는 마음에서 출발해야 한다. 그리고 그가 하는 말이 나의 시간과 나의 관심을 투자해 적극적으로 경청할 가치가 있다고 생각하면서, 비판하지 않고 순순한 마음으로 끝까지 들어야 한다.

경청에는 세 가지 종류가 있다. 적극적 경청과 반사적 경청, 공감적 경청이 그것이다.

첫째, **적극적 경청**은 상대가 말하는 낱말 그대로의 의미만을 수동적으로 듣는 것이 아니고, '이 사람이 왜 이런 식으로 이야기를 하는 것일까? 어떤 마음에서 이런 말을 하는 것일까?' 하며 적극적으로 이해하는 자세로 듣는 것을 말한다.

둘째, **반사적 경청**은 적극적 경청의 하나로 상대가 화났거나 감정이 끓어오를 때, 평가나 편견을 가하지 않고 있는 그대로 받아들이고, 거울에 비치듯이 되돌려 줌으로써 상대의 감정을 내가 이해하고 있음을 전하는 것을 말한다.

셋째, **공감적 경청**은 경청의 최고 단계로 감정 이입적 경청을 말한다. 말하는 것을 피상적으로 듣는 것이 아니라, 상대방이 왜 이런 말을 하고 있으며 그 안에 깔려 있는 느낌과 생각은 어떤 것인지를 이해하기 위하여, 상대방의 입장에서 주의를 끝까지 집중해 그의 말을 듣는 것이다.

그렇다면 어떻게 해야 경청을 잘할 수 있을까? 다음에 몇 가지 비법을 소개한다.

먼저 시선이나 자세를 상대 쪽으로 향한다.

부드럽고 부담 없는 시선으로 응시하면서 자세를 상대 쪽으로 약간 기울인다. 시선을 외면하거나 뒤로 젖혀진 자세는 상대에게 거부감과 무시당하고 있다는 기분을 줄 수 있다.

입장을 바꿔 생각해 본다.

사람마다 성장 배경과 처지가 다르기 때문에, 자신의 생각과 다르더라도 상대방의 입장에서 그럴 수밖에 없는 이유를 찾아야 한다.

의문점이 있으면 질문한다.

지레짐작으로 넘어가지 말고, 확실하게 파악하려고 노력한다는 모습을 보여야 한다. 그래야 자기 말에 관심이 있다는 것을 상대가 알고, 공감 수준도 넓어진다.

선입관과 편견에서 벗어난다.

상대의 과거, 전해들은 말, 신체적 특성 등에 의한 선입관을 가지지 말고 지금 현재의 상대를 보려고 노력해야 한다.

결점, 문제점 보다는 감춰진 장점, 잠재력을 찾으며 듣는다.

다른 사람의 문제점은 누구나 잘 찾는다. 그러나 공감을 잘하고 말을 잘 들어 주는 사람은 상대방의 감춰진 장점을 찾는 능력이 뛰어나다.

표현하는 말보다는 비언어적인 몸짓에도 귀를 기울인다.

말의 내용보다는 목소리의 강약과 떨림, 시선, 제스처, 억양, 표정, 자세 등에 보다 많은 내면적 정보가 실리므로 이에 집중해야 한다.

06
효과적인 대화로 이끌기 위해

　　대부분의 사람들은 대화를 할 때 그냥 별다른 생각 없이 과거의 경험을 토대로 임하는 경우가 많다. 하지만 좀 더 효과적인 대화로 이끌기 위해서는 대화에 대해서도 공부를 해야 한다. 대화가 언어라는 단위로 이루어져 있기에, 대화에 대해 공부하려면 먼저 언어에 대한 이해가 필요하다. 일반적으로 언어의 목적은 많지만 여기에서는 언어의 기능 면에서 살펴보도록 하자. 언어는 다음 세 가지 목적을 위해 사용된다고 할 수 있다.

　　첫째, 어떤 일을 알릴 목적.

　　둘째, 어떤 일에 관하여 상대방을 설득시킬 목적.

　　셋째, 상대방에게 감명을 줄 목적.

　　이러한 목적으로 사용되는 언어 화법에는 설명형·설득형·나열형의 세 가지가 있으며, 우리는 일상생활에서 이 세 가지의 화법을 섞어서 말하게 된다. 이때 말을 잘한다는 평을 듣는 사람은 위의 세 가지를 잘 조화시켜 말하는 사람이라 할 수 있다. 따라서 자신이 말을 잘하고 싶다면 위의 세 가지를 잘 조화시켜 말하는 습관을 길러야 한다.

어떤 것이 훌륭한 언어인가

말을 한다는 것은 상대방에게 무엇을 가르쳐 주거나, 상대방을 설득하거나, 상대방의 신뢰를 얻거나, 상대방에게 감명을 주거나 하는 등의 여러 가지 목적이 있다는 것은 이미 앞에서 이야기하였다. 사실 정상적인 사람이라면 일상생활을 하는 데 있어 최소한의 말을 익히고, 살아가는 데 불편함 없이 언어 생활을 하고 있다. 또한 이러한 언어 생활은 초등학교 입학 전후까지 보통 사람이면 다 익히게 되는 법이다. 그러나 생활 언어 수준에서 나아가 이치에 맞는 화법을 구사하려 한다면, 훌륭한 언어를 구사하고 싶다면 이제 보다 체계적이고 지속적인 연습이 필요하게 된다.

그렇다면 어떤 언어가 훌륭한 언어일까? 다음은 화술 전문가들이 지정한 훌륭한 언어의 예니 참고하기 바란다.

① 음성의 크기는 장소와 환경에 따라서 말하도록 한다.

② 정확한 발음으로 말을 한다.

③ 바르고 고운 말을 한다.

④ 알아듣기 쉬운 말을 한다.

⑤ 표준말을 사용한다.

⑥ 일반적인 대화는 온화하고 부드러운 태도로 말한다.

⑦ 침착하고 여유 있는 태도로 말한다.

⑧ 솔직, 담백한 태도로 말한다.

⑨ 내용이 정확하게 전달되도록 한다.

⑩ 이야기의 목적과 장소에 어울리는 화법으로 말한다.

기본적인 말하기 기법

내가 사용하는 말을 훌륭한 언어로 만들기 위해 먼저 기본적인 말하기 기법을 익혀야 한다. 기본적인 말하기 기법이란 '천천히 정확하게 말하라, 크고 강하게 말하라, 또박또박 바르게 말하라, 자연스럽고 부드럽게 말하라'다. 이러한 기본적인 말하기를 상대에게 효과적으로 전달하기 위해, 다음 네 가지의 말하기 기법을 참고할 필요가 있다.

1) 강조해서 말하기

'강조'는 말이 갖는 다양한 표현 수단 중에서 가장 효과적인 표현 방법이다. 말하려는 사실에 힘을 주어 더 실감나게 표현함으로써 깊은 인상을 주려는 표현 방법으로, 가장 중요한 부분에 강세를 주면서 강조하여 표현한다.

예를 들어 "우리 힘을 합쳐 IMF의 파도를 헤쳐 나갑시다!"라는 말이 단결과 협동의 의미라면 '우리 힘을 합쳐'를 강조하고, 다른 부분은 보통의 표현으로 하면 된다. 또는 IMF를 극복하자 하는 내용을 강조하고 싶으면 '헤쳐 나갑시다'를 강조하고, 다른 부분은 보통의 표현으로 하면 된다. 이처럼 동일한 말이라도 어느 부분을 강조하느냐에 따라 그 말이 갖는 의미가 달라짐을 알 수 있다.

강조법은 가장 중요한 부분을 강조함으로써 듣는 이를 쉽게 이해할 수 있도록 도울 뿐 아니라, 말하는 이가 중요하게 생각하는 부분을 상대방으로 하여금 효과적으로 받아들일 수 있게 한다. 또한 단조롭고 산만해지기 쉬운 이야기를 다양한 변화로 주의를 환기시킬 때 사용하는 표현 수단이 되기도 한다. 강조하기 위해서는 대부분 소리를 크게 내는데, 오히려 중요한 부분에서 보통 때보다 작은 목소리로 표현하는 것이 효과적일 경우도 있다.

2) 띄어서 말하기

스피치는 유창하게 말하는 것에만 목적을 두고 있는 것이 아니라, 듣는 이를 공감시키는 데 목적을 두고 있으므로 띄어서 말하기가 매우 중요하다. 효과적인 스피치를 하기 위해서는 우선 의미를 확실히 이해하도록 띄어서 말해야 하며, 표현하고자 하는 의도를 잘 전달할 수 있도록 호흡을 조절해야 한다.

중요한 말을 하기에 앞서 충분한 간격을 두고, 단어와 단어 사이에 몸짓·모습·억양·침묵 등으로 띄어 말하면 청중으로부터 한층 더 큰 호응을 얻을 수 있다.

3) 입체적으로 말하기

우리말은 단어를 발음할 때 고저를 구분하지 않고 장단만 구분하기 때문에, 긴 소리와 짧은 소리를 정확하게 구분하여 발음할 필요가 있다.

그림에서의 원근법은 가까운 사물은 크게, 멀리 있는 사물은 작게 그리는 것이다. 그러나 목소리는 원근법이 적용되는 그림과는 반대다. 거리가 멀면 크게 말하고 가까우면 작게 말해야 한다. 즉, 넓은 장소에서 많은 청중을 대할 때에는 큰 목소리로, 좁은 공간에서 소수의 청중에게 말할 때에는 작은 목소리로 말해야 분위기에 어울린다.

4) 감정을 실어 말하기

스피치의 내용을 자신의 이야기처럼 머릿속에 그리면서, 절실한 감정이 담긴 목소리로 표현할 때 청중의 반응이 커진다. 말하는 이가 감정을 싣지 않고 그저 알고 있는 사실만 밋밋하게 이야기한다면, 듣는 이에게 아무런 감흥도 주지 못할 뿐만 아니라 그만큼 효과도 미미해진다.

사회생활을 하다 보면 자신의 감정 표현이 자연스럽지 못한 사람이 의외로 많다. 가슴 아프도록 슬픈 일은 슬프게, 화나는 일은 화를 내는 감정으로 이야기해야 한다. 그래야만 상대방이 화자와 마찬가지로 슬픈 느낌과 화난 느낌을 느끼게 될 것이기 때문이다.

표현에 따라 말의 수준이 달라진다

같은 말을 하더라도 표현 방법에 따라 말은 완전히 다른 말로 변하게 된다. 다음에는 상대에게 효과적으로 말을 전달할 수 있는 말의 표현 방법을 소개하니 익혀 두면 큰 도움이 될 것이다.

쉬운 표현

어설프게 아는 사람이 어렵게 말을 하고 문자를 쓰는 법이다. 진정으로 아는 사람은 쉽게 풀어서 상대방에게 이해하기 쉽도록 말한다. 특히 상대방의 수준에 맞추어 이야기하는 것은 중요한 말하기 기술이다. 또한 간단명료하게 구체적 사실을 말하는 표현 방법도 필요하다.

분명한 표현

언어는 분명하게 표현하는 것이 중요하다. 에둘러 질문 형식으로 표현하거나 애매한 이중적 표현을 쓰는 것은 상대방을 헷갈리게 할 뿐이다. 자신이 원하는 것을 분명히 표현해야 하며, 실제 사실과 생각·느낌·요구를 구분하여 표현하는 것도 중요하다. 이를 위해 자꾸 화제를 바꾸지 말고 한 번에 한 가지에만 초점을 맞춰 말하는 것도 좋은 방법이 될 수 있다.

진실한 표현

진실한 표현을 해야 하며, 이를 위해 왜곡·과장되지 않은 표현을 해야 한다.

평가적 표현보다 설명적 표현으로

"자네는 리포트를 잘못 써 왔기 때문에 점수가 나쁜 거야!"라고 결과만 평가하는 평가적 표현보다 "자네 리포트는 참고 문헌이 빠졌고, 결론이 없기 때문에 좋은 점수를 받을 수 없네."라고 구체적 설명을 곁들이는, 설명적 표현이 상대에게 덜 상처를 준다.

전략적 표현보다 자연스러운 표현으로

"막 나오려는데 급한 전화가 와서 10분 동안이나 전화통에 매달려 있게 된 바람에 늦었어."라는 변명(전략적 발언)보다는 "너무 늦어서 미안해, 할 말이 없네."라는 자연스러운 표현(시인이나 사과)이 낫다.

중립적 표현보다 감정 이입적 표현으로

"내가 알 바 아니야.", 혹은 "그건 네 문제야."라는 중립적 표현(무관심)보다는 "네 마음이 어떨지 알아.", 혹은 "이런 걸 한번 해 보면 어떨까?"라는 감정 이입적 표현(이해와 관심)이 낫다.

금지해야 할 표현

상처 주는 말, 위협적인 말, 빈정거리는 말, 비난하는 말, 비교하는 말, 성 차별하는 말(예 : "요즈음 여자들은…", "여자들 때문에 문제야.") 등은 반드시 금해야 할 표현들이다.

불충분한 의사를 보충하는 방법

효과적으로 의사를 전달하기 위해서는 내용 설명만으로 불충분할 때가 많다. 이 경우, 좀 더 쉽게 이해시키기 위해 보조 수단으로 의사 보충법이 사용된다. 의사 보충법에는 다음과 같은 것들이 있다.

예거법

내용을 이해시키기 위해 예를 들어 설명하는 방법으로, 상대방의 흥미를 자극해 주의를 집중시키는 장점이 있다. 이 방법은 상대를 이해시키기 위해 설명하는 데 있어 가장 긴요한 방식이다.

비유법

이 방법은 성경에서 예수가 제자들을 이해시키기 위해 주로 많이 사용했던 방법으로, 그 내용과 유사한 예를 들고 이를 통해 유사점과 차이점을 발견하게 하는 방법이다. 이러한 비유법에는 또다시 여러 종류가 있다.

① **사실적 비유** : 동일한 사실을 비교하여 설명하는 방법으로 예를 들어 한국의 근대화와 중국의 근대화, 한국 전쟁과 월남 전쟁의 비유를 드는 것을 들 수 있다.

② **상상적 비유** : 상상적 비유에는 앵두 같은 입술, 대쪽 같은 성품 등과 같이 직접 비유를 드는 직유법과 빈 수레가 요란하다, 전쟁은 지옥이다 등과 같이 간접적 비유를 드는 은유법이 있다.

통계법

이것은 주로 설명하려는 내용에다가 과학적인 신빙성을 주기 위해 사용하는 방법이다. 주로 어떤 통계 자료를 제시함으로써 흥미를 유발하고 쉽게 이해하도록 하는 방법으로 사용된다.

증언법

이 방법은 주로 저명한 인사의 말이나 금언, 속담, 명언, 명구 등을 인용하여 상대방의 이해를 돕는 의사 보충법이다. 이때 중요한 것은 인용 문구가 보편적으로 인정되는 일반 사실이어야 하며, 너무 많은 인용은 오히려 자기 주장의 개성과 주체성이 약화될 가능성이 있다는 사실이다.

반복법

이것은 강조를 위해 사용되는 것으로, 말을 바꾸어 가며 중요한 진술을 반복하는 방법을 말한다. 이때 중요한 것은 표현을 달리하여 반복의 지루함을 주지 않아야 한다는 사실이다.

시청각 보조 자료 사용

요즘 가장 많이 사용되는 방법으로, 빔 프로젝트를 통하여 시청각 자료로써 자신의 설명을 이해시키는 방법이다.

의사 소통이 제대로 되었는지 확인하는 방법

아무리 신경을 써서 듣는다 해도 놓친 것이 있을 수 있다. 이때 상대방이 하는 말을 잘 듣고 이해했는지 알아보기 위해 확인하는 것도 도움이 된다. 이런 방법에는 세 가지가 있다.

첫째, '반복하기'로 상대방이 한 말을 그대로 반복하는 것이다. 예를 들면, "영화 보러 가자."라고 말하면 "영화 보러 가자고?"라고 반복할 수 있다.

둘째, '바꾸어 말하기'로 상대방이 한 말과 같은 뜻을 가진 다른 말을 사용하는 것이다. 예를 들면, "학교 생활이 싫증나서 더 이상 다니기 싫어."라고 말하면 "그러니까 너의 얘기는 학교 생활에 관한 한 거의 한계에 도달했다는 뜻이니?"라고 바꾸어 말할 수 있다.

셋째, '요약하기'로 상대방이 말한 내용의 초점을 압축해 주제를 명확히 하는 것이다.

07
상대방의 관심을 이끄는 대화법

　이 장에서는 여러 가지 대화법 중 인간적 관심을 끌 수 있는 대화법에 대해 알아보자. 어떻게 하면 상대의 관심을 끄는 말을 할 수 있을까? 상대의 관심을 끌기 위해서는 우선 내가 먼저 상대에게 관심을 기울여야 하며, 상대에게 공감해야 할 것이다. 그리고 상대에게 나 자신까지 내보여야 한다. 그래야 상대도 나에게 마음을 열 것이기 때문이다. 마지막으로, 나의 의사를 상대방에게 잘 전달해야 한다. 상대와의 대화를 이런 식으로 접근하면, 당신은 분명 상대의 관심을 끌 수 있게 될 것이다. 이것은 면접에 있어서도 중요한 부분이니 하나하나 잘 살펴보기 바란다.

상대의 관심을 끄는 대화법

관심 기울이기

우리는 가끔 내 이야기를 들어 주지 않는 사람과는, 관심을 보여 주지 않는 것 같아 더 이상 이야기를 나누고 싶지 않을 때가 있다. 이런 기분은 상대방도 똑같이 느낀다. 따라서 다른 사람의 이야기에 진지하게 관심을 기울이고 잘 들어 주는 것이 대화의 기본 중 기본에 속한다. 경청은 상대의 말뿐이 아니라 생각과 감정을 알아차리는 '마음의 귀'를 갖고 이야기를 듣는 것이다. 이렇게 하면 상대방으로 하여금 자신이 가치 있는 존재로 받아들여지는 느낌을 갖게 하여 보다 친밀한 관계가 형성되게 된다. 이때 잘 듣기 위해서는 몸을 상대방에게 향하고 우호적인 눈빛을 보내며, 상대방의 말에 고개를 끄덕이든지 "아, 그랬구나!" 하면서 맞장구쳐 주는 것도 필요하다.

공감하기

대화를 잘하기 위해서는 상대방의 입장에 서야 한다. 즉, 상대방을 이해할 수 있는 가장 좋은 방법은 그 사람의 입장에 서서 그 사람이 보는 대로 세상을 보는 것이다. 나의 입장에서 벗어나 그 사람의 입장에서 보면, 왜 그런 말을 하며 그런 식으로 행동하는지를 쉽게 알 수 있다. 다시 말하면, 공감하기는 상대방의 이야기를 들으면서 말 속에 담겨 있는 기분이나 감정을 그의 입장에서 이해하고 받아들이는 것이다. 공감하기 위해서는 상대방이 느끼는 감정을 이해하는 것과, 그 이해하는 바를 말로 표현하는 것이 필요하다. 공감의 기본 형식은 "당신은 ○○○라고 느끼시는군요." 와 같은 것이다. 그리고 "○○○하다니⋯."와 같이 상대방이 특정한 기분과 감정을 갖게 되는 이유와 배경을 함께 알아주면 훨씬 도움이 된다.

자기 개방

자기 개방은 자신의 인간적인, 개인적인, 사적인 면을 드러내는 것으로 자신의 있는 그대로의 모습을 나타내는 것이다. 자기 개방은 두 가지로 나누어 볼 수 있다. 첫째, 자신의 생각이나 감정·기분·경험·정보 등을 개방하는 것이다. 예를 들면, "오늘 룸메이트와 싸우고 나왔더니 영 공부할 기분이 안 나요."와 같은 것이다. 둘째, 상대방과 공통된 생각·감정·기분·경험·정보 등을 털어놓는 것이다. 예를 들면, "나도 술을 잘 못 마시는데 그래서 그런지 술자리를 할 때마다 마음이 많이 쓰여요."와 같은 것이다.

나–전달법(I-message)

'너는⋯'이란 표현보다는 '나는⋯'이라는 표현을 사용하는 것이 도움이 된다. 너로 시작하는 '너–전달법'은 비난을 받으면 감정이 상해서, 잘못을 인정하기보다는 같이 비난하기가 쉽다. 그러면 서로의 관계는 악화된다. 반면에 '나–전달법'은 세 가지 구성 요소가 있다. 우선 문제가 되는 상대방의 행동과 상황을 구체적으로 말하고, 상대방의 행동이 나에게 미친 영향을 구체적으로 말한다. 그리고 나서 그런 영향 때문에 생긴 자신의 감정을 솔직히 말한다. 예를 들면, "네가 약속 시간에 늦어서 기다리는 동안, 무슨 일이 있나 해서 걱정되어 나는 그동안 아무것도 할 수 없어서 그냥 초조하게 기다렸어." 같은 말이다.

지금까지 상대의 관심을 끄는 대화 기법을 이야기했는데, 이런 대화 기법도 중요하지만 더 중요한, 관심을 끄는 방법이 있다. 그것은 바로 인간에 대한 애정과 진실한 마음이다. 이런 기본적인 애정과 진실성에 기초해 위의 기법을 사용한다면 상대는 나에게 끌리게 되며, 인간관계는 더욱 풍요로워질 것이다.

좋은 인상을 남기는 대화법

지금까지 상대의 관심을 끄는 대화법을 익혔다면, 이제 처음 만나는 사람에게 좋은 인상을 남기는 대화법에 대하여 알아보자.

미소 띤 얼굴 만들기

두근거리는 첫 만남. 어색한 분위기를 깨고자 한다면 미소 전략을 쓰면 도움이 될 것이다. 껄껄거리는 호탕한 웃음보다는 입 끝을 살짝 올리듯이 짓는 미소는 그 자체로 많은 이야기를 담을 수 있다. 호의와 상냥함, 다정함 같은 것 말이다. 단, 이때 눈이 웃고 있지 않으면 웃는 얼굴이 되지 않는다는 사실을 기억해야 한다.

낮게, 그리고 천천히

말할 때에는 천천히, 그리고 적당히 낮은 톤으로 하는 것이 좋다. 높은 톤으로 빨리 말하면 가벼운 인상을 준다. 하지만 낮은 톤으로 천천히 이야기한다면 그는 침착하다는 인상을 받을 것이다.

맞장구치기

썰렁한 분위기를 없애고자 한다면 그의 이야기에 맞장구를 쳐 주는 것도 좋은 방법이다. 그렇다고 무턱대고 맞장구를 치기만 해서는 건성으로 이야기를 듣고 있다는 느낌이 들므로, 그의 이야기를 열심히 듣고 있다는 공감을 표현하면서 맞장구를 쳐야 한다.

질문으로 화제를 넓힌다.

너무 꼬치꼬치 캐묻는 느낌을 주지 않도록 조심하면서 자연스럽게 질문한다. 상대를 더 잘 알 수도 있고, 상대방의 대답을 잘 기억해 뒀다가 다음 번 만났을 때 기억해 둔 얘기를 꺼낸다면 관심과 애정을 표현할 수 있다.

나와 상대와의 거리 75cm

개인적인 만남의 자리라면 나와 상대와의 거리는 75cm가 적당하다. 너무 떨어지면 썰렁한 느낌, 몸을 밀착시키면 쉽게 생각할 수 있다. 가벼운 농담이 오갈 때 살짝 치는 것도 친숙한 느낌을 준다.

좋은 대화 상대가 되는 법

좋은 인상을 남기려면 내가 먼저 훌륭한 대화 상대가 되는 것이 필요하다. 이를 위해 상대의 마음을 짐작할 수 있는 기술이 필요하며, 좋은 말은 더 기분 좋게, 부담스러운 내용이라도 부드럽게 처리하는 요령이 필요하다.

첫마디를 준비하라.

대화에도 준비가 필요하다. 첫 만남을 앞둔 시점이라면 어떤 말로 이야기를 풀어 갈지 미리 생각해 둔다. 재치 있는 말이 떠오르지 않을 땐 신문, 잡지를 참고하거나 그날의 대화 주제와 관련된 옛 경험을 떠올려 본다. 사업상의 만남이라면 한두 가지라도, 상대가 미처 생각하지 못하고 있을 법한 분야에 대한 지식을 쌓아 두는 게 큰 도움이 된다.

겸손은 최고의 미덕

남 앞에서 자신의 장점을 자랑하고 싶은 것은 인지상정이다. 그러나 이러한 욕구를 적정선에서 제어하지 못하면 만나기 껄끄러운 사람으로 낙인 찍히게 된다. 내면적 자신감을 갖고 있는 것과 잘난 척하는 것 사이에는 큰 차이가 있다. 장점은 남이 인정해 주는 것이지, 자신이 애써 부각시킨다 해서 공식화되는 것이 아니다. 또 너무 완벽해 보이는 사람에겐 거리감이 느껴지게 마련이므로, 오히려 자신의 단점과 실패담을 앞세우는 것으로 더 많은 지지를 얻을 수 있다.

'뒷말'을 숨기지 말라.

별거 아닌 일에도 버릇처럼 중의적인 표현을 사용하는 사람들이 있다. 곧이곧대로 칭찬하거나 감탄하는 대신 석연치 않은 뉘앙스를 풍기는 것은, 듣는 이를 가장 기분 나쁘게 하는 어법 중 하나다. 특수한 상황이 아니라면 비꼬거나 빈정대는 듯한 표현은 멀리하는 것이 좋다. 산뜻한 칭찬과 비판이 대화의 격을 높인다. 반대로 단정적인 말도 금물. 뜻은 같되 완곡한 표현법을 익힌다.

이성과 감성의 조화

논리적 언변은 대화를 이끌어 가는 데 큰 힘이 된다. 그러나 이견이 있거나 논쟁이 붙었을 때, 무조건 앞뒤 말의 '논리적 개연성'만 따지고 드는 자세는 사태 해결에 도움이 되지 않는다. 설사 논쟁에서 이긴다 해도 두 사람의 관계는 예전으로 돌아가기 어려울 것이다. 학문적·사업적 토론에는 진지하게 임하되 인신공격성 발언은 피하고, 제압을 위한 논리가 아닌 합의를 위한 논리를 지향한다. 또 일단 논쟁이 일단락된 다음에는 반드시 서로의 감정을 다독이는 과정을 밟는다. 논쟁 자체가 큰 의미가 없는 것일 땐 감정에 호소하는 말로 사태를 수습하는 것도 나쁘지 않은 방법이다.

혼자서 대화를 독점하지 말라.

어떤 경우, 혼자서 대화를 주도하는 것을 흔히 볼 수 있다. 이를 예방하기 위해 말을 주고받는 순서, 그리고 자기가 하려는 말의 분량을 늘 염두에 두고 있으면 실수를 줄일 수 있다.

좋은 청중이 되라.

말을 잘하는 사람은 남의 말을 잘 듣는 사람이다. 평판 좋은 이들을 보면 대개 말수가 적고 상대편보다 나중에 이야기하며, 다른 이의 말에 세심히 귀 기울인다. 대화의 목적을 파악한 뒤 그 기준에 맞추어 상대의 말을 경청한다. 상대방의 말이 채 끝나기 전에 어떤 답을 할까 궁리하는 것은 좋지 않다. 주의가 분산돼 경청에 몰입하기 어려워진다. 상대편의 성격, 인품, 습관을 파악하는 데에도 신경을 쓴다. 불필요한 감정, 시간의 소모 없이 생산적인 대화를 이끌어 가기 위해서다.

칭찬을 아끼지 말라

사람은 자신을 칭찬하는 사람을 칭찬하고 싶어한다. 그러므로 남을 칭찬하는 것은 곧 나를 칭찬하는 일이 된다. 누구라도 한두 가지 장점은 있게 마련이다. 그것을 발견해 진심 어린 말로 용기를 북돋워 준다. 그렇다고 거짓 찬사를 늘어놓는 것은 사이를 더 뒤틀리게 할 뿐이다. 아첨인지 칭찬인지는 듣는 사람이 더 빨리 파악한다. 또 한 가지, 심리학자 아른손의 연구에 의하면 사람들은 비난을 듣다 나중에 칭찬을 받게 됐을 때, 계속 칭찬을 들어 온 것보다 더 큰 호감을 느낀다고 한다. 이 점을 잘 이용하기 바란다.

08
면접시 설득력을 높여 주는 화법

　　지금까지 화법과 관련된 대화의 기술에 대해 이야기하였다. 이 책의
목적이 면접에서 성공하는 것이기에 대화의 기술이 필요했음을 기억하라.
결국 지금까지 익힌 대화의 모든 기술들은 면접으로 수렴되는 것이다(물론
당신이 익힌 대화의 기술이 면접에만 쓰이는 것이 아니라, 이후 당신의 사회생활은 물
론 가정생활까지 풍요롭게 하는 데 크게 쓰이게 될 것이다). 따라서 이 장에서는 대
화의 기술을 정리하는 차원에서, 면접시에 면접관과의 대화에서 설득력을
높이는 대화의 기술에 대해 이야기하려 한다.

설득력을 높이는 면접 화법

감정 이입(感情移入)을 하라.

애정과 감정이 담긴 말과 몸짓을 주고받는 것은 상대를 배려하고 공감하며, 정서적으로 풍요로움을 갖게 한다. 감정 이입이 된 말을 통해 우리는 공감하고 배려하는 그리고 이해하는, 그래서 건설적이고 성숙한 방식으로 커뮤니케이션하게 된다. 사람들이 사무적이거나 의례적인 말을 들을 때처럼 씁쓸할 때가 없다. 마음에 감정이 들어 있지 않아서다. 아무리 논리적이고 타당한 말을 할지라도 감정이 담겨 있지 않은 말에는 공감할 수 없게 된다. 비록 면접일지라도 마음(관심과 사랑의 에너지)을 담아서 답변하라.

이런 태도로 말하라.

면접장 안에서는 대부분 사람들이 말하기를 꺼려한다. 왜냐하면 뭔가를 잘못 말하지나 않을까, 또는 맞는 말이더라도 잘못된 방식으로 말하게 되지나 않을까 하는 두려움이 있기 때문이다. 그러나 '침묵을 지킨 채로 당신이 바보일지도 모른다는 의혹을 불러일으키기보다, 입을 열어 모든 것을 백일하에 드러내는 것이 더 낫다'는 말을 기억하라. 아무리 말하기가 매우 불편한 자리라 할지라도 말을 하려는 '의지'가 있어야 한다. 특히 면접장에서는 아무리 어려운 질문이라도 잘 듣고 답변해야 한다. 이를 위해 하고 싶은 이야기를 간략하게 하는 전략을 쓰는 것이 좋은 방법이다.

분위기를 부드럽게 해 주는 몸짓

보디랭귀지는 몸으로 하는 언어다. 대화나 의사 소통에서 몸짓은 아주 자연스러운 요소다. 몸짓이 자연스럽게 나타나는 경우, 그것은 굉장히 효과적인 의사 소통 방법이 된다. 하지만 그것이 계획적으로 이루어진다면, 그것은 다만 가식에 불과하게 된다. '3종의 신기(神器)'라는 것이 있다. 그것은 '끄덕거림', '시선', '미소', 이렇게 세 가지다. 일반적으로 끄덕거림은, 화자가 계속 말하는 것을 승낙하거나 이야기의 내용에 흥미와 관심이 있는 것을 전하거나 하는 신호다. 그 때문에 면접관이 끄덕거리면 응모자는 계속 이야기를 하는 것이다. 상대방을 보거나 웃거나 끄덕거리거나 말을 걸거나 하는 것은 '당신에게 흥미를 갖고 있다'는 신호를 보내는 것과 마찬가지다. 따라서 3종의 신기를 적절히 잘 사용한다면 당신은 면접관으로부터 높은 점수를 얻게 될 것이다.

나에게 도움이 되는 제스처

말을 할 때 또 중요한 것은 제스처다. 1961년 미국 대통령 선거에서 케네디가 닉슨을 물리치고 대통령에 당선된 것은 케네디의 젊고 신선한 이미지가 한몫했다고 하지만, 무엇보다도 그의 뛰어난 말솜씨와 독특한 제스처가 큰 역할을 했다고 볼 수 있다. 두 사람이 처음 텔레비전에서 대결했을 때, 케네디는 그 개성 있는 얼굴에 미소를 띠고 세련된 유머와 제스처로 시청자들을 매료시켰다. 결국 그 덕분에 케네디의 인기가 급상승했다는 이야기는 너무나도 유명하다. 테리앙이란 사람은 제스처를 가리켜

'장군의 지휘봉이며 만국의 공통 언어'라고 했다. 제스처는 언어의 보조 수단에 불과하지만, 말을 보다 정확하게 전달하는 데 있어 꼭 필요한 양념 역할을 하는 것이다. 제스처와 보디랭귀지를 통해 자신감과 확신에 찬 의지를 엿볼 수 있다.

이때 제스처는 자연스러워야 하며 내용에 걸맞은 동작, 시선의 방향과 일치하는 동작이어야 한다.

시선 처리에 유의하라.

상대방의 시선에 당신의 시선을 맞추는 일은 성공적인 화술을 위해 꼭 필요한 요소다. 이야기를 시작할 때 또는 끝마칠 때뿐만 아니라 그 중간에도 마찬가지다. 또한 당신이 말을 할 때뿐만 아니라 상대방의 말을 들을 때에도 언제나 시선을 맞추어야 한다. 내 경우에는 여기에 덧붙여 상대방 쪽으로 상체를 약간 숙이기까지 한다. 그렇게 함으로써 그들에게 내가 주의를 집중하고 있다는 사실을 강조하는 것이다.

여유를 갖고 천천히 말하라.

모음 '아, 에, 이, 오, 우'의 발음을 정확하게 하라. 이 모음 중에서 가장 밝은 느낌은 '이'음이다. 즉, '이'음을 강하게 발음하면 어두운 느낌의 소리가 밝아진다. 또 우리가 남의 이야기를 듣고 가장 이해하기 쉬운 길이는 45초~1분 정도라고 한다. 그리고 듣기 쉬운 속도는 1분에 270자를 읽는 속도다. 그러므로 항상 '좀 느리지 않을까?' 하는 속도로 차근차근 말하는 기술이 필요하다.

자기 PR에 충실하되 약점에도 솔직하라.

응시자들이 면접장에 들어서면 다소 위축되게 마련이지만, 이럴수록 패기 있고 능동적인 답변 자세를 보여 주는 것이 좋다. 그리고 무엇보다 자기 PR에 충실하는 것이 좋은 점수를 받을 수 있는 지름길이다. 지원 분야에 대한 자신의 강점을 말한 뒤 약점에 대해서는 솔직히 인정하고, 어떤 식으로 보완하겠다는 방법을 설명해 주는 것이 좋은 면접 요령이다.

면접 때 말끝을 흐리는 것도 주의해야 할 사항이다. '내 말만 맞다'고 주장하는 '독불장군형'이나, '이 말도 맞고 저 말도 맞는 것 같다'는 소극주의자들은 채용 담당자들이 가장 싫어하는 유형이다.

토론 면접의 면접 화법

집단 토론 면접은 여러 명의 수험생(5~8명 정도)들에게 일정한 주제나 내용이 제시되고, 여기에 대한 토론을 통해 면접관들이 발언의 내용이나 토론 자세 등을 평가하는 방식이다. 이러한 집단 토론식 면접에서 주의해야 할 사항은 주어진 주제가 명확히 결론 내려질 성질의 것이 아니기에, 자신을 돋보이게 하기 위하여 너무 많은 말을 하지 말아야 한다는 것이다. 그 대신 타인의 의견을 경청하는 태도가 중요하며, 타인의 말을 가로막거나 너무 심한 반박을 하는 태도도 주의해야 한다. 반면에 자신의 의견을 발언하는 것을 주저하거나 발언의 횟수가 적으면 좋은 평가를 받기 어렵다.

집단 토의는 각 멤버의 지식·경험·의견을 나누고, 문제점의 보다 신중한 해결을 위해 모든 멤버가 협력해 생각하는 지적 공동 작업이다. 따라서 웅변가처럼 혼자만 눈에 띄려고 할 것이 아니라, 집단 전원이 협동하면서 토의를 깊이 있게 나누어야만 한다. 그 협력 과정이 관찰, 평가되는 것이라는 것을 잊어서는 안 된다. 타인을 설복시키려 들지 말고, 집단 전체의 문제로서 토의의 수준을 어떻게 높게 해야 하는가를 생각해야 한다. 여러 가지 입장·정보·의견을 각자가 내어 서로 의견을 나눌 필요는 있지만, 대립하는 원인을 간단히 사고의 차이에 있다고 단정하지 말고 서로 대립하는 부분을 검토하고, 어떤 점까지는 같고 다른 점은 무엇인가 하는 문제를 하나씩 해결하려는 노력이 필요하다.

보통 집단 토론 면접은 주제가 주어지고 난 후에 10~20분 정도 자신의 생각을 정리할 시간이 주어진다. 그 시간 동안 과제를 잘 파악해서 자신의 생각을 확립한 다음 꼭 메모를 해 두도록 한다. 자신의 의견 중에 중요한 순서에 따라 순번을 정해 두었다가 발표 시간이나 발언 기회가 적을 경우, 중요한 의견을 발표할 수 있는 기회를 놓치지 않도록 한다.

이제까지는 개별 면접이나 집단 면접이 주류를 이루었다. 그러나 최근의 면접은 담당 실무진의 면접을 중시하는 경향과 함께, 임원급 이상의 면접은 피면접자들의 집단 토의를 경청하면서 그들의 말 한 마디, 제스처, 듣는 태도 등을 평가하는 집단 토의식을 선호하는 추세다. 이것은 개별 면접이 가지는 단점들을 보완하고, 가급적이면 피면접자들에게서 주어진 짧은 시간 안에 많은 요소들을 파악하는 데 집단 토론 면접이 가장 효율적이라고 파악하고 있기 때문이다.

09
면접시 자기 소개하는 요령

먼저 면접 때가 아닌, 일반적인 상황에서의 자기소개에 대하여 생각해 보자. 자기소개는 글자 그대로, 자기 자신을 다른 사람에게 알려 줌으로써 인간관계를 맺어 갈 수 있는 실마리를 만드는 중요한 일이다. 따라서 자기를 어떻게 소개하느냐는 그 자신의 앞날에도 큰 영향을 미친다고 볼 수 있다. 우리는 항상 다른 사람들과 유대를 맺고 살아가야 하기 때문에 싫든 좋든 자기소개를 해야 할 때가 많다. 이 상황에서는 단연 자기 자신에 관한 이야기가 주제가 되므로 소재가 부족한 경우란 있을 수 없다. 그런데 막상 어떤 모임이나 회합에서 자기를 소개해야 할 일이 생기면 꽁무니를 빼거나 적당히 얼버무리는 사람이 많다. 예를 들면, "저로 말씀드릴 것 같으면 보잘것없는 사람입니다만, 이런 영광스러운 자리에서 자기 자신을 소개한다는 것은 다시없는 영광이며 송구스러운 일입니다. 앞으로 잘 부탁드립니다.” 하는 식으로 요령부득의 말을 지껄이고는 주저앉아 버리는 사람이 많다는 것이다. 애석하게도 이 사람은 그렇게 말을 많이 하면서도 가장 중요한 자기 이름을 소개하는 것을 잊고 있는 것이다. 그런가 하면 “저는 아무개라고 합니다. 잘 부탁합니다.”라고 한마디로 자기소개를 끝내고 마는 사람도 있다. 단지 이름만 이야기해서는 듣는 쪽에서 쉽게 기억하기가 어렵다.

자기소개란 자신이 하고 있는 일, 자신의 장점들을 모나지 않게 소개함으로써 상대방에게 호감 가는 인상을 줄 때 비로소 효과를 드러내는 것이다. 만약 자기를 알아줄 필요도 없고, 또 그 모임의 사람들과 유대를 맺을 필요도 없다고 생각한다면 차라리 처음부터 침묵을 지키는 편이 더 좋을 것이다.

자기소개시 필요한 항목으로는 이름·직업·출신지 또는 출신 학교·경력·나이·근무지·특기와 취미·그 모임과의 관계 및 그 모임에 대한 의견 등이 있다. 그러나 이상의 요인들을 아무 때나 모두 소개할 필요는 없다. 즉, 모임의 때와 장소와 목적 등에 따라 적당히 몇 가지는 생략해도 무방하다.

면접시 자기 소개하는 요령

사실 면접에서의 자기소개도 앞에서 이야기한, 일반적 자기소개와 크게 다르지 않다고 볼 수 있다. 하지만 면접에서만 볼 수 있는 자기소개의 특징도 무시할 수 없다. 면접에서의 자기소개는 흔히 '1분 스피치' 등의 명칭으로 불린다. 이것은 자기소개서 등 지원 서류에 나타나지 않은 응시자의 일면을 파악하는 동시에, 프리젠테이션 능력도 함께 평가할 수 있다는 점으로 인해 거의 모든 면접 현장에서 실시되고 있다. 이때 자기소개를 하는 응시자들이 가장 유념해야 할 점은 단순한 '소개'에 그쳐서는 안 된다는 사실이다. 주어진 자기소개 시간을 효과적인 '자기 PR'의 기회로 활용할 수 있어야만 면접에서 좋은 결과를 얻을 수 있기 때문이다.

일반적으로 자기소개에 포함되는 내용은 가족 상황과 대학 생활, 성격상의 장단점 및 지원 동기, 미래의 계획 등이다. 이때 필요한 것은 시간 안배로, 각각의 내용에 똑같은 시간을 할애할 필요는 없다. 부각시키고 싶은 내용이 좀 더 많은 부분을 차지하도록 나름대로 우선순위를 정해 두는 것이 좋다. 또 이 순위에 따라 순서를 배치하는 편이 연대기순으로 늘어놓는 것보다는 효과적이다.

특히 성격상 장단점을 얘기할 때에는 어설프게 명랑함·적극성·진취성 등을 장점으로 내세우는 것보다, 자신의 단점을 장점으로 반전시킬 수 있는 지혜가 필요하다. 예를 들어, 흔히 단점으로 비치는 소극적 성격을 가진 사람이 '자신은 적극적인 것이 장점이며, 소극적 성격은 단점'이라고 말하는 것은 금물이다. 오히려 '소극적인 점이 단점으로 비칠 수 있지만, 오히려 신중하고 진지하다는 면에서는 그렇게 볼 수 없다'는 식의 표현을 통해 전화위복의 계기로 삼는 것이 좋다.

그리고 특정 분야를 지망하지만 해당 분야와 관련된 특별한 경험이나 지식·자격 등이 없는 경우, 일에 거는 '의욕'을 강조할 필요가 있다. 하지만 이때 필수 요소는 그 근거가 명확해야 한다는 점이다. 단순히 '멋진 일에 대한 동경'으로 보이지 않도록 지원 동기와 자신의 미래상에 연관지어, '왜 이 일에 대한 의욕이 있는가'를 설명해야 한다. 단, 지원 동기와 미래 계획은 실례를 들어 가며 구체적으로 표현할수록 설득력을 가질 수 있다.

이 밖에 자신이 지원한 업계 동향 등을 말할 때, 전반적 현황을 늘어놓거나 평론가적 해설을 되풀이하는 것은 삼가는 편이 좋다. 많은 응시자들 가운데 두각을 나타낼 수 있는 가장 좋은 방법은, 현재 회자되고 있는 업계 동향에 대한 문제점을 들고 일반적 의견에 반대 의견을 제기하는 것이다. 꼭 맞는 말이 아니라 하더라도 흐름이 논리적이기만 하다면 좋은 점수를 얻을 수 있으므로, 실수를 해도 좋다는 각오로 '지식'보다는 '의견'을 마음껏 피력하는 쪽이 자신의 인상을 강하게 남길 수 있다.

10
면접시 예상 질문을
미리 정해 두라

　이제 마지막으로 면접시 예상되는 질문을 정리해 보도록 하자. 아무것도 준비하지 않은 채 그냥 가서 질문에 대충 답하고 오는 것보다 예상 질문을 미리 뽑아 준비하고 면접에 임한다면, 비록 예상 질문을 벗어난 질문이 나온다 하더라도 훨씬 자신감을 갖고 면접에 임할 수 있게 될 것이다.

　면접시 예상 질문을 알아보기 전에 면접관이 면접을 통해 알아내고자 하는 것이 무엇일지 생각해 보자. 그것은 바로 지원자의 '업무 수행 능력'과 '마인드'를 캐치하려는 것이다. 다시 말해 면접관은 결코 '말 잘하는 사람'을 선발하려는 것이 아니라는 것이다. 따라서 사전에 입사할 회사에 대한 정보를 꼼꼼히 챙기고, 예상 질문에 대한 답변을 준비하는 것은 매우 의미 있는 일이라 하지 않을 수 없다.

면접시 예상 질문은 크게 예상되는 기본 질문과 뜻밖에 던져지는 특별 질문으로 나눌 수 있을 것이다. 여기서 기본 질문은 자기소개·지원 동기·직업관과 가치관·대학 생활과 친구·일상적인 취미와 인생관, 특기·일반 상식과 시사·지원 분야 관련 전문 지식 등이 있다. 특별 질문은 어떤 유형의 질문이 나올지 예상하지 못하는 질문이다.

면접시험 예상 문제

자기소개

- 자기 PR을 3분간 해 보십시오.
- 자신의 장점을 세 가지 들어 보십시오.
- 당신은 어떤 개성이 있다고 생각합니까?
- 리더십이 있는 편이라고 생각합니까?
- 친구가 많은 편입니까?
- 사람들과 이야기하는 것을 좋아합니까?
- 사람들과 함께 있기를 좋아합니까?
- 지금까지 좌절감을 맛본 적이 있습니까?
- 대인 관계를 잘 유지할 자신이 있습니까?
- 물건 파는 일도 자신이 있습니까?
- 당신은 주위로부터 상대가 되어 주는 편입니까?
- 일을 시작하면 끝까지 합니까?
- 당신은 어떤 버릇이 있습니까?

지원 동기

- 우리 회사를 지망한 이유를 말씀해 주십시오.

- 회사를 선택할 때 중요시하는 것은 무엇입니까?

- 우리 회사에 대하여 알고 있는 것을 말씀해 주십시오.

- 다른 회사에도 응시했습니까?

- 우리 회사에 채용이 안 되면 어떻게 하실 겁니까?

- 우리 회사와 다른 회사 모두 붙으면 어떻게 할 겁니까?

- 우리 회사의 장점과 단점을 아는 대로 말씀해 주십시오.

- 우리 회사 제품을 어떻게 생각하십니까?

- 집에서 회사까지 얼마나 걸립니까?

직업관, 가치관

- 당신에게 직업은 어떤 의미를 갖습니까?

- 입사하면 어떤 일을 하고 싶습니까?

- 희망 부서에 배치되지 않을 경우에는 어떻게 하겠습니까?

- 희망하는 근무지가 있습니까?

- 시간외 근무를 어떻게 생각합니까?

- 일과 개인 생활 중 어느 쪽을 중시합니까?

- 격주 휴무제에 대해 어떻게 생각합니까?

- 어떤 일이 적성에 맞는다고 생각합니까?

- 당신의 특성을 일에서 어떻게 살릴 생각입니까?

- 입사 후 다른 사람에게 절대로 지지 않을 만한 것이 있습니까?

- 회사에 대해 묻고 싶은 것이 있습니까?

- 신입 사원으로서 마음 써야 할 것은 어떤 것이라고 생각합니까?

- 비즈니스 사회에서 가장 중요한 것은 무엇이라고 생각합니까?

- 우리 회사에서 언제까지 근무할 생각입니까?

- 어느 위치까지 승진하고 싶습니까?

- 어떤 사람을 상사로 모시고 싶습니까?

- 첫 월급을 타면 어디에 쓸 겁니까?

- 출근 시간은 어떤 의미를 갖는다고 생각합니까?

- 상사와 의견이 다를 때에는 어떻게 하실 겁니까?

- 개인적인 권리와 협동에 대해서 어떻게 생각합니까?

대학 생활, 친구

- 학창 시절에 무엇엔가 열중했던 것이 있었습니까?

- 전공은 무엇입니까?

- 졸업 논문의 주제는 무엇이었습니까?

- 서클 활동은 무엇을 했습니까?

- 아르바이트를 한 적이 있습니까?

- 학점이 좋지 않은데 이유가 무엇입니까?

- 대학 생활에서 얻은 것이 있다면 무엇입니까?

- 제일 좋아하는 과목은 무엇입니까?

- 친하게 지내는 친구에 대해 이야기해 보십시오.

- 친구는 당신에게 어떠한 존재입니까?

- 친한 친구가 몇 사람 있습니까?

- 친구들은 당신을 어떻게 보고 있습니까?

- 친구들에게 의논 상대가 되는 편입니까? 아니면 그 반대입니까?

일상적인 취미와 인생관

- 취미가 무엇입니까?

- 스포츠를 좋아합니까?

- 주량은 어느 정도입니까?

- 휴일에는 시간을 어떻게 보냅니까?

- 기상 시간과 취침 시간을 말해 주십시오.

- 부모님을 떠나 생활해 보니 어떻습니까?

- 최근에 읽은 책의 독후감을 말해 주십시오.

- 신문은 어느 면부터 봅니까?

- 최근에 흥미 있는 뉴스는 무엇입니까?

- 존경하는 사람은 누구입니까?

- 당신의 생활 신조는 무엇입니까?

- 한 달에 용돈을 얼마나 씁니까?

- 돈, 명예, 일 중 어떤 것을 택하겠습니까?

- 건강 관리를 위해 어떤 것을 하고 있습니까?

- 지금 제일 원하는 것은 무엇입니까?

일반 상식, 시사, 회사 관련 전문 지식

- 마케팅에 관해 설명해 보십시오.
- 무역 마찰을 해소하려면 어떻게 해야 한다고 생각합니까?
- 기업의 사회적인 책임에 대해서 말씀해 주십시오.
- 금융 자유화를 어떻게 생각합니까?
- 딜링에 관해 알고 있습니까?
- 환경 보호에 대해 어떻게 생각합니까?
- G.M.T.와 L.M.T.에 대해 설명해 주십시오.

여성 응시자

- 여성으로서 경영자가 되고 싶습니까?
- 몇 년 정도 근무할 생각입니까?
- 결혼하면 직장은 어떻게 할 겁니까?
- 차 심부름 같은 것을 어떻게 생각합니까?
- 남녀 고용 평등법을 어떻게 생각합니까?
- 회사에서 여사원의 역할을 어떻게 생각합니까?
- 애인이 있습니까?
- 남녀 교제에 대한 생각을 말해 주십시오.
- 술이나 담배를 합니까?

- 화장하는 데 얼마나 걸립니까?
- 남을 돌보아 주는 것을 좋아합니까?

뜻밖의 심술궂은 질문

- (대학 졸업 후 또는 입사 시험 전에) 1년 공백 기간이 있는데 어째서 입니까?
- 우리 회사에 맞지 않는 것 같은데요.
- 취직할 생각이 있는 겁니까?
- 지금 그 말은 무책임한 말 아닙니까?
- 열의가 느껴지지 않는데요?
- 자네는 나하고 동향이군.
- 결론이 무엇입니까?

면접
TIP! TIP! TIP!

| 면접 승리 10계명 |

1) 면접에서 가장 중요한 것은 자기소개와 지원 동기에 대한 부분이다. 그러므로 지원 동기는 지원하는 회사와 업종에 대한 정보를 충분히 알아 둘 필요가 있다.
2) 자기소개서에 사교성, 협동성, 호기심, 지도력, 기획력과 같은 추상적인 어휘만 남발하는 일은 절대 없도록 한다.
3) 자기소개는 첫째, 지금까지 해 온 일 가운데 특기 사항을, 둘째, 가장 최근의 성과를, 셋째, 자신의 장점을 최대한 부각시킬 수 있는 내용만 말하도록 한다.

4) 면접에 갈 때에는 구체적인 기획안을 가지고 간다.

5) 면접관이 보는 것은 대답의 내용보다 당당한 태도임에 유의한다.

6) 커다란 목소리로 이름을 또박또박 말하면 긴장이 가라앉는다.

7) 대답의 내용은 하나로 정하고, 결론부터 말한다.

8) 고유 명사와 숫자를 많이 넣어서, 가능한 한 구체적으로 말하라.

9) 이해하기 쉽게 표현하고, 독특한 관점으로 승부하라

10) 자신감과 창의성이 돋보이면 금상첨화(錦上添花)다.

제5장

실전 면접,
이렇게 대비하라

01

면접 전 준비해야 할
점검 사항을 숙지하라

- 면접 당일의 준비

만약 당신이 드디어 서류 전형을 통과하고 면접을 눈앞에 두었다면 정말로 진심을 담아 축하드린다. 하지만 아직은 샴페인을 터뜨릴 때가 아니란 사실은 당신이 더 잘 알고 있을 것이다. 이제 취업 인생의 가장 중요한 순간을 눈앞에 두고 있다. 이전까지 준비를 소홀히 했더라도 지금 이 순간이 가장 중요하며, 준비를 철저히 했다면 더 말할 나위 없다. 이제 과거는 모두 잊어버리고 오직 면접만을 준비하도록 하자. 이 며칠간의 준비를 어떻게 하느냐에 따라 100을 준비했던 것이 50으로 떨어질 수도 있고, 50을 준비했던 것이 80으로 뛸 수도 있다.

먼저 면접의 시작은 이미 면접 전날부터 시작됨을 기억해야 한다. 나는 면접 전날 준비를 잘하지 못해 면접에서 탈락한 수많은 사람들을 지켜

봐 왔다. 교통편과 소요 시간을 정확히 파악하지 못해 그 중요한 면접 시간에 지각한 사람이 있는가 하면, 신분증을 깜빡 잊어먹고 안 가져와 낭패를 본 지원자도 있었다. 어디 그뿐인가, 전날 충분한 숙면을 취하지 못해 푸석푸석한 얼굴로 면접장에 나타나 면접을 망친 지원자들도 무수히 봐 왔다.

이제 다시 한 번 외친다. 면접은 면접 시간에 시작되는 것이 아니라 면접 전날부터 시작된다. 그렇다면 면접 전날 당신은 무엇을 해야 할까?

면접 전날 준비해야 할 사항

하나라도 빼먹지 않기 위해 번호를 달아, 면접 전날 준비 사항에 대해 이야기하도록 하겠다.

1) 면접 장소와 교통편 확인하기

면접 전날 장소를 직접 확인하고, 교통편과 소요 시간도 정확하게 파악해 두는 것이 당일의 혼란을 피할 수 있는 방법이다. 교통편의 경우, 도로의 혼잡을 감안하여 대중 교통을 이용할 수 있도록 준비하는 것이 좋다.

2) 지참물 챙기기

수험표와 신분증은 당연히 챙겨야 하고, 필기구와 손수건·휴지 등도 챙겨야 할 기본적인 품목이다. 면접 차례가 늦을 수 있으므로 입사 지원 서류 사본과 면접 노트 등도 지참한다. 이외에 소액권과 전화 카드 등도 따로 챙겨 두면 좋으며, 여성의 경우에는 예비 스타킹도 필수품이다.

3) 충분한 수면 취하기

지참물 준비가 끝났다면 이제 가장 중요한 것은 충분한 수면이다. 충분한 수면은 아침의 기분을 상쾌하게 할 뿐만 아니라 안정감을 유지할 수 있게 한다. 행여나 수면이 부족해 피로한 기색을 보이거나, 초췌한 인상을 주지 않도록 해야 한다. 비단 첫인상뿐만 아니라 건강 상태에서도 안 좋은 평가를 받을 수 있다.

4) 모두 마쳤으면 잠자리에

컨디션이 좋아야 말도 잘 나오고 머리도 빠르게 회전하는 법이다. 반드시 평상시보다 조금 일찍 잠자리에 들도록 해야 한다.

면접 당일에 준비해야 할 사항

드디어 운명의 날이 밝았다. 면접 당일 아침에 당신은 무엇을 해야 할까? 가장 먼저 충분한 수면으로 인한 안정감으로 첫출발의 신선한 마음가짐을 갖는 것이 중요하다. 이때 스스로에게 '나는 할 수 있어!'라며 자신감을 불어넣어 주는 것도 좋다. 다음으로 조간신문을 읽는 것이 필수다. 왜냐하면 그날의 뉴스가 질문 대상에 오를 수도 있기 때문이다. 특히 경제면, 정치면, 문화면 등에 유의해 둘 필요가 있다. 면접 위원 중에서는 시사성의 기사를 지원자에게 질문함으로써, 그날그날 돌변하는 정세를 알고 있는가를 확인하는 사람도 있다.

복장 점검

다음으로 복장에 대한 점검을 해 봐야 한다. 다음 질문에 하나하나 체크하면서 챙겨 보라.

- 구두는 잘 닦여 있는가?
- 옷은 깨끗이 다려져 있으며, 스커트 길이는 적당한가?
- 손톱은 길지 않고 깨끗한가?
- 머리는 흐트러짐 없이 단정한가?

면접에서 옷차림은 간결하고 단정한 느낌을 주는 것이 가장 중요하다. 색상과 디자인 면에서 지나치게 화려해, 야한 색상이나 노출이 심한 디자인은 자칫 면접관의 눈살을 찌푸리게 할 수 있다. 단정한 차림을 유지하면서 자신만의 독특한 멋을 연출하는 것, 지원하는 회사의 분위기를 파악했다는 센스를 보여 주는 것 또한 코디네이션의 포인트다. 여성의 경우, 신체의 선이 어느 정도 살아나면서 단정해 보이는 투피스를 기본으로 옷차림을 연출하는 것이 좋다. 가장 무난하면서도 부드러운 인상을 어필하는 경우로, 단정한 라인의 재킷과 무릎 위로 올라오는 짧은 스커트의 투피스에 블라우스와 니트 조끼를 받쳐 입는 형태가 좋다. 재킷은 요란하지 않은 것으로 남성들의 양복처럼 깃이 있는 테일러드 칼라 스타일이 보편적이며, 스커트는 무릎 위에서 너무 많이 올라가지 않도록 주의한다. 물론 활동적이며 실용성이 돋보이는, 통이 넓은 바지도 깔끔하게 차려입으면 세련된 느낌을 줄 수 있다. 하지만 너무 유행에 민감한 차림새보다는 각자의 체형과 분위기에 맞는 디자인과 색상을 고려해야 할 것이다. 문제는 색깔의 조화인데 겉옷은 다소 짙은 색으로, 블라우스 등 이너웨어는 부드럽고 잔잔한 무늬로 하는 것이 가장 기본적인 코디네이션이다. 블라우스는 둥근 칼라보다는 각이 지고 딱딱한 칼라가 좀 더 짜임새 있어 보인다. 체형에 따라서 주의해야 할 점은, 키가 작고 뚱뚱한 사람은 어깨 패드가 너무 강조된 것과 재킷의 깃이 너무 넓은 디자인은 피해야 하며, 키가 크고 마른 사람은 밝고 따뜻한 색상을 선택해서 볼륨과 여유로움을 연출하는 것이 좋다. 키가 작은 사람은 재킷의 깃이 너무 넓은 것은 피한다. 패션 소품은 그 사람의 센스를 엿볼 수 있게 하는 것으로, 잘 활용하면 좋은 인상을 심어 줄 수 있다. 가을철 소품으로 많이 활용할 수 있는 스카프로, 잔잔한 꽃무늬 스카프는 여성스러운 느낌을, 경쾌한 물방울무늬 넥타이는 활발한 느낌을 줄 수 있다. 무엇보다 자신감 있는 면접 태도와 함께 깔끔하고 활달한 인상의 옷차림이라면, 면접관에게서 후한 점수를 얻을 수 있을 것이다.

다음은 면접시 지양해야 할 복장이니 알아 두기 바란다.

- 정장 개념의 신사복에 흰 양말을 신는 것.
- 포켓에 볼펜·만년필·안경·명함을 꽂아 부풀어 오른 것.
- 구두 뒷굽이 너무 닳아 경사진 것.
- 지나치게 몸에 꼭 맞거나 깃에 풀을 먹인 것.
- 여성의 경우, 요란한 색깔의 스타킹·그물망 스타킹을 신는 것.

- 소맷부리에 드레스셔츠 끝이 나오지 않거나 너무 많이 나온 것(드레스셔츠 끝이 1~1.5cm 나와야 함).
- 바짓부리가 지나치게 접히는 것.
- 새끼손가락에 반지를 낀 것.
- 넥타이를 지나치게 길게 혹은 짧게 맨 것.
- 바지에 허리띠를 두르고도 멜빵을 하는 것.
- 신사복의 기본 색상인 청색이나 회색 정장 차림새에 갈색조의 구두를 신은 것.
- 위아래 다른 색깔의 정장 양복 차림을 하는 것.
- 지나치게 검은 색조로 차려입거나 화려한 색조로 차려입은 것.
- 조끼 밑으로 셔츠나 벨트가 보이는 것.
- 길이가 무릎 위로 올라간 짧은 오버코트나 스커트를 입은 것.

출발 전 확인할 사항

이력서, 자기소개서, 성적 증명서, 졸업(예정) 증명서, 건강 진단서, 추천장, 회사 안내 책자, 스케줄표, 취직 노트, 지도 수첩, 지갑, 도장, 학생증(주민 등록증), 손수건, 휴지, 연필, 볼펜, 만년필, 지우개, 메모지, 잔돈, 전화 카드, 예비 스타킹 등을 준비하자.

면접 전 마지막 체크 사항
- 기업이나 단체의 소재지(본사·지사·공장 등)을 정확히 알고 있다.

- 기업이나 단체의 정식 명칭(full name)을 알고 있다.

- 약속된 면접 시간 10분 전에 도착하도록 해야 한다.

- 면접실에 들어가서 공손히 인사한 후, 또렷한 목소리로 자기 수험
  번호와 성명을 말할 수 있다.

- 앉으라고 할 때까지는 의자에 앉지 않는다는 것을 알고 있다.

- 면접시 면접 위원을 편안한 마음으로 바라보며 이야기할 수 있다.

- 자신에 대해 5분간 이야기할 수 있는 준비가 되어 있다.

- 자신의 긍정적인 면을 상대방에게 바르게 전달할 수 있다.

면접시 금기 사항

다음은 면접시 절대 해서는 안 되는 행동이므로 이 역시 숙지해 두도
록 해야 한다.

- 지각은 절대 금물이다. 10분 내지 15분 일찍 도착하여 회사를 둘러
  보고 환경에 익숙해지는 것이 필요하다.

- 앉으라고 할 때까지 앉지 말라. 의자로 재빠르게 다가와 앉으면 무
  례한 사람처럼 보이기 쉽다.

- 옷을 자꾸 고쳐 입지 말라. 침착하지 못하고 자신 없는 태도처럼 보
  인다.

- 시선을 다른 방향으로 돌리거나, 긴장하여 발장난이나 손장난을 하
  지 말라.

- 응답시 너무 말을 꾸미지 말라.

- 질문이 떨어지자마자 바쁘게 대답하지 말라.

- 혹시 잘못 대답하였다고 해서 혀를 내밀거나 머리를 긁지 말라.

- 머리카락에 손대지 말라. 정서 불안으로 보이기 쉽다.

- 면접실에 타인이 들어올 때 절대로 일어서지 말라.

- 동종 업계나 라이벌 회사에 대해 비난하지 말라.

- 인사 관리자 책상에 있는 서류를 보지 말라.

- 농담을 하지 말라. 쾌활한 것은 좋지만, 지나치게 경망스런 태도는 취업에 대한 의지가 부족하게 보인다.

- 대화를 질질 끌지 말라.

- 질문에 대해 대답할 말이 생각나지 않는다고 천장을 쳐다보거나 고개를 푹 숙이고 바닥을 내려다보지 말라.

- 자신 있다고 너무 큰 소리로, 너무 빨리, 너무 많이 말하지 말라.

- 면접 위원이 서류를 검토하는 동안 말하지 말라.

- 과장이나 허세로 면접 위원을 압도하려 하지 말라.

- 최종 결정이 이루어지기 전까지 급여에 대해 언급하지 말라.

- 은연중에 연고를 과시하지 말라.

02
면접의 각 과정에 대한 공략법과 대처

실제 면접을 하기 전에 마지막으로 면접의 각 과정과, 이에 대한 공략법을 숙지하는 시간을 갖는 것이 중요하다. 이것은 면접 당일날 하기는 쉽지 않을 테니 면접 전날 점검하는 것이 좋을 것이다.

면접 과정의 공략법과 예상 질문 대비

대기실에서

먼저 정해진 장소(강의실이나 강당)에 응시자 전원이 모여 있다가, 진행 상황에 따라 5~6명씩 조를 이루어 면접실 앞으로 옮기게 된다. 대기하는 순간부터 면접이 시작되었다고 보아도 틀린 말이 아니다. 시끄럽게 떠들거나 불량한 자세를 취해서 좋을 것이 하나도 없다. 대기실에서 순서를 기다릴 때에는 예상 질문에 대한 대답을 최종적으로 정리하면서 마음을 가라앉힌다. 대기하는 시간은 무한대로 길어질 수 있으므로 지루할 수도 있다. 옆 친구와 이야기하는 것도 좋으나, 가능한 한 그냥 조용히 있는 것이 좋다.

호명(呼名)할 때

차례가 되어 자기 이름이 불리면 "네!" 하고 대답하면서 자리에서 일어나 따라간다.

면접장 입실(入室)

가볍게 노크를 한 뒤, 문을 열고 안으로 들어간다. 그리고 문을 닫고 면접관을 향해 똑바로 서서 가볍게 목례로 인사한다. 이때 문을 닫다 말고 어정쩡하게 인사를 하는 일이 없도록 주의해야 한다. 그리고 면접 위원이 지시하는 자리에 가서 앉기 전에 다시 한 번 인사하고, 자신의 수험 번호와 이름을 말하고 앉는다.

의자에 앉을 때에는 얕게 걸터앉지 말고 엉덩이를 의자에 붙이고 앉으며, 두 손은 양 무릎 위에 가지런히 올려놓는 것이 좋다. 다리는 벌리거나 꼬지 말고 곧게 펴고 앉는다. 자리에 처음 앉았을 때에는 정면을 응시하다가, 질문이 시작되면 면접 위원의 눈을 공손한 태도로 응시한다. 마지막으로 면접 위원의 가슴께를 응시하다가 질문이 시작되면 눈을 바라보는 것이 좋다.

자기 소개하기

자기소개는 면접 초반부에 받게 되는 질문으로 지원자의 첫인상 형성에 많은 영향을 미친다. 문제는 면접 내내 비슷비슷한 자기소개를 들어야하는 면접관의 입장에서는, 장황한 첫마디로 시작되는 자기소개가 귀에잘 들어오지 않을 수 있다는 점이다. 따라서 첫 문장에 인상적인 자신의수식어나 별명을 붙이는 것도 좋은 방법이다. 단, 그 수식어는 장황하게설명하지 않아도 자신의 장점을 잘 나타낼 수 있고, 지원 회사의 인재상또는 직무 역량에 부합되는 것이 좋다. 또한 그렇게 주장할 수 있는 근거(사례, 이유)를 짤막하게라도 설명해야 설득력이 있다. 끝으로 지원 분야에서 어떻게 임하여 성과를 내고 인정받고 싶은지, 짧게 결론지으며 마무리하면 스마트한 인상을 남길 수 있다.

지원 동기 말하기

지원 동기에는 그 회사를 선택한 동기와 지원 부서를 선택한 동기가있다. 회사 선택 동기를 말하기 위해서는 그 회사의 어떤 점이 마음에 쏙들었는지 얘기하면 된다. 그 회사와 관련된 어떤 에피소드가 있으면 더욱좋다. 에피소드는 거창할 필요가 없고, 오히려 사소한 것이 더 호소력이있다. 자신이 지원하는 부서의 경우에는 사정이 다르다. 이때에는 자신이응시한 분야에 적절한 적성과 열정을 지니고 있다는 인상을 주는 것이 좋다. 여기서는 해당 부서가 지닌 특성이 자신의 인생 목표나 특기·적성과어떤 관련을 맺고 있는지 드러나게 말하는 것이 중요하다.

일을 잘할 자신이 있는지?

면접관은 오로지 한 가지 사실만을 살펴보며 확인하려 한다. 그것은 바로 '이 응시자가 우리 회사에서, 그리고 지원하고 있는 분야에서 과연 일을 잘할 것이냐?' 하는 것이다. 이 물음에 긍정적인 답변을 주지 못하면 면접에서 합격하기가 힘들 것이다. 따라서 면접관이 무슨 질문을 할 때에는 아예 '질문+일을 잘할 수 있습니까?'로 듣는 자세가 필요하다. 그러면 어떤 질문에 대한 답변을 할 때 항상 '일을 잘할 수 있습니까?'에 초점을 맞춰 답할 수 있게 된다. 예를 들어, 장점에 대해 질문하면 "(장점)이기 때문에 일을 잘할 수 있습니다."로 답하고, 단점에 관해 질문할 때에도 "(단점)임에도 불구하고 일을 잘할 수 있습니다."로 답하는 것이다. 또 면접관이 집이 회사에서 먼 것에 관해 질문할 때에도 "집이 멂에도 불구하고 일을 잘할 수 있습니다."로 답하는 것이다.

시사, 상식 등에 관해 물어볼 때

이때 가장 중요한 것은 논리적으로 답해야 한다는 것이다. 만약 비논리적이거나 비약이 있으면 바로 점수를 잃는다. 이때 요령은 가능한 한 또박또박 말하는 것이다. 또박또박 말하는 사람이 그렇지 않은 사람에 비해 논리적으로 들리기 때문이다.

핵심을 찌르며 말하기

"아무개님은 우리 회사에 어울릴 것 같지가 않습니다. 만일 우리 회사에 채용이 안 된다면 어떻게 하시겠습니까?"

아마도 면접관으로부터 이런 질문을 받는다면 참으로 당황스러울 것이다. 하지만 위의 질문은 실제 자주 나오는 질문 중 하나다. 여러분은 어떻게 대답하겠는가? 대답하기 전 질문 의도를 파악하는 것이 중요하다. 그 의도에 맞게 핵심을 간결하게 말하면 되기 때문이다. 따라서 핵심을 찌르고, 가장 필요한 단어만으로 문장을 만들어야 한다. 군더더기가 들어갈 여지는 없다. 가상적인 질문을 25자 내외로 답변하는 훈련도 필요하다.

성공한 한 사업가가 후배 사업가들에게 이런 말을 했다.

"여러분들이 성공하고 싶으면, 여러분들이 하고 있는 사업에 대해서 엘리베이터 안에서 모두 설명할 수 있어야 합니다."

이 말은 엘리베이터 문이 닫히는 순간부터 사업 설명을 시작하여 엘리베이터 문이 열리기 전까지 끝낼 수 있어야 한다는 것을 뜻한다. 면접에서의 답변도 마찬가지다. 그러면 어떻게 짧은 시간 동안 핵심을 찌르며 효과적으로 말할 수 있을까? 내가 권장하는 방법은 바로 육하원칙을 활용한 방법이다.

누가(who) : 행동의 주체, 사건을 발생시킨 사람

언제(when) : 행동이나 사건이 발생한 시간

어디서(where) : 행동이나 사건이 발생한 장소

무엇을(what) : 행동이나 사건의 내용

왜(why) : 행동이나 사건이 일어난 이유

어떻게(how) : 행동이나 사건이 진행된 방식

만약 "우리 회사에 입사하기 위해 준비한 게 있다면 무엇입니까?"라는 질문을 받았다고 했을 때, 육하원칙에 따라 답변을 만들어 보자.

누가(who) : 내가

언제(when) : 1년 전에

어디서(where) : 회사 홈페이지에서

무엇을(what) : 인재상과 사훈 및 비전을 살펴봤다. 워드프로세서 자격증을 땄다. 영어 공부를 했다.

왜(why) : 회사에 입사하기 위해서

어떻게(how) : 예, 저는 약 1년 전에 회사 홈페이지를 통해 회사의 인재상과 사훈 및 비전을 살펴보았습니다. 당시 무엇무엇이라는 비전과 그에 맞추어 인재 개발에 투자하는 회사의 모습에 큰 매력을 느꼈습니다. 그래서 ○○회사에 입사하기 위해 경쟁력을 키우고자 영어 공부를 했습니다. 그 이유는 외국 지사에 나가게 되거나 바이어와 대화할 기회가 많을 것이라고 생각했기 때문입니다. 그리고 전산화 업무에 지장이 없도록 하기 위해 워드프로세서 자격증을 취득했습니다. 워드, 엑셀, 파워포인트 작업 능력은 상급입니다.

마지막 남기고 싶은 말에 대해 물어볼 때

마지막 남기고 싶은 말은 '모' 아니면 '도'다. 굳이 해서 점수를 깎아 먹는 요소가 되기도 하고, 그다지 깊은 인상을 심지 못한 사람이었는데 다시 보게 되는 힘이 되기도 한다. 인터뷰를 잘 마친 사람이라면 일관된 태도로 다시 한 번 '입사의 포부'를 어필하는 정도가 좋고, 만약 인터뷰를 자신 없게 한 경우라면 마지막 기회라 생각하고 반드시 해야 할 말을 남겨야 한다. 단, 귀한 기회의 시간에 지난 면접 질문에 대한 넋두리나 후회는 절대 금물이다.

면접은 일방적 대답이 아닌 대화다.

컨설턴트들은 면접이 새로운 사람과의 만남이라는 점에서 소개팅, 맞선과 비슷하다고 충고한다. 상대방에게 눈을 맞추고, 귀 기울여 말을 듣고, 서로간의 공통점을 찾으려는 태도가 좋다. 미소도 필수다. 딱딱하게 굳은 얼굴은 상대가 마음에 들지 않는다는 오해의 신호가 될 뿐이다.

또 나만의 장점을 보여 주기 위해서는 경험을 바탕으로 구체적으로 얘기하는 게 효과적이다. 영업직 면접이라면 "사람들과 쉽게 친해지는 성격이고 사교성도 좋습니다."라고 말하기보다, "대학 시절 어느 어느 회사에서 아르바이트를 했는데, 매일 꼬박꼬박 주변 사무실에 들러 인사를 하다 보니 사생활을 얘기할 정도로 친해져 결국 고객으로 만들 수 있었습니다."라고 말하는 게 훨씬 낫다.

유머도 중요하다. 유머러스한 표현은 '분위기 메이커', '일을 재치 있게 잘할 사람'이라는 이미지와 연결된다. 하지만 지나치면 실없는 사람으로 보일 수 있으니 주의가 필요하다. 대화인 만큼 모르는 질문은 모른다고 솔직히 말하면서 적절히 다른 주제로 넘어가야 한다. 하지만 연봉이나 퇴근 시간을 물어서는 절대 안 된다.

03
실제 면접을 위한
이미지 트레이닝 리허설을 하라
— 면접의 주요 테크닉과 전략

당신은 가수들이 무대에 서기 전 리허설을 한다는 사실을 잘 알고 있을 것이다. 면접을 앞둔 당신도 마찬가지로 면접 리허설을 해야 한다. 물론 이 리허설은 면접 현장에서 할 수 없으므로, 집에서 하는 이미지 트레이닝 리허설로 대체할 수 있다. 이미지 트레이닝 리허설이란 내가 만들어낸 말로, 실제 면접 과정을 머릿속에 그리며 실제처럼 처음부터 끝까지 진행해 보는 것이다. 이것을 해야 하는 이유는, 면접에 대한 자신감을 갖게하는 데 있어 이것보다 더 큰 효과를 내는 게 없기 때문이다.

실제 리허설 전 답변 요령 살펴보기

당신이 면접을 충실히 준비했다면 예상 질문에 대한 당신만의 답변이 준비되어 있겠지만, 혹 준비되지 못한 사람들을 위해 이미지 트레이닝 리허설을 하기 전에 면접시 진행되는 각 과정의 질문에 대한 답변 요령을 살펴보는 시간을 갖도록 하겠다.

1) 자신에 대해 말해 보세요. / 자기소개를 해 보세요.

이 질문을 통해 면접관은 지원자의 인성이나 태도, 장단점, 의사 소통 능력, 처음 보는 면접관과의 공감대 형성 능력, 긴장된 상황 속에서 얼마나 침착할 수 있는지 등을 종합적으로 파악하게 된다.

[답변 요령] 간단한 인사에 이어 지원 분야와 출신 학교 및 전공 등 학력, 학내외 활동과 경력 내용, 기술과 자질, 자격과 관심 사항, 또는 목표나 포부 등의 내용을 담아 2~3분 내외의 자기소개를 한다. 다만 이력서에 기록되어 있는 내용들은 가급적 피하거나 필요시 간단히 언급하고, 위의 항목들에 대한 내용을 담을 때 지원하는 업무에서 요구되거나 연관이 있는 부분들이 표현될 수 있도록 하여, 면접관에게 '아, 이 사람이구나.'라는 생각이 들도록 노력해야 한다.

2) 자신의 '장점 / 단점'은?

이것은 이 지원자가 우리 회사에 도움이 될 수 있는지의 여부를 파악하기 위해 던지는 질문이다. 회사에서 맡게 될 업무와 관련하여 경험이나 기술, 적성 등이 적합한지를 알고 싶은 것이다.

[답변 요령] 장점은 전문적인 지식이나 경험, 일에 꼭 필요한 기술이나

능력, 성격과 적성을 포함하여 이야기하고, 단점을 말할 때에는 심각하지 않은 단점이나 장점이 될 수 있는 단점, 단점을 보완하려는 노력을 포함하여 이야기한다.

3) 현재 포지션에 대한 자신의 강점 및 약점은?

현재 포지션에서 요구하고 있는 조건들을 이해하고, 그에 필요한 능력을 가지고 있는지를 알고자 한다.

[답변 요령] 아래 4번과 유사하며, 자신이 현재 포지션에 적합한 인재임을 강조하고, 다른 경쟁자들에 비해 약한 부분이 있다면 이에 대해 간단히 언급하며, 이를 대체할 만한 다른 나의 장점 및 보완책을 이야기한다.

4) 당신을 채용해야 하는 이유는?

[답변 요령] 자신의 장점을 설명하고, 이 장점들이 이 회사에 어떻게 도움이 될지 부연 설명을 해 주면 되는 것으로, 회사 또는 지원 분야에서 원하는 인재상과 자신이 일치된다는 점을 강조하면 된다. 자신의 경력과 배경이 다른 지원자와 어떻게 차별화되는지, 성공적으로 해냈던 일 중 지원하는 분야와 유사한 업무가 있었다면 어떤 식으로 자신의 능력을 발휘했는지 언급하면서, 자신이 이 회사에 득이 되는 인재임을 어필하는 것이다. 이상적인 지원자에 대한 나의 생각, 내가 바로 이상적인 지원자라는 점(나의 강점), 회사에 가져다 줄 수 있는 가치 등의 내용을 담아 이야기하면 된다.

5) 지원 동기 및 '회사 / 직무'에 대해 알고 있는가?

면접관은 지원자가 이 회사나 직무에 왜 관심을 갖게 되었는지 궁금하다. 해당 회사와 직무가 맘에 들어 소신 있게 지원한 것인지, 단순히 우선 아무 데나(아무 일이나) 취업하고 보자고 지원을 했는지 말이다. 후자의 경우, 애사심도 없을 뿐더러 쉽게 이직하거나 좋은 성과를 거두지 못할 확률이 높다. 그리고 이 질문에 대해서는 이 회사나 직무에 맞는 맞춤식 답변이 되도록 회사 및 직무에 대한 내용을 담아 답변하여, 다른 회사에서도 써먹을 수 있는 재탕 가능한 답변이라는 느낌이 들지 않도록 하는 것이 좋다.

[답변요령 1] 지원 회사의 주력 사업과 업계에서의 위치, 지원 회사의 비전 및 경영 철학, 지원 회사의 장래성, 기업 문화 및 이상적인 사원상 등에 대하여 잘 숙지하고 있다면 소신 있게 지원했다고 판단할 근거가 될 수 있다. 면접관은 근무할 회사를 자랑스럽게 생각하는 인재를 선호한다. 단, 전망이 밝아서라든지, 대기업이라서 안정적이라든지 등 지원자 자신의 이익에만 초점을 맞춘 답변은 피하는 것이 좋다.

[답변 요령 2] 입사 후 하게 될 직무 및 회사에서 차지하는 중요도에 대하여 숙지하고, 그 직무를 담당하는 데 필요한 자질을 지원자가 갖추고 있다는 것을 더불어 설명한다. 위의 3번 및 4번과 유사한 답변이라고 생각하면 된다.

6) 당신의 포부나 목표가 있다면?

면접관은 당신의 목표조차도 단기 혹은 중장기적으로 회사에 도움이 될 수 있는 것이기를 원한다. 우선 직업관을 통해 일에 대한 열정과 전문인임을 드러내고, 지원하는 분야와 관련 있는 미래를 언급한다. 직위 중심이 아니라 지원 분야에서 계발하고 싶은 능력, 가지고 싶은 기회나 업무 등을 얘기하는 것이다. 가장 중요한 것은 뚜렷한 목표와 더불어 목표에 도달하기 위한 구체적인 계획이 있는지의 여부다.

[답변 요령] (5년 / 10년) 회사 사업 계획과 분야에 맞춰 회사에서의 위치와 포부, 목표를 달성하기 위해 구체적으로 하고 있는 노력, 개인적인 목표를 통해 간접적으로나마 자신의 강점이나 보유 능력 등을 설명한다.

7) 대학 시절 전공을 선택한 이유는?

면접관은 지원자가 전공을 통해 배운 지식과 기술을 업무에 응용할 수 있는 인재이기를 원한다.

[답변 요령] 전공을 선택한 이유와 전공 공부를 통해 배운 내용을 자세히 설명하는 것이 좋으며, 자신의 전공이 지금 지원하려고 하는 분야에 직접 또는 간접적인 영향이 있다는 점을 암시하는 답변을 준비한다.

8) 취미가 무엇인가?

면접관은 지원자의 관심 분야나 취미가 지원 분야와 직접적으로 관련이 있는지, 혹은 관련이 없다 하더라도 지속적인 취미 활동을 통해 습득한 기술이나 성향이 업무와 사람들과의 관계에서 어떻게 기여할 수 있는지를 파악하려고 한다.

[답변 요령] 가장 즐기고 오랫동안 해 온 여가 활동 한두 개에 집중해 얘기하도록 하며, 꼭 업무와 직접적인 관련이 있는 여가 활동이 아니어도 좋으나 그런 경우에는 너무 길게 설명하지 않도록 주의한다.

9) Negative 질문에 대한 답변

면접관이 이런저런 질문을 하다가 지원자의 부족한 부분들을 거론하거나, 부족하지는 않더라도 이 포지션에서는 이런저런 자격을 갖추고 있어야 한다는 투의 설명을 하거나, 그와 비슷한 질문을 할 경우가 있다.

[답변 요령] 정말로 자격이 되지 않는다고 생각하지 말고, 그 중에서 거론한 부족한 부분에 대하여 내가 기울이고 있는 노력의 정도 및 그를 커버할 수 있는 나의 능력, 그 업무를 하기 위하여 필요로 하는 것 중 내가 갖추고 있는 자질에 대하여 언급하고, 부족한 부분이 있다면 빠른 시간 안에 업무에 지장을 주지 않도록 익힐 의지 및 자신이 있음을 언급한다. 이런 당혹스런 질문들로 위기 관리 능력을 평가하기도 하니 '그럼에도 불구하고 내가 적임자'라는 자기 PR을 할 필요가 있다.

10) 마지막으로 질문이나 할 말이 있는가?

지원자가 마지막으로 회사에 대한 정보 및 나를 알릴 수 있는 기회라고 생각하여야 하며, 'no'라고 이야기해서 나에게 주어진 기회를 날려 버릴 수 있음을 명심하라.

[답변 요령] 너무 자신의 이익에 치중한 질문은 삼가고, 회사에 대한

열의와 의지를 나타낼 수 있는 질문을 하는 것이 현명하다.

1. 회사에 관한 연구나 조사를 했음을 알리고 싶다면 최근 근황에 대한 성공 비결, 어려움이 있다면 그 이유 등에 대한 강조를 하는 것이 좋다.
2. 회사나 지원하는 포지션에 대한 열의를 보여 주고 싶다면 회사의 장점, 하루 업무 일과, 이 직위에 필요한 이상적인 인재상을 강조한다.
3. 질문이 없을 경우에는 인터뷰 기회를 준 것에 대한 감사 및 입사 희망 표현, 이 포지션에 맞는 자신의 강점 및 자격 조건에 대한 간단한 정리와 자신이 적임자임을 표현하면 좋다.

실제 면접의 이미지 트레이닝 리허설

이제 실제 면접의 이미지 트레이닝 리허설을 해 보자. 이것은 실제 면접에서 자신감을 갖게 하는 데 큰 역할을 할 뿐만 아니라, 실제 면접 현장에서 생기는 긴장감 해소에도 큰 도움이 된다.

이미지 트레이닝이란 원래 운동 선수들 사이에 생겨난 말로, 운동 선수들이 실제 경기를 상상만으로 처음부터 끝까지 해 보는 것을 뜻한다. 이러한 이미지 트레이닝으로 성과를 낸 대표적인 선수가 박찬호, 장미란 등이다. 이것은 실제 해 보는 것 못지않은 효과가 있으니 반드시 나를 따라서 한 번 해 보기를 바란다.

우선 면접의 이미지 트레이닝 리허설은 면접실 앞에서부터 시작된다. 그리고 자기 이름이 호출되고 면접장 안으로 들어가는 장면으로 이어지며, 이렇게 처음부터 마지막 인사를 하고 나올 때까지 모든 장면을 그려 보는 것이다. 이미지 트레이닝을 제대로 할 경우, 실제 면접에서 걸리는 시간과 이미지 트레이닝에서 걸리는 시간이 거의 비슷하게 된다.

이제 눈을 감고 조용히 이미지 트레이닝 리허설을 해 보자. 물론 질문 순서는 앞에서 소개한 대로 진행하고, 답변도 미리 준비해 두어야 한다. 이러한 이미지 트레이닝 리허설은 제법 시간이 걸리므로 면접 당일에는 하기 힘들고, 이 역시 면접 전날 최종적으로 해 보는 것이 좋을 것이다.

04
면접에 임하는 마음가짐
- 긴장감 해소법

이제 당신은 면접 볼 준비가 되었는가? 하지만 아직도 마음은 떨리고 불안감으로 가득 차 있을 것이다. 사실 이것은 준비를 완벽하게 하여 자신감으로 충만한 사람이 아니라면, 누구나 가질 수밖에 없는 운명과도 같은 것이다. 아니, 어쩌면 준비를 완벽하게 하여 자신감으로 충만한 사람조차 떨리기는 마찬가지일 것이다. 사람은 언제 실수할지 알 수 없는 존재이기 때문이다.

사람이 가장 두려움을 느낄 때는 언제일까? 그것은 바로 여러 사람 앞에 서서 말해야 할 때라고 한다. 그런데 이건 내가 준비한 걸 말하는 정도가 아니라 어떤 질문이 나올지 잘 모르는 상태에서 말해야 하는 것이니, 또 이것으로 평가받아 당락이 결정되는 것이니 얼마나 두렵고 떨리겠는

가. 두렵고 떨리는 순간에도 꼭 기억해야 할 것이 있다. 그것은 내가 이 상황을 피할 수 없다는 사실이다. '피할 수 없다면 즐겨라'라는 말이 있다. 갑자기 두려움에서 즐기는 상태까지 나아가라니 실제 당사자 입장에서는 황당하다는 느낌이 들지도 모르겠다. 그래서 나는 당신에게 이 말을 '피할 수 없다면 받아들이라'라는 말로 바꿔 들려주고 싶다. 너무나도 두려운 어떤 대상이 있다고 하자. 그런데 내가 이 대상과 맞닥뜨려야 한다. 당연히 공포감이 밀려올 것이다. 이때 내가 피할 수만 있다면야 좋겠지만, 그럴 수 없다면 현실을 받아들이는 것이 가장 좋은 방법이다. 왜냐하면 현실을 받아들이면 놀랍게도 두려움이 상당 부분 사라지기 때문이다. 그리고 부정적인 두려움이 서서히 긍정적인 두려움으로 바뀌기 시작한다. 그리고 긍정적인 두려움은 아직은 매우 작지만, 용기로 발전하기 시작한다. 이것은 경험해 보지 않은 사람은 모르는 놀라운 사실이다.

이제 당신이 현실을 받아들이기로 결심했다면, 이제 두려움은 잠시 접어 두고 어떻게 상대를 무너뜨릴까만 생각하라.

면접 시험의 Key-point

이제 다른 것은 잊어버리고 내가 면접 볼 준비가 되었나를 점검해 보자. 두려움을 잊는 최상의 방법은 뭔가에 집중하는 것이다. 이미 당신은 면접을 받아들였으므로 마지막 면접을 보는 순간까지 훈련을 해야 하는 것이다.

다음은 인크루트에서 제시하는 면접 평가표다. 하나하나 체크하며 나의 점수를 매겨 보자.

■ 면접 평가표 (샘플)		자료:인쿠르트
평가 요소	평가 주안점	평점(만점 기준)
용모 · 태도	밝은 표정인가(첫인상)	10
	외견상 건강 상태는	10
	품위 있는 자세인가	5
인성	신뢰감을 주고 있는가	15
	겸양을 갖추었는가	10
	감성이 풍부한가	10
표현력	흡인력이 있는가	10
	자신감이 있는가	10
	언어 구사력 · 표준말 사용 정도	10
경력	직종에 적합한 경력이 있는가	15
	특출한 경력이 있는가	10
가능성	일에 대한 열정이 보이는가	15
	책임질 줄 알겠는가	10
	지식과 정보가 풍부한가	10
합계		150

다음으로 스스로에게 다음과 같은 다짐을 해 보자.

• 나는 면접관 지시 전에는 절대 앉지 않겠다. — 면접관이 지시할 때 앉아야 한다.

• 나는 분위기 조성을 위해 가끔씩 유머를 던지겠다.

• 나는 자신 있는 목소리로 답변하겠다.

• 나는 나의 외모와 실력에 자신감이 있다.

• 나는 비방이나 부정적인 표현은 하지 않겠다.

• 나는 최종 결정이 나기 전까지는 함부로 연봉 이야기는 하지 않겠다.

그리고 마지막으로, 다시 한 번 면접의 Key-point에 대해 복습하는 시간을 가지자.

젊은이답게 패기 있는 태도를 견지한다.

젊다는 것은 무엇인가? 무엇이든지 할 수 있고, 희망이 있으며, 장래가 촉망되는 패기 있는 젊은이라는 뜻이 아닌가! 절대 애늙은이가 되어서는 안 될 것이다.

편안하게 대화하며 상냥하게 대한다.

평소에 아버지나 선생님 등 어른과 대화하듯이 편안한 마음 자세를 지닌다. 가슴이 콩콩 뛸 이유가 하나도 없다. 상냥한 말씨로 대답한다. 큰 소리로 악을 쓰듯 해서는 절대 안 된다.

또박또박 명료하고 조리 있게 대답한다.

면접 대상에게 주어진 시간은 짧게 한정되어 있다. 장황하게 늘어놓는다고 좋은 것이 아니며, 잘못하면 횡설수설이 된다. 간단명료하고 조리 있는 대답을 한다.

침착하고 자연스러우며 차분하게 대답한다.

일단 질문을 받으면 자연스러운 대화를 하는 것이므로 편안하게 한다. 질문 받으면 굳어지고 떨리어 석고상처럼 변하지 말고 자연스러움을 잃지 않는다.

밝은 표정을 잃지 않는다.

첫인상이 좋아야 한다. 첫인상이 곧 끝인상이다. 첫인상이란 잘생기고 못생긴 것을 뜻하는 말이 아니다. 미소가 있는 밝은 표정이 매우 중요하다. 세상의 모든 고민의 십자가를 혼자 다 짊어진 인상이라든가, 헤프게 헤벌린 인상은 결코 좋지 않다. 자연스럽게 밝은 표정을 짓는다.

당당하고 자신 있게 말한다.

자신이 없어서 면접관에게 들리지도 않을 만큼 기가 꺾여서는 곤란하다. 당당해야 한다. 죄짓고 심문받는 것이 아니다. 떳떳하게 자신을 갖고 면접에 임하자.

'…습니다' 로 끝맺음한다.

평소에 질문을 받으면 '…같아요'로 답하는 경우가 다반사다. 이래서는 곤란하다. 반드시 '…습니다'로 끝을 맺어야 한다.

예의 바른 단정한 자세를 지닌다.

면접관 앞에 섰을 때 단정한 차려 자세가 좋다. 손을 어찌할 줄 몰라 머리를 긁는다든가, 몸을 비튼다든가, 시선 둘 곳을 못 찾아 두리번거린다든가 하는 것은 불안한 자세다. 단정한 자세에는 복장도 필수적이다. 남녀 모두 정장이 무난하다. 단정한 머리 모양도 득이 되면 되지 손해를 보지 않는다. 시선은 면접관의 넥타이 또는 턱 정도에 가볍게 향하도록 한다.

원수를 만난 것도 아닌데 눈에 힘을 주어서는 안 된다.

회사의 지시에 충실히 따른다.

면접은 회사 정문에서부터 시작되는 것이다. 면접시험이 있는 날 우선 시간에 늦어서는 안 된다. 미리 대기실에서 기다리며 마음을 가다듬고 다음 지시를 기다린다. 면접을 실시할 주의 사항 등을 듣고 그에 충실히 따르도록 한다.

미리 면접시험 연습을 하여 대비한다.

평소에 면접시험 준비를 게을리 하지 말아야 한다. 그날 닥치어 허둥대지 말고 미리미리 준비하여 만전을 기한다.

대답은 반드시 긍정적으로 한다.

평소의 생활 태도가 긍정적인 사람이 바람직하다. 비록 어려운 일이 자신에게 주어지더라도 적극적으로 최선을 다하는 자세가 중요하다. 항상 긍정적으로 "할 수 있습니다.", "하겠습니다."라는 태도가 중요하다.

결론부터 말한다.

어떤 질문이 주어졌을 때 주어진 시간은 짧다. 이렇기 때문에 정황을 설명하는 것은 뒤로 미루고 우선 결론부터 말한다. 자기에게 주어진 한정된 시간에 장광설을 늘어놓을 틈은 없다. 그러므로 명료하게 결론부터 말하고, 시간이 허락되면 더 설명을 하도록 한다.

자기 PR, 즉 본인의 장점인 개성과 특징이 잘 드러나도록 한다.

자기 PR 시대다. 자기 과시가 아니라, 자신의 장점을 상대방에게 확실하게 심어 주는 것이다. 예를 들면, "아! 그 뚱뚱한 사람?" 또는 "쪼그맣고 깡마른 사람 있잖아?", 이런 경우는 빵점이다. "아! 컴퓨터 도사인 사람?" 또는 "영어를 유창하게 원어민처럼 하던 젊은 친구?", 이렇게 되어야 한다.

성실하고 솔직한 답변을 한다.

모르는데 절대로 아는 체하지 말라. 금세 들통 난다. 그러므로 모르면 "모르겠습니다.", "잊었습니다."로 답해야 한다. 얼버무리면 될 일도 안 된다.

평소 몸에 밴 태도를 충분히 발휘하도록 한다.

면접이란 결국 자기 생활의 모든 것을 보여 주는 것이다. 면접관에게 좋은 면으로 강한 자극을 줄 수 있도록 평소에 준비하여 몸에 배어야 한다. 닥쳐서 한다고 한들 어설프기 짝이 없을 것이다. 더군다나 전공 실력이나 어학 능력은 말할 것도 없거니와, 예의범절은 항상 올바르게 체질화되어 있어야 하는 것이다.

플러스 사고를 가져라

'안 되는 것도 되게 한다'는 플러스 사고로 자신의 이미지를 그려 본다. 당신은 자신감과 소신을 가지고 있는 사람이고, 창조적인 사람이며, 적극적인 사람이라고 스스로 믿는 태도가 무엇보다 중요하다. 상대방의 처분만 바라는 듯한 소극적 자세는 좋지 않다. "시키시면 뭐든 다 해낼 자신이 있습니다!"라는 적극적인 자세가 높은 평가를 받을 수 있다. 여기에서 가장 중요한 건 면접관에 대한 두려움을 갖지 않는 것이다. 상대가 부담스러울 땐 그 사람이 화장실에 있는 것을 상상하라. 그러면 결론은 자연스럽게 나올 것이다. 그도 사람, 나도 사람일 뿐이다!

긴장 · 초조 · 불안 극복법

다음에는 긴장과 초조, 불안을 극복하는 구체적 방법에 대해 알아보자. 이것은 최후의 순간에 쓸 수 있는 비밀 병기와 같은 것들이다. 면접시 순서를 기다리다 보면 긴장되고 초조해서 마음이 불안해져 당황하는 경우가 많은데, 이럴 때 다음과 같은 방법을 쓰면 어느 정도 마음을 안정시킬 수 있다.

지압법

손을 무릎에 놓고 양쪽 손의 합곡과 노궁의 혈을 손가락이나 볼펜 끝으로 번갈아 가며 2~3분간 지압한다

• **합곡** : 다섯 손가락을 가지런히 붙인 후, 엄지와 검지가 만나는 부분

중에게 가장 높게 둔덕이 생긴 곳이 합곡이다.

- **노궁** : 약지를 손바닥에 닿게 한 후, 약지가 닿는 안쪽이 바로 노궁이다.

숨 고르기법

몸을 느슨하게 한 뒤, 공기를 천천히 내보내는 방법으로 숨을 내쉴 때 20~30까지 세어 본다.

'도로시 사노프'법

사노프가 브로드웨이 쇼에서 '왕과 나'의 주연 율 브린너의 떨림 방지 테크닉을 변형한 것으로, 갈비뼈 아래에 있는 근육들을 위축시키는 방법이다. '도로시 사노프'법의 순서는 다음과 같다.

- 갈비뼈를 위로 올린다.
- 몸을 약간 앞쪽으로 기울인다.
- 손가락이 위로 행하도록 하고 손을 허리의 잘록한 부분에, 팔꿈치를 옆구리에 댄다.
- 팔 밑과 손바닥 밑이 똑같이 힘을 받는다고 느껴지도록 손바닥으로 허리를 민다.
- 바이탈 트라이앵글(갈비뼈가 시작하는 부분에서 끝나는 부분까지, 이 삼각형 모양을 바로 바이탈 트라이앵글[vital triangle]이라고 함)을 수축시키면서 앞니 사이로 '스으으으' 하면서 천천히 숨을 내쉰다. 이때 바이탈 트라

이앵글은 코르셋을 입었을 때처럼 수축감을 주어야 한다.

• 숨을 다 내쉰 후에는 근육을 천천히 이완시킨다.

• 천천히 숨을 들이쉰다.

자기 암시법

• 미간의 긴장을 풀고 턱의 긴장을 푼다.

• 두 발의 긴장을 풀고 생각나는 대로 '아에이오우, 우오이에아, 가나다라마바사아자차카타파하…' 같은 발음을 조용히 하면서 입 상태를 그대로 유지한다.

• 그리고 할 수 있다는 자신감 있는 생각을 반복한다.

• 그래도 마음이 안정이 안 된다면 면접관도 사람, 나도 사람이란 생각으로 면접관에 대한 부담감을 줄인다.

• 마지막으로 잘할 수 있다는 자기 암시로 성공을 예감한다.

질문에 대한 답변시 발성법

• 단전(아랫배)에 힘을 주어 생기 있게 말한다.

• 어깨와 목에 힘을 빼고 두성 발성으로 천천히, 또박또박, 평소보다 한 옥타브 높은 음으로 부드럽게 말한다.

• 잘해야 된다는 강박 관념에 빠지면 긴장하게 되고 덤벙대는 격이 되고 만다. '잘해야 된다는 생각'이 오히려 부담을 주게 되는 것이다. 또 '실수하면 어쩌나?' 하는 염려가 강박 관념으로 작용할 수 있으

니 침착하게 대처해야 한다.

• pause(말과 말 사이의 쉼)을 사용하고 침묵조차 이용하는 여유를 가진다.

• 차려 자세를 취하듯 부동자세를 하고 있으면 마음까지 얼어붙기 십
상이다. 말을 할 때에는 적당히 제스처를 사용하여 감정을 이입시키
면 긴장이 완화된다.

05

유창한 언변보다 자세가 중요하다

면접에서 가장 중요한 것 중 하나가 바로 자세다. 자세가 곧 첫인상에 영향을 주고 호감도로 연결될 수 있기 때문이다. 다음으로는 면접시 올바른 자세에 대하여 알아보도록 하자.

언변보다 더 중요한 자세

인터뷰 담당자가 인터뷰하는 사람들을 위협하거나 괴롭히는 일은 없다. 하지만 그래도 인터뷰에 응하는 사람들은 심문을 당하는 느낌을 지울 수 없을 것이다. 인터뷰를 하는 방은 대체로 갑갑하고 경직된 분위기다. 말은 울리고, 모든 행동은 강조된다. 인터뷰 응시자가 알리바이를 생각하기 시작하는 것도 이상할 것이 없다.

이런 환경에서 인터뷰 응시자의 보디랭귀지는 잘 준비해 놓은 말보다 더 많은 것을 전달할 수 있다. 수많은 심리학 조사 결과들이 얼굴 표정과 몸짓, 움직임 등이 그 사람의 태도에 대해 많은 것을 전달한다고 말하고 있다. 이렇게 전달되는 태도가 당락 여부를 판가름하는 데 영향을 미칠 수 있다.

손의 위치

많은 인터뷰 응시자들이 초조하게 자문하는 것은 '내가 이 회사를 다녀야 할까?'가 아닌, '손을 어떻게 처리해야 하나?'다. 손을 무릎 위에 포개 놓는 것이 차분하게 보일지 소극적으로 보일지, 손으로 제스처를 취하는 것이 활발해 보일지, 너무 산만해 보일지를 고민한다.

커리어 관리 서비스 회사인 '스티벨, 피보디 앤드 링컨셔(Stybel, Peabody and Lincolnshire)'의 사장이며 심리학자인 로렌스 스티벨(Laurence Stybel)은 이런 상황은 인터뷰 담당자에 따라 다르다고 조언했다. 스티벨은 손을 어떻게 처리해야 할지 결정하기 전에 직업을 묘사하는 데 회사가 사용하는 언어를 분석하라고 충고한다. 만일 회사가 '빠른', '급속도로' 등의 활동적인 형용사를 많이 사용한다면 손으로 제스처를 취하는 것이 적극적인 태도로 비치기 때문에 바람직하다. 만일 '일관성', '신뢰' 등의 용어를 선호한다면 손을 가만히 무릎 위에 올려놓는 것이 더 좋다.

한편, 도박 세계에서 포커의 달인으로 유명한 마이크 카로(Mike Caro)는 손으로 입술을 건드리는 것은 뭔가 숨기고 있다는 신호라고 말한다. 카로는 "말하는 사람이 얼굴, 특히 입술을 건드리거나 가리는 것은 심기가 불편하다는 것을 말해 주며, 거짓말을 하거나 과장하고 있다는 것을 보여 준다."라고 말한다. 정직함을 보여 줄 수 있는 두 가지 행동은, 인터뷰 동안 손바닥을 보이거나 손을 가슴에 올려놓는 자세라고 한다.

팔짱 낀 자세는 금물

팔짱을 낀 자세는 많은 것을 의미하지만 주로 방어적인 자세나 불안함, 배타적인 자세 등 부정적인 것들이 대부분이다. 아더 앤더슨(Arthur Andersen)에서 인터뷰를 담당했던 조디 슈바르츠벨더(Swartzwelder)는 이런 자세는 인터뷰 담당자들에게 "나한테서 더 원하는 게 뭡니까?"라고 말하는 것이나 마찬가지라고 했다.

악수할 때

인터뷰 담당자는 종종 악수를 할 때부터 인터뷰 응시자에 대한 첫인상을 갖게 된다. 때문에 조금이라도 손이 땀에 젖어 있을 때에는 악수를 하기 위해 손을 내밀지 않는 것이 낫다. 땀에 젖은 손은 건강이 좋지 않다거나 겁을 먹고 있다는 인상을 주기 때문이다.

의자에 앉는 자세

의자 뒤에 기대앉은 자세는 인터뷰 응시자의 과도한 자신감을 보여 주며, 약간 거만한 분위기를 풍긴다. 인사 담당자들은 거만한 자세보다 열성적인 자세를 훨씬 좋게 본다. 하지만 너무 앞쪽으로 향해 앉는 것도 인터뷰 담당자들에게 갑자기 달려들 것 같은 공격적인 인상을 줄 수 있다. 딜로이트 컨설팅(Deloitte Consulting)에서 수천 번의 인터뷰를 감독했던 로렌 샤피로(Lauren Shapiro)는 "너무 거만하지 않으면서 인터뷰 담당자들에게 주의하고 있다는 것을 보여 주는 자세를 취하는 것이 바람직하다."라고 말한다.

다리 모양

다리를 꼬거나 바닥에 똑바로 올려놓은 자세 중 더 좋은 자세는 어느 것일까? 샤피로는 "인터뷰에서 편한 자세를 취하기는 어렵지만, 어느 쪽이든 편한 자세를 선택하라." 하고 말한다. 하지만 다리를 꼬고 앉기로 했다면, 계속해서 그 자세를 유지하는 것이 좋다고 경고했다. 그녀는 "발목을 무릎에 올려놓은 자세는 도가 지나치다."라고 말했다. 가장 중요한 것은 한 가지 자세를 취한 후, 그 자세를 계속 유지하는 것이다. 계속해서 다리를 움직이는 것은 인터뷰 담당자들에게 안 좋은 인상을 심어 준다.

코를 만지지 말 것

시카고의 스멜 & 테이스트 트리트먼트 앤드 리서치 파운데이션(Smell & Taste Treatment and Research Foundation)에서 실시한 조사에 따르면, 코를 만지는 것은 거짓말을 하고 있다는 표시일 가능성이 높다고 한다. 거짓말을 하고 있다는 죄책감이 혈압을 높이고, 코의 조직을 이완시켜 히스타민을 방출시킨다고 한다. 히스타민이 가려움증을 유발해 손으로 코를 긁게 만든다는 것이다. 인터뷰 담당자들이 이런 조사 결과를 알 수도 있고 모를 수도 있겠지만, 위험을 자초할 필요는 없을 것이다.

제스처

인터뷰 응시자들은 반드시 그들이 지원한 자리에 열정이 있다는 것을 보여 줘야 한다. 앤더슨의 슈바르츠벨더에 따르면, 첨탑처럼 손끝을 모은 자세는 흥미롭다는 태도를 보여 줄 뿐 아니라 적극성과 결단력도 보여 준다고 조언했다. 하지만 음흉한 미소가 곁들여지면 좋지 않은 의미로 해석될 수 있다고 경고했다.

시선 처리

시선을 마주치도록 한다. 시선을 피하는 것은 뭔가 숨기고 있다는 인상을 심어 주기 때문이다.

연봉 협상시 태도

인터뷰 단계를 통과하면 연봉 협상을 제의받을 수도 있다. 대부분의 인터뷰 응시자들은 이때 바로 승리자의 기분에 젖지 말아야 한다는 것을 잘 알고 있다. 카로는 '제의가 예상보다 높다면 무관심한 듯이 보이는 것이 일반적인 경향'이라고 설명한다. 이는 마치 포커 게임에서 유리한 사람이 상대방이 돈을 걸려고 할 때 무심한 듯이 보여야 하는 것과 마찬가지라고 비유했다. 연봉을 더 높이고 싶다면 직접적인 접근 방식이 훨씬 유리할 수도 있다. 결국 인터뷰 응시자들은 연봉 협상의 프로를 상대하고 있기 때문이다.

몸가짐

첫인상이 당락의 50%를 결정하는 법이다. 따라서 무엇보다 밝은 인상, 청결한 자세가 중요하다. 손톱 청소, 면도, 이발 상태와 의상, 구두 등에 만전을 기해야 한다. 전날 미리 표정 연습도 해 두는 노력이 필요하다. 미국이 낳은 세계적인 빙상 스타 '카타리나 비트'는 완벽하게 웃는 표정을 만들어 내기 위해 거울 앞에서 3천 번을 연습했다고 한다. 운동 선수라 하더라도 인정받기 위해서는 기술 외적인 요소도 중요하다는 걸 간파한 그녀의 지혜에서 배워야 한다.

듣는 자세

면접관이 질문을 하는데 긴장된다고 해서 손을 만지작거리거나 시선을 이리저리 옮기면 크게 감점된다. 면접관이 말할 때에는 그의 입술을 바라보며 진지하게 듣고 있다는 표정을 짓는다. 면접관이 연로한 경우, 간혹 질문보다 훈계조의 말이 길어지는 경우가 있다. 이럴 때라도 지루한 표정을 짓지 말고 끝까지 듣는 진지함을 보여야 한다. 왜냐하면 긴 설명 중 갑자기 "자넨 어떻게 생각하나?"라는 적시타가 터지기 십상이기 때문이다.

말하는 자세

적절한 경어를 사용하는 것이 중요하다. 사실 올바른 경어 사용법이란 쉽지 않다. 특히 신세대들은 경어 사용에 익숙하지 못해, 종종 앞뒤가 안 맞는 식의 경어법을 쓰는 경우가 많다. 하지만 면접관에게 경어 사용법도 모른다는 인상을 주면 곤란하다. 자칫하면 버릇없이 자랐다는 오해를 받기도 쉽다. 그러므로 면접 전부터 미리 시간, 장소, 사람 등에 따라 달라지는 경어를 익히도록 한다. 특히 지원 회사를 언급할 때, 회사 이름을 직접 말하지 말고 '귀사'라고 하면 호감을 얻게 된다는 점을 기억해 두어야 한다.

또 어투는 자신의 평소 스타일로 대화하는 것이 자연스럽다. 대통령이 대국민 담화문 발표하듯이 어색한 문어체를 사용한다거나, 군기가 바짝 든 이등병처럼 말하면 대화의 경험이 없어 보인다. 그렇다고 특정인의 '대화법'을 흉내 내는 것도 꼴불견이다. 자신이 평소 남들과 이야기할 때의 대화법으로 조리 있게 표현하도록 한다. 덧붙여서 말꼬리 흐리는 버릇을 가진 사람은 조심해야 한다.

알아듣기 쉽게 말하는 것도 중요하다. '알아듣기 쉽게'라는 건 두 가지 의미가 있다. 말의 하드웨어적 측면에서 보면 너무 빠르게, 너무 많이 말하지 말라는 얘기다. 말의 핵심을 놓치거나 가벼워 보이면 좋을 게 하나도 없다. 소프트웨어적인 면으로는 어려운 용어나 전문 용어, 대학가의 은어, 사투리 등을 절제 없이 사용하지 말라는 뜻이다. 이때 면접관이 소외감 느낀다.

질의 응답에 임하는 자세

이제 질의 응답에 임하는 자세에 대하여 알아보자. 적과 싸워 이기려면 먼저 적을 알아야 하는 것과 같이, 면접 위원이 자기에게 어떠한 질문을 할 것인지를 미리 파악해 둘 필요가 있다. 그리고 긴장을 풀면서 면접위원을 똑바로 응시해야 한다. 대개 면접 위원은 자기 마음에 드는 유형이 있게 마련이지만, 개별 면접시험이 아니고서는 편견이 점수에 그다지 영향을 주지 않는다. 수험생은 또한 우월감이나 열등감을 보여서는 안 되며, 신경질·엉터리 배짱·고집·무관심·난폭 등의 표현 또는 태도를 보여서도 안 된다. 다만 차분함과 명석한 판단, 건전한 사고력을 바탕으로 한 논리전개, 쾌활한 인상을 심어 주어야 한다는 사실을 잊지 말아야 한다.

발랄한 태도

시종 침착하면서도 밝은 표정으로 예의를 지킨다. 때로는 부담스러운 질문을 받더라도 우물거리지 말고 패기만만한 자신을 드러내 보이는 것이 좋다.

음성은 또렷하게

조용하면서도 분명한 대답을 하자. 모르는 것이 있으면 얼버무리지 말고 "모르겠습니다."라고 대답하고, 못 알아들은 질문이 있으면 "죄송하지만 다시 한 번 말씀해 주시겠습니까?"라고 다시 반문해도 된다.

바른 말 사용

질의응답에 임할 때 반드시 염두에 두어야 할 것은 바른 말 쓰기다. 아무렇게나 '전에 말했지만' 하고 말하지 말고 '전에 말씀드렸지만' 하는 표현처럼 바르게 써야 한다. 혹은 친구들 사이에 자연스럽게 쓰던 약어나 은어들이 대화 중에 나올 수가 있으니 이런 사항들도 주의해 두는 것이 좋다. 바르고 올바른 말이란 하루아침에 이루어지는 것이 아니다. 그러므로 일상생활에 있어 항상 조심하여 올바른 언어 생활이 습관화되도록 노력해야 한다.

지나치게 평론가적인 언동은 삼가

예컨대 시사 문제나 읽은 책에 대한 감상을 물었을 때, 섣불리 아는 체한다든가 TV에 나오는 평론가의 흉내를 내면서 하는 서투른 언동은 오히려 자신의 인격만 깎아내리는 행동이 되므로 주의해야 한다. 면접 위원은 단순히 응시자의 사회적 관심도를 시험하고자 하는 것이므로, 질문받은 문제라든가 자기가 읽은 책에 대해서 자기 나름대로의 의견을 가식 없이 말해야 한다. 그러는 것이 설사 표현 방법이 세련되지 못했다 하더라도 솔직하게 비칠 수 있다.

버릇은 제2의 천성

남과 대화할 때 은연중에 자신만이 갖고 있는 독특한 버릇이 나타날 수 있다 질문을 받으면서 입에 손을 댄다든가, 응답하면서 손을 흔든다든가, 자신도 모르게 이와 같은 일상의 버릇이 나타나게 된다. 따라서 의식적으로라도 양손을 무릎 위에 단정히 놓고 자세를 바르게 하며, 평소 자기에게 무슨 버릇이 있나, 가족이나 가까운 친구들에게서 조언을 얻어 고치도록 노력해야 한다.

질문에 답할 때에는 질문한 면접 위원의 얼굴을 향하고, 상대방 눈에 시선을 맞춘다. 상대방이 말하고 있을 때에는 적당한 데서 맞장구를 치는 것도 좋다. 그렇게 함으로써 진지하게 듣고 있다는 것을 나타낼 수 있다. 대답하기 곤란하거나 짓궂은 질문을 받게 되더라도 상황에 맞춰 재치 있게 받아넘길 수 있어야 한다. 노골적으로 싫은 표정을 짓거나 불쾌한 표정을 지어서는 안 된다. 그리고 면접 위원이 계속 꼬리를 물고 질문을 던져 올 때에는 적절한 대답을 하여 빠져나오도록 해야 한다. 지방 근무 가능 여부를 묻는 질문의 경우, 대부분이 "서울에서 근무하고 싶습니다."라는 대답을 하게 된다. 이때 면접 위원은 "정말 서울 아니면 안 되는 겁니까?" 하고 다시 질문을 던져 오게 되고, 지원자는 얼떨결에 "서울하고 충청도는 됩니다." 하는 식으로 대답하게 된다. 그러면 "그럼 충청도는 왜 되는 겁니까?" 하고 또 꼬리를 물게 되는 것이다. 이렇게 계속 꼬리를 물리다 보면 나중에는 낭패를 겪게 될 수도 있다. "서울에서 근무하고 싶기는 하지만, 현장에서 일을 배우기 위해서라면 지방 근무도 감수하겠습니다." 정도로 답변하고 다음 질문으로 넘어가도록 한다. 면접시험 도중 질문에 대답을 제대로 못했다거나 뜻밖의 실수를 했다고 해서, 도중에 면접시험을 포기해서는 안 된다. 마지막 순간까지 최선을 다해 성의를 보인다면 이는 충분히 만회할 수도 있다.

06

면접 전 체크 포인트와
위기 상황의 대처

마지막으로 면접 전 체크 포인트를 점검하고, 면접시 발생하는 위기 상황에 어떻게 대처해야 하는지 알아보도록 하자.

면접 체크 포인트

면접시험시 면접관은 지원자에게, 자기가 지원한 계열사 또는 부서에 대해 폭넓은 지식을 요구할 경우가 있다. 이것은 사전에 준비하지 않으면 낭패를 볼 수 있는 부분이므로 반드시 면접 전에 체크해 봐야 한다. 지원 회사에 대해 알아 두어야 할 사항은 의외로 많으니 꼭 체크해 두기 바란다.

지원 회사에 대해 알아 두어야 할 사항

- 회사의 연혁
- 회장 또는 사장의 이름, 그의 출신 학교, 그의 전공 과목
- 회장 또는 사장이 요구하는 신입 사원의 인재상
- 회사의 사훈, 사시, 경영 이념, 창업 정신
- 회사의 대표적 상품, 특색
- 업종별 계열 회사의 수
- 해외 지사의 수와 그 위치
- 신 개발품에 대한 기획 여부
- 자기 나름대로 그 회사를 평가할 수 있는 장단점
- 회사의 잠재적 능력 개발에 대한 제언

면접 10분 전 마지막 체크 질문

- 지원 회사의 정식 명칭은 알고 있나?
- 면접장에 입실하면 긴장하지 않고 자연스러운 태도를 유지할 수 있는가?
- 면접이 시작되면 떨지 않고 편안한 마음으로 면접관의 질문에 대답할 수 있는가?
- 이 회사를 선택한 이유를 물어도 대답할 준비가 되어 있나?
- 자기소개를 5분간 이야기할 수 있나?
- 자기의 장점을 면접관에게 최대한 보여 줄 준비가 돼 있나?

- 기업이나 단체의 소재지(본사·지사·공장 등)를 정확히 알고 있나?
- 기업이나 단체의 정식 명칭(full name)을 알고 있나?
- 자신의 긍정적인 면을 상대방에게 바르게 전달할 수 있나?

위기 상황의 대처 방법

아무리 준비를 완벽하게 했다 하더라도 면접 진행 과정에서 반드시 위기 상황을 맞이할 수 있다. 여기서 절대 당황은 금물이다. 당황하게 되면 일을 망치게 될 가능성이 높기 때문이다. 놀랍게도 위기(危機)라는 한자어의 뜻을 잘 살펴보면 위험(危)과 기회(機)의 뜻을 동시에 담고 있다. 즉, 위기란 위험한 순간이기도 하지만 기회의 순간이기도 하다는 뜻이다. 만약 당신이 위기의 순간을 기회로 삼아 멋지게 위기를 탈출하는 모습을 보인다면, 면접관은 그런 당신의 모습에 더 후한 점수를 줄지도 모른다. 따라서 면접 중에 어떤 위기 상황이 닥치더라도 당황하지 말고, 침착하게 위기를 기회로 바꿀 방법을 생각해야 한다. 다음에 위기 상황을 기회로 만들어 탈출하는 방법을 소개한다.

위트로 탈출한다

만약 당신이 나이 서른쯤 된 늦다리 지원자라고 하자. 면접관이 신입사원의 평균 연령이 몇 살인지 아느냐고 물었다. 이 말은 '당신의 나이가 너무 많지 않으냐'는 우회적 질문이다. 이때 "나이와 업무는 상관관계가 없다고 생각합니다."라고 답변하면 분위기만 굳어진다. 이럴 때에는 차라리 레이건처럼 유머를 동원하는 기지가 필요하다. "저는 동료들이 나이 어려서 경험이 부족하고 아직 미숙하다 하더라도, 결코 얕보지 않고 인생의 선배로서 도와 가며 일할 자신이 있습니다."라고 말이다.

솔직함을 무기로

모르는 질문을 받았을 때 공연히 뒤가 켕기는 듯 변명을 늘어놓으면 거짓말에 능숙하다는 인상을 받기 쉽고, 답변이 생각나지 않는다고 고개를 숙이거나 멍청하게 허공만 응시하면 패기가 없어 보여 점수를 깎이게 된다. 차라리 솔직하게 모르겠다고 말하고, 부족함을 채우기 위해 더욱 열심히 노력하겠다는 겸양으로 답변을 하는 게 훨씬 점수를 잃지 않는 방법이 된다.

퇴장할 때도 당당히

면접 도중 몇 번 실수하고 위기의 상황을 겪었다 하더라도 처음의 예의 바른 자세와 태도를 끝까지 유지하는 것이 중요하다. 퇴장할 때에는 자리에서 일어나 "면접 기회를 주셔서 감사합니다." 하고 정중히 인사한 후 문 쪽으로 향하는 것이 좋다. 문 앞에서 다시 한 번 가볍게 목례를 하고 나가면 금상첨화다. 어떤 사람은 지나친 겸손으로 뒷걸음질쳐서 나가는 경우도 있는데 그러다 넘어지면 큰일 난다.

위기 상황을 이기기 위한 대화의 테크닉

스피드 시대에 '말을 잘한다'는 것은 '말이 많다'는 개념과는 근본적으로 다르다. 군더더기 없는 말로 최대한 빨리 상대를 설득해 낼 수 있는 능력은 곧 비즈니스 사회의 경쟁력이다.

'말 잘하는 법'을 이야기할 때 스피치 전문가들이 이구동성으로 꼽는 조건은 되도록이면 부정 어법을 삼가라는 것. 부정 어법은 부정적 사고방식을 스스로 고백하는 꼴이기 때문이다. 세상 사람들을 편의상 '성공인 클럽'과 '실패인 클럽'으로 간단하게 나누어 본다고 할 때, 전자에 끼는 이들은 부정 어법을 훨씬 덜 쓴다는 게 전문가들의 분석이다. 흔히 드는 예로 후자에 속하는 이들의 열에 아홉은 "아직 이것밖에 못했다."라고 말하는 것을, 전자에 속하는 사람들은 "지금까지 이만큼이나 했다."라고 표현한다는 것이다.

따라서 위기 상황을 이길 수 있는 최고의 대화 테크닉은 긍정적인 자세를 취하는 것이라 할 수 있다. 다음에 긍정적인 자세로 말하는 테크닉에 대해 열거하였으니 참고하기 바란다.

- 말을 시작하기 전에 먼저 3초간 요점을 가다듬고 정리할 것.
- 불만이나 푸념 또는 부정적인 말을 가급적 자제할 것.
- 목소리의 속도와 높이, 그리고 크기를 변화 있게 잘 조절해서 말할 것.
- 간결하고 명확한 문장 구사를 하도록 할 것.
- 상대방의 반응에 적절히 대응하면서 말을 할 것.
- 평소에 대중 앞에 서는 연습을 자주 할 것.

- 보다 넓고 깊은 안목으로 세상을 관찰하여 이야깃거리를 많이 만들어 둘 것.
- 심각한 이야기에도 때로는 유머를 섞어 긴장을 없애는 여유를 가질 것.

| 면접 총정리 |

1 '입니다'로 끝을 마무리 짓는다.
2 면접관의 질문이 끝나면 곧바로 대답하지 말고 2~3초 정도 생각하는 느낌을 주면서 대답하기 시작한다.
3 정확한 발음, 적당한 속도로 활기 있게.
4 상대방의 눈(미간)을 보면서 결론부터 이야기한 후 부연 설명을 한다.
5 말끝을 흐리지 말고 분명하게 한다.
6 질문에 2~3분 정도 대답하는 것이 좋다.
  너무 짧으면 자기 의견을 정확하게 이야기하기 어렵고, 너무 길면 쓸데없는 이야기를 하기 쉽다.
7 사소한 질문에도 성의를 가지고 대답한다.
8 들어갈 때 면접관에게 큰 소리로 인사한다.
9 잘 모른다고 이상한 제스처를 쓰지 않는다.
10 지나치게 현학적인 단어나 전공 관련 용어, 외국어 등을 남발하지 않는다.

제6장

화술의 마법

사람 앞에서 말 잘하는 비법

01
사람들 앞에서
말을 잘하지 못하는 이유

　본인은 화술 전문가이므로 이번 장에서는 모든 사람들의 고민거리라 할 수 있는 화술에 대한 이야기를 하려 한다. 화술은 면접에서도 가장 중요하게 쓰이지만, 사실 인생살이 전반에 걸쳐 가장 큰 영향을 주는 존재 중 하나라 해야 할 만큼 한 인간이 나아가는 길에 지대한 영향을 미친다. 어떻게 하면 말을 잘할 수 있을까? 이것은 아마도 성공을 향해 달려가는 모든 인생들의 최대 고민거리 중 하나일 것이다.

　대부분의 사람들을 만나 이야기를 나눠 보면 말을 잘하는 것처럼 보인다. 요즘에는 매스 미디어가 발달하여 말 잘하는 것은 거의 기본인 것처럼 보인다. 그런데도 이상하게 진짜 말 잘하는 사람을 찾아보면 찾기 힘든 것이 현실이다. 왜 이런 현상이 일어날까?

멍석 깔아 주면 겁부터 먹는다

"앉아서는 말을 잘하는데, 사람들 앞에만 서면 말을 잘 못해서 고민입니다."

이것은 내가 기업체 임직원을 대상으로 커뮤니케이션 교육을 할 때 가장 많이 듣는 말이다. 동료나 친구들과 생각나는 대로 이야기를 나누는 데는 아무 문제가 없는데, 막상 멍석을 깔아 주고 이야기하라고 하면 반벙어리가 된다고 고민하는 이들이 많다. 왜 이런 현상이 나타날까? 이것은 제대로 말하는 방법을 모르는 사람들이 많기 때문에 나타나는 현상이다.

우리나라 사람들은 유난히 남 비난하기를 좋아한다. 이런 현상도 말하는 방법을 제대로 배우지 못한 데서 비롯된 문제다. 말의 위력을 경시하는 문화는 하나의 현상만 보고 함부로 말하고도 두려워하지 않는 태도를 갖게 한다. 그러다 보니 공식적인 말하기에는 자신이 없어지는 것이다. 앉아서는 청산유수인데 멍석 깔아 주면 말을 못하는 사람들은 몇 가지 유형으로 나눌 수 있다.

첫째, 공식적인 자리에서는 체면이 깎이지 않도록 말해야 한다는 강박관념을 가진 사람들이다. 이런 사람들은 대개 매우 권위적인 성격을 가지고 있다. 그리고 평소 비공식적인 자리에서는 생각나는 대로 함부로 말하는 습관도 가지고 있다. 그런 습관이 공식적인 자리에서도 드러날까 봐 지나치게 신중을 기하게 된다. 말 한 마디를 하기 위해 너무나 많은 것들을 걱정하고 고려해야 하기 때문에 말하는 데 자신이 없어지는 것이다. 게다가 그동안 공식적으로 말할 기회가 그다지 많지 않아, 그럴 때 어떻게 해야 할지 제대로 파악하지 못해 말하기가 더욱 두려운 것이다. 이러한 유형의 사람들은 사담을 나눌 때에도 공식적인 자리처럼 조심성 있게 말하는 습관을 갖도록 노력하는 것이 좋다. 우리 속담에 '집에서 새는 바가지 밖에서도 샌다'는 말이 있듯, 사석에서 비속어를 자주 사용하거나 남을 험담하면 공식적인 자리에서도 그런 말이 튀어나오기 십상이다. 평소의 말 습관은 이처럼 예기치 않은 곳에서 문제를 일으킬 수 있다. 때문에 평소의 말 습관을 다듬지 않으면 공식적인 말하기가 두려울 수밖에 없다.

두 번째 유형은 담력이 부족한 사람들이다. 우리나라 사람들은 유사 이래 중국이나 일본 등 주변국의 침략에 시달리며 살아왔다. 그러다 보니 능동적으로 일하기보다 수동적으로 방어하는 데 익숙한 편이다. 다른 나라 사람들에 비해 새로운 일에 도전하는 실험 정신도 부족하다. 때문에 공식적인 자리에서 자신 있게 자기의 의견을 피력할 수 있는 담력이 부족한 사람들이 많다. 문제는 비공식적인 자리와 달리 공식적인 자리에서는 담력이 필요하다는 데 있다. 그렇다면 공식적인 자리에서 말하기에 필요한 담력은 어떻게 키울 수 있을까? 당연히 공식적인 말하기에 필요한 담력은 후천적으로 길러야 한다. 훈련 방법으로는, 기회가 주어지면 되든 안 되든 사람들 앞에 자주 서 보는 것이다. 아니면 축구 경기장이나 지하철 안, 아니면 동물원처럼 사람들이 많이 모인 곳에서 눈 딱 감고 자신의 생각을 큰 소리로 외치는 것이다. 처음에는 아주 큰 용기가 필요할 것이다. 그러나 일단 훈련을 마치고 나면 공식적인 자리에서 말할 수 있는 담력이 길러질 것이다.

세 번째 유형은 매사에 완벽을 기하는 사람들이다. 이런 유형은 다른 사람들과 일을 나누지 않고 독점하려는 의식이 강해 혼자서 하는 일은 완벽하게 잘한다. 하지만 막상 멍석을 깔아 주면 지나치게 완벽을 추구하다가 낭패를 보는 경우가 허다하다.

"아니, 평소에는 딱 부러지는 사람이 왜 저렇게 심하게 떨지? 가여워서 봐 줄 수가 없네."

쥐구멍이라도 있으면 들어가고 싶은 심정일 것이다. 이런 일이 있고 나면 사람들 앞에서 말하기를 기피하기 십상이다. 이런 사람들은 다른 사람과 일을 나누어 과중함을 덜어야 한다. 그래야만 공식적인 발표 능력을 향상시킬 수 있다. 또한 여러 차례 실수를 경험함으로써 실수에 대한 두려움을 없애는 것도 중요하다. 완벽주의자는 체면이 손상되는 것을 매우 싫어한다. 때문에 한 번의 실수로 말하기에 대한 자신감을 영원히 잃어버릴 수도 있다. 그러므로 프레젠테이션을 해야 하는 상황이 되면 일을 독점하지 말고 동료들과 나누어서 하도록 하고, 공과도 나누겠다는 마음가짐을 가져야 한다.

마지막 유형으로, 자신의 실력을 실제보다 부풀려 광고하는 사람들이 있다. 이들은 어디선가 주워들은 이야기를 마치 자신만 알고 있는 비밀스러운 정보인 양 과장해서 말하거나, 정확하지 않은 정보를 그럴싸하게 각색해 재미있게 말하는 것이 특징이다. 예전에 함께 일했던 한 사람은 나에게서 들은 이야기를 나보다 더 그럴듯하게 포장해서 다른 사람들에게 들려주어 입을 다물지 못하게 했다. 이런 유형의 사람들은 앉은자리에서는 달변가인데, 공식 석상에서는 '왜 저럴까?' 싶을 정도로 말하는 것을 두려워한다. 자신이 말하는 정보가 정확하지 않다는 것을 알기 때문에 두려움을 느끼는 것이다. 이런 유형은 평소 확실하지 않은 정보에 대해서는 반드시 확인한 후 말하는 습관을 가져야 약점을 보완할 수 있다.

말하기가 잘되지 않는 원인

말하기가 잘되지 않는 원인에는 심리적인 원인과 내용적인 원인이 있을 수 있다.

심리적인 원인

말하기가 잘되는 않는 원인은 대부분 언어 장애라든지 소심 공포증 등을 제외하고는, 생리적인 질환보다 심리적인 원인에서 오는 경우가 많다. 이야기하려는 행위가 일어나려면, 이야기하려고 하는 필요성이 마음에 강하게 작용해야 한다. 인간이란 아무리 말이 서툴더라도, 아무래도 말하지 않고는 배길 수 없다는 상황에 직면하면 누구나 말할 수 있게 된다. 그러나 가장 결정적으로 작용하는 것은 '말할 만한 것이 없으면' 말할 수 없다는 것이다. 왜 말할 만한 것이 없을까? 그것은 심리적 왜곡 때문에 갑자기 생각이 나지 않기 때문에 발생한다. 따라서 마음을 안정시키고 말할 만한 거리를 만들어 이야기를 시작하려는 노력이 중요하다.

내용적인 원인

이야기가 되지 않는 원인은 심리적인 왜곡 외에 자기 이야기에 대한 자신감의 결여 때문에도 나타날 수 있다. 이러한 것이 원인이 되어 공포라는 강한 정신적 긴장이 일어나는 것이다. 왜 자신감이 결여될까? 그것은 이야기가 정리되지 않은 것에서 오는 불안감에서 자신감이 상실될 수 있기 때문이다. 또 이야기의 내용을 충분히 소화하지 못한 불안정감 때문에 자신감이 결여될 수 있다. 한편, 듣는 사람을 잘 알지 못하는 데서 오는 기분상의 위축감 때문에도 자신감이 결여될 수 있다. 따라서 이 부분의 문제를 해결하기 위해서는 이야기를 미리 잘 정리하고, 이야기의 내용을 충분히 소화하는 노력을 할 필요가 있다. 또 듣는 사람을 잘 알지 못하는 데서 오는 기분상의 위축감 문제도 자신감의 회복을 통해 얼마든지 극복할 수 있는 것이다.

02
스피치를 잘하기 위한 지침을 숙지하라

　지금까지 말을 잘하지 못하는 여러 가지 이유들에 대하여 살펴보았다. 결국 말을 잘하지 못하는 근본적인 이유는 한마디로 자신감의 결여 때문이라고 할 수 있다. 그렇다면 어떻게 해야 말하기에 자신감을 얻을 수 있을까? 내가 다년간 쌓아 온 경험으로 말하자면, 그것은 대중 앞에서 말하는 기회를 자주 가지는 것보다 더한 비법이 없다. 하지만 자신이 강사나 교사, 목사가 아닌 다음에야 대중 앞에 설 기회를 갖기란 좀처럼 쉽지 않다. 따라서 말에 자신을 부여하기 위한 내 나름의 비결을 말해 보겠으니 주목하기 바란다.

말에 자신감을 부여하기 위한 방법

먼저 기회가 있을 때마다 여러 사람들 앞에서 정리된 자신의 이야기를 하는 것이 즐거움이라고 여기는 마음 자세가 필요하다. 이런 마음 자세를 가지면 사람들 앞에서 말하는 데 조금씩 자신감이 붙게 된다. 이때 주의해야 할 것이 있는데, 소극적인 자세는 금물이라는 사실이다. 말하는 것은 마음먹기에 따라 매우 달라질 수 있다. 그러므로 언제나 적극적인 자세를 가지고 자신감을 잃지 않도록 노력하는 마음이 중요하다. 여러 사람들 앞에서 말할 기회가 생겼다면 "나는 할 수 있어!"라고 스스로 다짐하며, 적극적인 자세로 자신감 있게 말하는 습관을 기르도록 하자.

하지만 자신감이라는 것이 마음먹기로만 되는 것은 절대 아니다. 생각해 보라. 갑자기 사람들 앞에서 말할 기회가 생겨 스스로 자신감을 다짐하고 막상 사람들 앞에 섰는데, 사람들의 반응이 싸늘하다면 나는 곧바로 위축되고 말 것이다. 왜 사람들의 반응이 싸늘했을까? 그 이유는 여러 가지가 있겠지만, 가장 중요한 것 중 하나는 자신들에게 별 쓸모없는 이야기라 여겼기 때문일 수도 있다. 이런 위기를 벗어나게 해 주는 최고의 힘은 바로 지식이다. 그러므로 교양서적 등을 많이 읽어 그 분야에 대한 지식을 쌓고 화제를 풍부하게 해야 한다. 그럴 때 나도 모르게 자신감이 샘솟는다.

한편, 말하는 자신감을 기르기 위해 평소 자신이 의존하는 대상이 있었다면, 그 대상으로부터도 독립하는 자세를 갖는 것이 필요하다. 말하는 자신감은 내가 가져야 하는 것이지 그 대상이 갖는 것이 아니다. 결국 내가 스스로의 힘으로 해냈을 때 비로소 나의 자신감이 생기는 것이다. 또 자신의 모습을 있는 그대로 나타내려고 해야지, 자신을 과장되게 보이려고 하거나 남의 흉내를 내어서는 사람들의 신뢰받을 수 없고, 자신감을 기를 수도 없다.

강단 스피치를 위한 지침

그렇다면 사람들 앞에서 이야기를 훌륭히 해내려면 어떻게 해야 할까. 이때 중요한 것은 자연스러움이다. 사람들 앞에 선 사람이 지나치게 딱딱해 있으면 이를 보는 사람들 역시 딱딱해지게 마련이다. 그렇다고 지나치게 자기 자신을 꾸미는 모습도 적절하지 않다. 사람들은 앞에 선 사람의 진솔한 모습을 보고 싶어하지, 꾸민 모습을 보고 싶어하지는 않는다. 따라서 솔직한 기분으로, 있는 그대로의 자신을 알릴 작정으로 이야기하는 모습을 갖는 것이 중요하다.

자연스러움의 문제가 해결되었다면, 이제 이야기하려는 의욕을 가지고 적극적으로 이야기를 꺼내는 모습이 중요하다. 아무리 자연스럽다 하더라도 이야기에 재미가 없다면 사람들은 금세 지루함을 느끼며, 손을 하품이 나오려는 입으로 갖다 대려 할 것이다. 따라서 이야기하는 데 즐거움을 느끼고, 몰입하는 모습을 보이는 태도가 필요하다.

한편, 이야기가 재미있기는 하지만 정신없게 느껴진다면 다시 사람들은 지루해 하기 시작할 것이다. 이를 방지하기 위해 사전에 이야기의 내용을 정돈하기 위한 시간을 충분히 가지는 것이 필요하다. 이를 위한 구체적 방법으로 화재(話材)를 모아 이야기하는 훈련을 해 보는 것이 필요하다. 또 여러 가지 경우의 중요점을 기억했다가, 그것을 효과적으로 살리는 연습을 하는 것도 중요하다. 만약 이야기를 하는데 매끄럽게 잘 진행된다는 느낌이 들면, 이제 그것이 자신감으로 연결되어 실제로 사람들 앞에서 하는 이야기도 성공적으로 이끌어 주는 계기가 될 것이다.

사람들 앞에서 이야기하는 경험이 조금씩 축적된다면, 이제 강단에 섰을 때에도 어느 정도 자신감을 갖게 될 것이다. 어느 직업을 막론하고 사람은 한 번쯤 강단에 설 기회를 갖게 마련이다. 이것은 나의 말하기에 자신감을 불어넣어 줄 절호의 기회라 할 수 있다. 다음에 강단에서의 스피치 지침을 소개하니, 강단에서도 자신감을 갖고 청중들과 한바탕 이야기하는 멋진 경험을 꼭 해 보기 바란다.

강단에서의 스피치를 위한 지침

1. 청중 공포증에서 해방되라.
2. 소개받은 후에는 침착하고 진지한 자세로 연단 앞에 가서 서라.
3. 두 발을 바닥에 딛고서 꼿꼿하게 서 있으라.
4. 청중의 보디랭귀지를 너무 자세히 읽으려고 하지 말라.
5. 듣는 사람을 과대평가하지 말라.

03
청중과 호흡을 같이해야 한다

이제 본격적으로 강단 스피치에 대해 이야기해 보려 한다. 앞에서도 이야기했지만, 말 잘하는 비법의 최고는 강단 스피치를 해 보는 것이다.

스피치한다는 것에는 언제나 3요소가 있다. 그것은 연사, 스피치 내용, 청중이다. 따라서 자기만 이야기에 흥분할 것이 아니라, 청중도 그 이야기가 중요하다고 생각하여 열심히 듣도록 유도해야만 한다. 이야기는 청중 중심이지 자기 중심이 아니다. 따라서 스피치의 성패는 청중이 정하는 것이지, 결코 자기가 정하는 것이 아니라는 것을 명심해야 한다. 청중이 자기와 같이 느끼게끔 스피치해야 하며, 자기와 같이 생각하고 자기 의견에 동의하게끔 스피치해야 하고, 자기와 같이 행동할 수 있도록 스피치해야 한다. 그러기 위해서는 자기의 생각을 듣는 이에게 전달하려는 강렬한 열의가 불타올라야만 비로소 청중을 움직일 수 있는 것이다.

청중과의 공감대를 형성하는 비법

연사가 청중과 공감대를 형성할 수 있다면, 그날 스피치는 성공적이었다고 해도 무방할 것이다. 그렇다면 어떻게 청중과 공감대를 만들 수 있을 것인가? 이를 위해서는 앞에서 이야기했던 스피치의 3요소, 즉 연사, 스피치 내용. 청중을 철저히 이해하려는 노력이 필요하다. 우선 청중이 누구인가를 알아야 할 것이며, 청중의 현재 상태를 파악해야 한다. 이제 스피치 내용을 가지고 청중을 위한 스피치를 시작해야 하는데, 이때 대중을 상대로 하는, 청중을 움직이는 스피치 기법이 중요하다. 한편, 스피치 과정은 한 편의 영화와도 같은 것으로, 언제든지 청중이 지루해질 기회를 주지 않으려 노력해야 한다. 이를 위해 지속적으로 청중의 관심을 끄는 법을 아는 것도 매우 중요하다 하지 않을 수 없다.

청중 분석

'청중은 누구인가? 청중은 왜 모여 있는가? 청중은 당신에게서 무엇을 알고자 하는가?'와 같은 세 가지 질문에 답하기 전에 스피치를 시작해서는 안 된다. 스피치의 실패의 원인은 대부분 청중이 누구인지 모르고 얘기를 시작하는 데 있다. 이 때문에 청중이 알고 싶어하는 바를 시원하게 풀어 주지 못할 수도 있고, 전문가인 당신의 견해가 지나치게 고상하여 이해하기 어려울지도 모른다. 일반인들에게 당신이 잘 아는 전문적인 내용을 말하는 것은 단지 자기만족으로 끝나 버리기 십상이다. 청중이 앉아서 졸거나 말한 내용을 이해 못하는 것은 당연히 프리젠터의 책임이다. 이러한 실패의 원인은 청중이 누구인지 제대로 생각해 보지도 않고 말을 시작하는 데 있다. 청중에 대한 분석은 성공적인 스피치의 필수 조건이다. 프로포즈하기 전에 상대를 알자. 적을 알면 백 번을 싸워도 싸움에 지지 않는다. 그렇다면 어떤 방법으로 청중을 분석할 것인가?

청중의 수, 청중에 대한 인구 통계학적 분석, 청중의 지식 정도, 청중의 자세와 태도, 핵심 인물 등을 고려해야 한다.

청중의 현재 상태를 파악하고 이미지를 포착한다

청중의 흥미, 지식, 태도, 포지션, 정치적 성향에 대한 분석으로 청중의 이미지를 그릴 수가 있다.

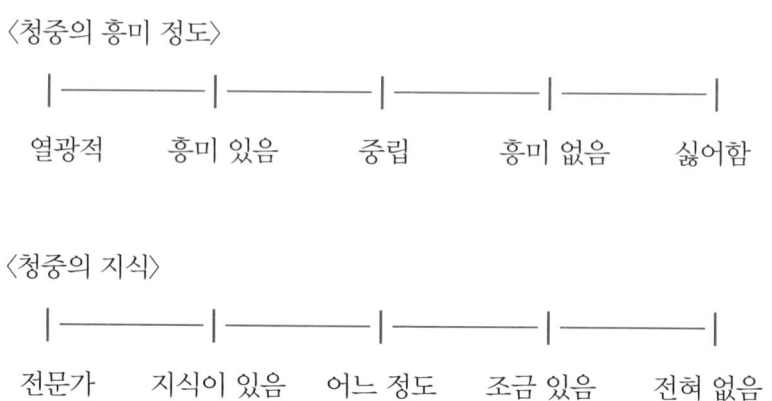

〈청중의 흥미 정도〉

| 열광적 | 흥미 있음 | 중립 | 흥미 없음 | 싫어함 |

〈청중의 지식〉

| 전문가 | 지식이 있음 | 어느 정도 | 조금 있음 | 전혀 없음 |

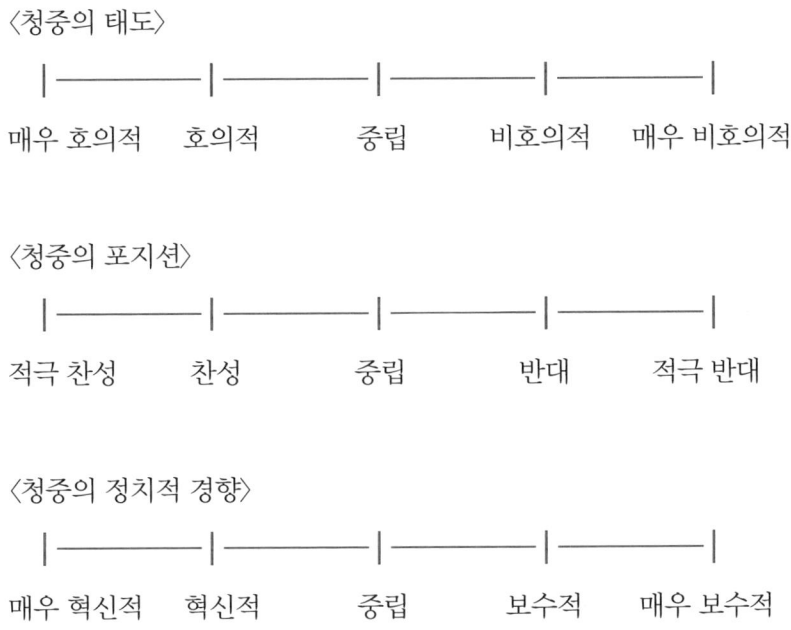

〈청중의 태도〉

| —————— | —————— | —————— | —————— |

매우 호의적　　호의적　　　중립　　　비호의적　　매우 비호의적

〈청중의 포지션〉

| —————— | —————— | —————— | —————— |

적극 찬성　　　찬성　　　　중립　　　　반대　　　적극 반대

〈청중의 정치적 경향〉

| —————— | —————— | —————— | —————— |

매우 혁신적　　혁신적　　　중립　　　보수적　　　매우 보수적

청중을 움직이기 위한 대중 스피치하는 방법

얄팍한 지식밖에 없으면서도 복지 국가 건설이라든지, 사회 정의 구현이라는 거창한 주제라든지, 대학에서 배운 일반론이라든지, 신문에서 읽은 희미한 지식을 더듬어서 대수롭지도 않은 이야기를 한다면 청중의 호응을 얻기 어렵다. 청중은 어마어마한 테마나 현실과 동떨어진 화제를 듣고 싶어하지 않는다.

선택한 주제에 집중 – 자신이 선택한 주제에 집중하려는 자세가 필요하다. 한 사람이 어떤 테마를 가지고 이야기한다고 해서, 반드시 스스로

그 테마에 확신을 갖고 있다고는 말할 수 없다. 마지못해 어쩔 수 없이 어떤 주제를 가지고 말한다고 하면 그 스피치는 분명 실패하고 만다. 상대가 당신의 말을 상쾌하게 받아들일 수 있도록 멋진 스피치를 하려면, 당신이 꼭 말하고 싶은 주제를 선택하여 '이야기 속에 자신을 투입하는 것'이 최선의 방법이다. 그러므로 테마 선택은 마음속 깊은 곳에서 끌어낸 것이어야 하고, 일단 선택한 테마에 대해서는 온 마음을 담아야 한다. '내가 이런 주제로 말할 자격이 있나?', '테마를 바꾸어 볼까?', 이렇게 생각하는 것은 절대 금물이다. 이 테마는 말할 가치가 있고, 또 반드시 내가 말해야 된다고 그 테마 속에 몰입해야 한다.

독특한 자기 스타일의 스피치 – 어떤 스피커들은 어떤 사람이 말을 잘한다고 생각하여 그 사람의 흉내를 내기 쉬운데, 그것은 나쁜 방법이다. 아무리 말해도 그 사람만큼 할 수 없을 뿐더러, 자기의 최대치만큼도 할 수 없게 된다. 자기의 음성을 사랑하고, 자기가 가장 쉽다고 생각되는 방법으로 말해 보라. 그러면 다른 누구와도 다른 **독특한 자기 스타일의 스피치**가 될 것이다.

진심을 담아 최선을 다하면 된다. – 한편, 초보 스피커들이 실수하기 쉬운 게 듣는 상대가 나보다 말을 잘하고 더 수준이 높지 않을까 하는 걱정을 하는 것이다. 하지만 실제로 상대를 잘 살펴보면 그렇게 큰 차이가 나는 것도 아니며, 마주앉아 이야기해 보면 1시간 이상도 같이 이야기할 수 있는, 그런 별 차이가 나지 않는 사람들이다. 이 세상에 완전무결한 스피치를 구사하는 사람은 한 사람도 없다고 해도 과언이 아니다. 지나친 욕심 때문에 자신감을 잃는 경우가 많은데, 중요한 것은 진심을 담아 최선을 다하면 되는 것이다.

즉흥조로 스피치하라. – 미리 써 온 원고를 읽어서는 청중 장악이 어렵다. 또 누가 써 준 원고를 대신 읽는 것 같은 느낌을 주어서도 청중을 감동시키기는 어렵다. 그러나 청중의 감동이 필요 없이 중요한 발표나 공적 사항을 전달하는 식의 담화문이나 수사 발표 같은 경우는 공정하고 정확하게 읽기만 하면 되겠지만, 대중 스피치에 있어서는 낭독이 생동감을 줄 수 없을 뿐만 아니라 대중 스피치 따로 대중 따로 겉돌게 되기 쉽다. 그러나 즉흥조 대중 스피치도 연사가 충분히 준비한 상태에서, 다만 원고 없이 즉흥적인 말투로 이야기해야 한다. 준비에 의해 내용도 충실해야겠지만, 중요 테마는 메모도 되어 있어야 자연스럽고 유창한 말로 청중을 감동시켜 나갈 수 있다. 청중과 함께 호흡할 때, 청중으로부터 경의와 찬사를 받을 수 있다는 것을 명심해야 한다.

변명하는 투로 말하지 말라. – 사과의 말로 시작한 연사는 90%가 박수갈채를 받지 못한다. '저는 원래 말재주가 없어서'라든지 '갑자기 나오느라고 준비가 소홀해서 좋은 말씀은 드릴 수 없지만…'이란 말로 사과의 말부터 꺼내면, 청중은 당연히 '들어보나 마나겠군'. 하거나 '그럼 뭐 하러 나왔어?' 하면서 들을 자세를 포기하고 만다. 그러므로 설령 준비가 소홀했다 하더라도 당당하게 열의를 다하여 스피치를 시작해야 한다.

감정을 재생하라. – 말하는 사람은 자기의 정직한 감정을 억압할 필요는 없다. 그때그때의 감정을 재생하여 열심히 말하면 청중은 따라오게 마련이다.

청중의 관심을 끄는 법

테마를 한정한다. – 같은 주제를 가지고 마치 연감 읽듯이 너무 오래 이야기하는 것을 좋아하는 사람은 아무도 없다. 5분 이내의 짧은 스피치에서는 요점이 하나 또는 고작 둘이면 족하다. 30분 정도의 긴 스피치에도 테마를 4~5개 이상 집어넣어서는 안 된다.

많은 자료를 수집한다. – 사실을 파헤쳐 가며 이야기하는 것보다는 표면을 어루만지며 이야기하는 것이 훨씬 수월하다. 그러나 그렇게 이야기하면 청중에게 아무런 감동도 줄 수 없다. 그래서 테마는 짧게, 이야기를 깊이 있게 하려면 많은 자료와 정보 수집이 필요하다. 보통의 스피치에서 한 가지 테마를 위해 백 가지의 생각을 모아 아흔아홉 가지를 버려야 한다. 스피치를 잘하기 위해서는 항상 비상시에 대처할 수 있는 만반의 준비를 갖추어야 한다.

실례를 많이 사용한다. – 어떤 테마를 아름다운 어휘를 구사하여 질서 정연하게 끌고 가다 보면 구체성을 잃게 되고, 가느다란 논리의 실로 이어진 추상 개념에 지나지 않게 되기 쉽다. 그 테마에 연관된 일화를 실례로 사용할 줄 알아야 한다. 청중은 일상생활의 이야깃거리에 많은 관심을 갖고 있기 때문에, 요점을 되도록 구체적인 실례로 설명하여 사람들의 관심을 잡을 수 있다.

04
물 흐르듯 자연스럽게
말하는 기법

　그렇다면 대중 앞에서 어떻게 하면 물 흐르듯 자연스럽게 말하는 기술을 익힐 수 있을까? 이것은 누구나 꿈꾸는 꿈의 테크닉이라 할 수 있을 것이다. 다음에 대중 앞에서 물 흐르듯 자연스럽게 말하는 비법을 소개하니 눈 부릅뜨고 살펴보기 바란다. 물론 이 비법만 안다고 대중 앞에서 물 흐르듯 자연스럽게 말하는 기술이 저절로 생기지 않는다는 사실은 당신이 더 잘 알고 있을 것이다. 모든 기술은 아는 것에서 그치지 않고, 그것을 실제 연습을 통하여 꾸준히 해 볼 때 비로소 내 것으로 승화하여 탄생하기 시작하는 것이다.

대중 앞에서 물 흐르듯 자연스럽게 말하기

사실에 나만의 느낌을 담으라.

요즈음 세상을 울리고 웃기는 강연의 명수들이 있다. 그들이 대중에게 쉽게 접근하고 인기를 한 몸에 받는 이유는 주변에서 쉽게 접할 수 있는 경험담이나 예화로 쉽게 메시지를 전달한다는 점과, 느낌을 숨기지 않고 담백하게 표현한다는 점일 것이다. 이런 점을 보아도 스피치는 거창한 수사학을 동원하지 않더라도 가식 없이 자기의 생각과 느낌을 진솔하게 표현한다면, 얼마든지 상대나 청중에게서 호감과 감동을 얻을 수 있다.

따라서 생활하는 가운데 보고 듣고 느낀 것들을 꾸밈없이 솔직하게 얘기할 줄 알아야 한다. '보고'와 '듣고'는 사실이요, 느낌은 사실이 아닌 생각이다. 그러니까 스피치는 크게 볼 때에 '사실+느낌'으로 이루어진다. 사실은 눈에 보이는 것 그대로고, 느낌이란 어떤 사실을 보고 생각되는 것, 즉 마음으로 보는 것이다. 스피치에 있어 느낌은 아주 중요하다. 말의 느낌은 말하는 사람의 향기다. 왜 그럴까? 장미꽃도 아카시아꽃도 라일락도 꽃 냄새가 다 같다고 생각해 보라. 아주 싱거울 것이다. 장미꽃은 장미꽃대로, 아카시아꽃은 아카시아꽃대로 향기가 있다. 이처럼 꽃 냄새가 다 다르듯 청중도 여러분의 냄새가 다 다르기를 바란다.

당신이 지금 다른 사람과 똑같은 모양의 옷을 입었다고 생각해 보라. 기분이 별로일 것이다. 그런데 냄새가 같다면 더 좋지 않을 것이다. 나만의 냄새, 나만의 세계, 나만의 개성을 갖는 것이 좋은 스피치, 호감을 주는 매너, 명사가 될 수 있는 필수 조건이 아닐까?

그림 가운데에 추상화라는 게 있다. 추상화가 바로 이런 과정으로 그려지는 것이 아닐까? 물론 시도 그럴 것이다. 원래 시는 빨간 것을 빨갛다고 나타내지 않고, 시를 보는 사람이 "아! 이게 빨간 것을 노래한 것이로구나!" 하고 느낄 수 있도록 써야 좋은 시다. 시뿐이 아니라 말이나 스피치도 마찬가지로 이런 느낌이 필요하다는 것이다. 빨간색을 보면 떠오르는 것들을 생각해 보라. 예쁜 아가씨의 빨간 입술이 떠오르고, 또 빨간 장미꽃이 떠오르고, 그리고 원숭이 엉덩이가 떠오르고….

어느 무엇을 생각하든 나에서부터 물결이 퍼지듯 생각을 펼쳐 나가면 아주 쉽게 찾아낼 수가 있다. 눈에 빨갛게 보이는 그것만이 아니라, 빨갛다고 느껴지는 것은 모두 생각해 낼 수 있다. 예를 들어, 슈베르트를 빨갛다고 한다면 왜 그럴까? 슈베르트 곡에는 들장미가 있기 때문이다. 그렇다면 사랑과 정열도 빨갛다고 표현할 수 있다. 느낌을 잘 표현할 줄 아는 사람이 말을 잘하는 사람이며, 명연설가다.

생각의 줄거리를 잡아서 말하라.

생각한 것들을 낱말로 적고, 거기에서 줄거리를 잡아 또다시 낱말로 추린 것을 생각 잡기라고 말할 수 있다. 스피치를 하려고 할 때, 말하기 전에는 그리도 할 말이 많은 것 같은데 막상 사람 앞에 서면 하나도 생각이 나질 않는 경우가 많다. 말하려고 하는 생각을 따라잡으려면 생각을 낱말로 적는 수밖에 없는 것이다. 낱말로 적으면 말하려는 것을 잊어버리지 않느냐고 반문할지 모르지만, 그 낱말 속에는 여러분의 생각이 다 들어갈 수 있다.

여러분이 바다에 관한 주제로 스피치를 한다고 가정해 보자. '바다' 하면 너무도 막연해 무슨 말부터 해야 할지 모른다. 그럼 먼저 나와 바다를 연관지어 생각해 보자. 내가 가 보았던 바다, 바다와 해수욕, 배를 타고 섬 여행 떠났던 일, 생선회…. 아마 이것말고도 바다 하면 생각이 나는 게 많을 것이다. 바다·조개·파도·갈매기·파라솔·수영복·돛단배·파도타기·생선회·모래 등 냇가의 징검다리처럼 그 간격이 좁아야 건너기가 좋지만, 스피치를 위한 생각 잡기의 징검다리는 그 폭이 넓어야 좋다. 좋은 스피치를 위해서 생각 잡기를 할 때에는 생각되는 낱말들을 붙여 놓지 말고 좀 멀게 잡는 게 좋다. 한 낱말만 보아도, 고구마 줄기 하나를 걷어 올리면 주렁주렁 달려오듯이 딸려 나오는 법이니까 말이다. 말하고자 하는 내용이나 줄거리를 이렇게 연상적으로 구성하면 메모하거나 암기하여 말할 수 있다.

또 암기법 중에는 이야기를 영상화(映像化)하여 기억하는 방법이 있는데, 이는 영상 기억법이다. 여러분이 어렸을 때 감동적으로 본 영화를 잊지 않고 잘 기억하고 있는 이유는, 그 줄거리를 영상화하여 기억하고 있기 때문이다. 예를 들면, 아스팔트 길→횡단보도→보도블록→화단→계단→유리→바닥→흙→얼굴→문→카펫→책→선생님→이야기→흥미.

위에 열다섯 단어를 암기해서 순서대로 말해 보라. 쉽지 않을 것이다. 하지만 위에 단어들을 스토리화하거나 영상화하면 쉽게 기억할 수 있다. 따라서 조리 있고 논리적인 화술로 사람을 이해·설득·감화시키기 위해서는 영상 기법을 사용하면 매우 좋은 효과를 얻을 수 있을 것이다.

자기 경험에서 소재를 구하라.

당신의 삶에서 중요했던 순간이나 재미있었던 사건들을 모아 보라. 그 이야기에서 당신이 말하고자 하는 점이 뚜렷이 밝혀져야 하고, 또 그 내용도 사람들이 흔히 겪어 보지 못하는 것이어야 한다. "그래서 어쨌다는 거야?" 하는 반응이 나올 만한 소재는 당장 버리거나 고쳐야 한다.

우리는 날마다 갖가지 일들을 경험하게 된다. 그 상황이 어떠했는지, 어떻게 대응했는지, 그리고 그 결과는 어떠했는지 자세히 메모해 두었다가 적절히 이용하면 큰 도움을 얻을 수 있다. 체험이나 독서 그리고 얻어들은 각각의 이야기들을 한 장의 종이에 자세히 묘사하여, 다양한 파일을 만들어 두면 큰 도움이 될 것이다.

잘해야겠다는 부담감을 줄이라.

스피커는 준비한 그대로 정확하게 발표해야 한다는 그릇된 믿음을 버려야 한다. 스피치는 준비를 필요로 하지만, 준비한 것을 토대로 하여 현장에서 실행하는 것이다. 핵심 명제나 주요 아이디어, 그리고 세부 내용 등 스피치 내용을 구성하는 본질적인 아이디어들만 빠지거나 바뀌지 않으면 된다. 이들에 대한 세세한 표현들은 얼마든지 바뀔 수 있으며, 바뀌어도 좋고 빠져도 좋다. 준비된 대로 전달되어야 할 핵심 명제나 주요 아이디어가 잘 생각나지 않으면, 이때 준비한 원고를 참고로 하면 된다.

한편, 외우지 못할 만큼 긴 내용은 원고를 보고 읽어도 좋다. 보고 읽는 것은 실력이 들통 나는 일이란 고정 관념이 심적 부담을 갖게 한다. 하지만 외우지 못할 만큼 긴 내용을 읽는 것은 실력이 들통 나는 일이 아니니, 준비된 원고를 보고 읽어도 좋다.

생동감 있게 표현하라.

스피커는 또한 청산유수처럼 막힘 없이 말하려 해서도 안 된다. 반사적으로 읊어대는 청산유수식 스피치는 결코 좋은 스피치가 아니다. 스피커 자신에게나 청중에게 충분히 생각할 시간을 주면서 천천히 진행하는 스피치가 좋은 스피치다. 표현이 잘 생각나지 않으면 더듬거릴 수도 있으며, 앞에 나간 표현이 적절치 못하다고 느끼면 다시 표현해도 좋다. 스피치는 화려함을 생명으로 하는 쇼가 아니고 실속을 중요시하는, 커뮤니케이션의 한 형태다. 따라서 청중을 너무 지루하게 하거나 답답하게 만들지 않는 한, 간간이 말이 막히는 것은 별문제가 되지 않는다.

목소리는 당신을 늙어도 젊게, 피로할 때라도 생동감 있게 보이는 이미지를 투사할 수 있게 한다. 남을 매혹시키고 확신을 주고 설득하고 남에게 명령하고, 무엇보다도 따뜻하게 들리는 목소리를 가지려면 항상 목소리를 낮게 내는 연습이 필요하다.

인간적인 이야기가 되게 하라.

대개의 사람들이 공유하는 인간적 감정이나 보편적인 조건을 염두에 두고 이야기를 해 나가야 한다. 우리가 이야기를 하는 것은 스스로 듣자고 하는 것이 아니라, 우리의 의사를 전달하고 유대를 이루기 위해서임을 늘

유념하라. 생활 주변의 다양한 일화를 끌어들이고, 또 어떤 이야기를 하건 빨리 그 요점에 도달하도록 하는 것이 중요하다. 이야기가 지루하게 되어서는 아무 소용이 없다.

명스피커가 되기 위한 방법

스피치는 사람을 대상으로 하고, 한정된 시간 내에 전하고자 하는 말을 끝내야 한다는 시간 제약과 함께, 목적을 달성해야 한다는 점 때문에 심리적 부담이나 정신적인 구속이 가해진다. 한편으로 마지못해 하면서도 '이왕 하는 것, 잘해야 한다'는 이율배반적인 생각이 마음속에 도사리고 있어 갈등과 부담이 고조된다. 이러한 현상은 집단 토론 면접에서도 마찬가지다. 그러나 그 가운데서도 얼마나 알찬 내용을 어떻게 효과적으로 전달하느냐 등에서 실패와 성공이 좌우된다. 그러므로 명스피커가 되기 위해서는 다음과 같은 요건을 갖추어야 한다.

첫째, 심리적 안정감이 있어야 한다. - 혼자서 혹은 친구들 앞에서는 노래를 아주 잘하던 사람이 전국 노래자랑같이 많은 사람들이 모인 자리에서는 떨리고 긴장되어, 평소의 실력을 발휘하기는커녕 목소리가 떨리고 음정·박자까지 놓치는 경우가 많다. 이런 경우는 발표 불안, 즉 심리적 안정감이 결여되어 있기 때문이다. 따라서 심리적 안정감을 갖는 것이 매우 중요하다.

둘째, 효과적인 전달 능력이 있어야 한다. - 아무리 좋은 노래도 음치가 부르면 노래 맛이 달라지고, 아무도 그 음치의 노래를 들으려고 하지 않는다. 이처럼 아무리 좋은 내용의 원고도 빈약한 목소리와 변화 없는 단조로운 음으로 표현한다면 효과적으로 의미를 전달할 수도 없고, 상대는 금방 지루하게 느낀다. 효과적인 전달 능력을 위해서는 음성의 고저와 강약, 완급, 감정 이입, 표정과 시선, 발표 매너 등을 익혀야 한다.

　　셋째, 논리적이고 알찬 내용으로 구성한다. - 아무리 훌륭한 요리사라도 재료가 부실하면 좋은 요리를 기대할 수 없다. 또한 아무리 성능이 좋은 총도 실탄이 없거나 충분치 않다면 제대로 활용할 수 없다. 따라서 논리적이고 알차게 내용을 구성하는 것도 무엇보다 중요한 스피커의 요건이다.

05
각종 모임에서 스피치 요령

　　사회생활을 하노라면 각종 모임이나 단체의 대중 앞에서 인사말을 하는 것이 일상화되어 있다. 예를 들면, 향우회나 동창회를 비롯해서 산악회나 친목회, 그리고 학교의 운영 위원회나 학부모 모임 등에서 리더로서 혹은 구성원으로서 말이다. 뿐만 아니라 각종 단체 대표나 회사 대표는 말할 것도 없고, 회갑 잔치나 칠순 잔치 등에서도 가족 대표가 인사말을 하는 것이 관례로 되어 있다. 인사말을 하는 목적도 화합이나 결속에 있는가 하면 환영과 송별, 또는 축하와 애도의 목적으로 하는 경우 등 다양하게 행해진다. 따라서 우리는 상황에 따라 목적에 걸맞고 효과적인 인사말을 할 수 있어야 한다. 그러나 많은 이들은 모임이나 행사의 목적에 맞게 되는 것이건만, 그 말 한마디가 결코 쉽지 않음을 경험하고 있다. 그 이유가 지나치게 청중을 의식하여 긴장하거나, 형식과 격식을 갖춰 말하려다 보니 연사가 말하고자 하는 바를 자연스럽게 전달하지 못하게 되기 때문이다.

인사말이란 지나치게 격식을 따지지 말고, 상황에 맞게 사실적으로 말하면 되는 것이다. 또 경험이 없는 사람은 모델 원고를 보고 '자기화'하여 스피치를 하는 것도 좋은 방법이다. 그렇다면 좀 더 구체적으로 말하는 요령을 살펴보고자 한다.

모임에서의 스피치의 요령

모임의 취지를 잘 이해한다. – 어떤 모임이든 그 나름대로의 취지가 있다. 따라서 스피치 부탁을 받은 스피커는 무엇보다 먼저 그 모임의 취지를 잘 이해하야 한다. 취지를 이해하지 못하면 초점을 맞추지 못하게 되고, 초점을 잃은 스피커의 스피치는 아무리 그럴듯하더라도 그 모임의 흥을 깨는 역할밖에 못한다.

주제를 살리는 화제를 선택한다. – 스피치의 승패를 좌우하는 것은 유효 적절한 화제를 어떻게 전개하여 주제를 살려 내는가의 문제라고 할 수 있다. '대개의 화제란 주제에 대한 자기의 생각이나 경험담, 인상 깊었던 장면이나 에피소드 등을 들 수 있는데, 쉽사리 적당한 재료를 얻지 못했을 때에는 주제에 합당한 화제는 어떤 것이 있을까?'를 일단 노트에 적어 본 뒤 검토하는 편이 손쉽다.

목적에 따라 내용 구성을 달리한다. – 서론→본론→결론으로 화제를 전개하며, 그 처음과 끝에 인사말을 두는 방법이다.

스피치에도 양념을 곁들여야 한다. – 음식도 양념이 알맞게 가미되어야 제 맛을 내듯이, 스피치 또한 산뜻하고 흥미 있는 화제의 양념이 가해져야 효과를 높일 수 있다. 스피치에 있어서 불필요한 부분은 과감히 생략해야 하겠으나, 중심이 되는 화제에 맛을 첨가하는 일은 필수 불가결한 요소다.

삭제해도 좋을 부분을 잘라 낸다. – 유능한 꽃꽂이 강사는 '필요 없는 부분을 잘라 내는 것이 꽃꽂이의 비결'이라고 가르치고 있다. 스피치를 부탁받은 연사는 화젯거리를 수집하여 대강의 줄거리를 세우고 초안을 작성하게 된다. 이 단계가 끝나면 그 초안을 들고 실제의 말로 연습을 하게 되는데, 원고에 쓸데없는 말이 들어가지는 않았는가, 언어 표현이 적절하게 되었는가, 그리고 주어진 시간에 알맞은 분량인가를 검토하여 필요 없는 부분을 잘라 내야 한다.

06
논리적으로 말하는 기법

　사실 말을 잘한다는 것은 그 사람의 말이 매우 논리적이라는 말과 같다고도 할 수 있을 만큼, 논리적으로 말하는 것은 말하기의 매우 중요한 기법 중 하나다. 많은 사람들은 말은 그냥 하는 것이고, 글을 쓸 때에나 논리가 필요하다고 생각한다. 하지만 절대 그렇지 않다. 글을 쓸 때처럼 스피치에서도 반드시 논지가 필요하다.

논지를 제대로 세워야 한다

　논지를 증명해 가는 것이 바로 논리적인 스피치 기법이다. 예를 들어서 '석탄은 날이 갈수록 덜 사용된다'라는 논지를 세웠다고 하자. 이를 어떻게 논리적인 스피치로 말할 것인가. 일단 이 논지를 논리적으로 파고들어 보도록 하자. 먼저 가정에서 기름을 때는 집이 많아진 것을 생각할 수 있고, 기관차도 더 이상 석탄을 쓰지 않고 공장에서도 석탄 때는 곳이 없어져 간다는 사실을 떠올릴 수 있다. 이를 통해 '고로 석탄은 날이 갈수록 덜 사용되는 것이 분명하다'라는 결론을 끄집어낼 수 있다. 이것이 바로 스피치를 논리적으로 진행하는 방법이다. 이런 식으로 논지를 쓰고 요지를 써 나간다면, 절대로 스피치가 옆으로 흐른다든지 통일성을 잃는 일은 없을 것이다.

논지의 요소들을 먼저 살펴보자. 논지는 그냥 쓰기만 하면 되는 것이 아니다. 간단하기는 하지만, 논리 훈련이 안 된 사람은 쉽게 만들어지지 않는다. 논지가 좋으면 내용도 좋아진다. 예를 들어서 '남자는 여자보다 완력이 세다'는 논지가 있다고 치자. 이런 것은 증명할 필요가 없다. 그런 이야기를 시간을 허비해서 들을 사람도 없다. 그러므로 좋은 논지가 아니다. 그러나 '남자가 여자보다 힘이 세다는 말은 사실이 아니다'라고 한다면 앞의 논지보다 훨씬 재미있는 것이 된다. 그러므로 들으려는 사람이 생긴다.

오늘날 너무도 뻔한 스피치를 하는 사람들이 얼마나 많은가! 전체를 대표하는 한 문장이 너무도 뻔하기 때문에 일어나는 문제다. 그러니 한 문장을 쓴 뒤에 물어 보자. 뻔하지 않은가? 남들이 말하는 내용보다 한 걸음만 더 들어간다면 관심을 불러일으킬 수 있다. 다음에 논지를 어떻게 세워야 하는지 조금 구체적으로 알아보자.

논지는 범위가 분명하고 명확해야 한다. - 너무 많은 것을 포함하고 있으면 무엇을 주장하는지 모르게 된다. 그리고 논지가 애매하면 더욱 더 무엇을 말하는지 알 수 없다. 스피치의 논지는 스피커의 마음을 꿰뚫는 선명한 것이어야 한다. 스피커는 "내가 무엇을 말하려고 하는가?"에 확실한 대답을 줄 수 있어야 한다.

논지는 그 스스로 퍼져 나갈 수 있는 힘을 가지고 있어야 한다. - 확장되거나 발전하거나 밝혀 나갈 내용적인 요소가 있어야 한다. 스스로 질문해 보라. 이게 무슨 소리인가? 이것이 꼭 말해야 할 내용인가? 그리고 진실인가? 이러한 질문에 긍정적인 대답이 나온다면 이 논지는 스스로 힘을 가지고 있을 것이다.

스피치를 듣고 나서 어떤 변화가 있는가? - '이 논지가 나의 삶과 무슨 상관이 있는가?'에 답할 수 있어야 한다. 한마디로 논지를 쓴 다음에 질문을 던져 보라. "그래서 어쨌단 말인가?" 이 논지가 어떤 변화를 주고 어떤 힘을 준다면 한마디로 훌륭한 논지임에 틀림이 없다.

논거가 갖추어야 할 요건
- 주제를 뒷받침하는 것이어야 한다. 이것은 말의 통일성과 관계되는 것으로, 주제에 어긋나거나 아무 상관없는 사오정 논거가 끼어들지 않도록 해야 한다.

- 풍부하고 다양할수록 좋다. 그러나 너무 풍부하고 다양해서 말의 흐름이 산만하게 되면 글의 통일성을 해치게 되니까 주의해야 한다.
- 정확해야 한다. 그러기 위해서는 출처가 명백한 것, 사실과 의견이 분명하게 구별된 것, 합리적으로 해석된 논거를 사용해야 된다.
- 흥미를 끌 수 있는 것이어야 한다. 독자들은 대체로 해학과 풍자, 기지(機智), 독창성, 희소성, 사실성, 친근감, 긴장감 등이 드러날 때에 흥미를 갖게 마련이다.

논거의 종류 – 사실 논거와 소견 논거

사실(事實) 논거는 모든 사람들이 상식으로 알고 있는 일반화된 지식이나 정보, 역사적 사실, 체험 등을 말한다. 이 논거는 그것이 사실이냐, 믿을 수 있느냐 하는 것이 문제가 된다. 사실이 아닌 논거, 믿을 수 없는 논거를 아이템으로 삼는다면 그 스피치는 실패하고 말 수밖에 없다. 즉, 이 논거는 진실성이 중요하다.

소견(所見) 논거는 전문가나 그 분야의 권위자의 의견으로 이루어진 뒷받침 자료를 말하는데, 이것은 신뢰성이 중요하다. 전문가나 권위자라 할지라도 그 방면의 전문가, 권위자의 의견이라야 된다. 금리 인상에 관한 말을 할 때 박세리의 의견을 논거로 삼으면 사람들이 코웃음치고 말 것이다. 또 우리 옆집 수다쟁이 아줌마의 의견을 논거로 삼으면 신뢰성이 떨어질 건 뻔한 이치다.

비판적인 논조로 말하기

여러 주장이 제시된 상태에서 어느 한쪽의 입장을 택하여, 그것을 옹호하면서 동시에 다른 의견을 비판하는 방식의 스피치를 말한다.

논리적 스피치를 위한 아웃라인 작성법

생각나는 대로 이야기해서는 논리적이고 줄거리가 선 말을 할 수 없게 된다. 사전에 자료 수집과 본인의 생각을 골격적인 말(key message)로 원고를 정리해 두어야 한다. 이것을 아웃라인이라고 한다. 이러한 아웃라인을 작성할 때 생기는 장점은 다음과 같다.

- 뼈대가 선다.
- 잊어버리지 않고 말할 수 있어 안심하고 말할 수 있다.
- 이야기의 중점을 파악하기 쉽다.
- 컨셉을 정리하기 쉽다.
- 즉흥적인 대사를 삽입할 수 있다.
- 시간 조정이 용이하다.

그렇다면 이제 아웃라인을 어떻게 구성할 것인가를 고민해 봐야 한다. 아웃라인은 다음과 같이 도입부, 본론부, 결론부, 이렇게 3부로 구성할 수 있다.

도입부

- 주의를 환기하고 동기를 부여한다.

- 테마를 정확히 제시한다.

- 주의 집중을 시키라.

- 청중으로 하여금 생각하게 만든다(질문, 시간적 여유, 발표).

- 변명으로 시작하지 않는다.

- 청중의 상식을 뒤집어엎으라.

- 돌발 사건, 일상적 사건, 사례를 이야기한다.

- 자기의 실패담이 효과적이다.

주의 집중을 위한 충격 요법

- 인용한다.

- 수사학적인 질문을 던진다.

- 유머로 시작한다.

- 놀라게 한다.

- 사건을 말한다.

- 개인 체험담을 얘기한다.

본론부

- 이때 논리적으로 이야기하는 것이 가장 중요하다.

- 결론에 대한 이유를 제시해야 한다.

결론부

- 요약하여 재차 결론을 말한다.

- 질문과 의견을 받는 것으로 마무리한다.

07
논리적으로 말하는 요령과 표현력 높이는 기법

　말을 하기 위해서는 사실적인 얘기와 말하는 이의 느낌을 조리 있게 표현할 수 있어야 한다. 하지만 어떤 주제에 대하여 즉흥적으로 얘기하기란 쉬운 일이 아니다. 평소 생각하고 있던 내용도 당장 발표하려고 생각하면 말이 제대로 나오지 않는데, 갑자기 새로운 내용을 말하려고 하면 힘이 드는 것은 누구나가 마찬가지다. 하지만 자신이 느낀 생각을 자주 발표하는 버릇을 들이다 보면 자연스럽게 말할 수 있으므로, 평소에도 체계적으로 말하는 습관을 기회 있을 때마다 가져 보면 발표력 향상에 많은 도움이 될 것이다.

　한편, 말이 많은 것과 능숙하게 말하는 것과는 엄연히 다르다는 사실을 잘 알아야 한다. 말이 많아도 정곡을 찌르지 못하면 잘하는 말이 아니다. 다만 수다스러울 따름이다. 더듬거리며 말을 해도 목적을 달성할 수 있다면 그것이 능숙한 말이다. 우리는 핵심을 찌르는 스피치를 연구할 필요가 있다. 그것은 바로 요점을 파악해 논지(論旨)를 명쾌히 하는 일에서 시작된다.

그렇다면 어떻게 해야 요점을 파악하고 논지를 명쾌히 세울 수 있을까? 다음 3단계법과 4단계법이 큰 도움을 줄 수 있을 것이다.

3단계법과 4단계법

3단계 구성법 - 서론, 본론, 결론

많은 사람들 앞에서 스피치를 할 때 머릿속으로만 생각하게 되면 좋은 화젯거리가 떠오르고, 이렇게 하면 능숙하게 말할 수 있겠다 하는 자신감을 가질 수 있으나, 막상 입을 열어 말을 시작하려면 아무것도 생각나지 않아 당황하는 경우가 있다. 그나마 어떻게 횡설수설 때워 놓고 보면 처음에 생각한 대로 말이 잘 풀리지 않고, 지리멸렬하게 되어 실패하고 만다.

그것은 머릿속으로만 생각해 언뜻 정돈된 것처럼 보여도 실은 그렇지 못하기 때문에 나타나는 현상이다. 그러므로 이야기를 할 때에는 반드시 자신이 말하고 싶은 것, 뒷받침되는 화제를 종이에 적어서 정리하는 습관이 필요하다. 그러나 종이에 하고자 하는 이야기 전부를 쓸 필요는 없다. 그렇게 하면 쓴 것을 모두 암기해야만 하기 때문에 더욱 혼란스럽게만 된다. 언어는 살아 있는 것이므로 완벽하게 암기한다면 몰라도, 긴장하거나 해서 한 마디만이라도 틀려 버리면 그 뒤가 연결되지 않아 죽을 쑤고 말기 때문이다. 따라서 무리하게 암기하려는 것은 금물이다.

그렇다면 어떤 내용을 어떻게 적어야만 할까? 그것은 이야기의 내용을 요점 열거식으로 정리하는 것이다. 이것을 '개요 작성법'이라고 한다. 말하고자 하는 요점만 항목별로 써 두는 것이다. 그런 뒤 머릿속에 스토리를 넣어 두고 말을 연결시키면 된다. 이때 '서론(문제의 제시) ― 본론의 전개 ― 결말' 이라는 3단계 방식으로 이야기를 세트화하여 정리하는 것이 3단계 구성법이다.

서론 ― 서론은 듣는 이로 하여금 호기심을 자아내게 하여, 앞으로 전개되는 논지(論旨)나 내용을 펼치기 시작하는 도입 부분이다. 스피치를 하는 대부분의 사람들이 서론적인 언급이나 일화를 쓰지 않고 바로 본론으로 들어가는 수가 많다. 그러나 그것은 상대방이나 청중을 즉각적인 주의로 이끄는 감동적인 발단부, 즉 서론은 처음을 사로잡는 역할을 한다는 사실을 모르고 있는 것이다. '시작이 반이다'라는 격언이 있듯이 유머나 지혜가 담긴 위트, 또는 부드러운 이야기를 서론에서 이끌어 내면 듣는 이는 틀림없이 말하는 이의 스피치에 매혹될 것이다.

본론 ― 본론은 스피치의 가장 중심이 되는 부분으로서 주제(主題)를 전개하는 곳이다. 서론에서 듣는 이를 성공적으로 이끌었다면, 다음은 말하는 이가 말하고자 하는 본론으로 스피치를 전개시켜야 한다. 말하는 이는 주요 문제를 항상 염두에 두면서 다른 사람의 사상을 인용하거나 일화나 실례를 사용해 가며, 벽돌을 하나하나 쌓아 집을 짓듯이 스피치를 전개해야 한다.

결론 – 결론은 앞에서부터 전개해 온 이야기를 듣는 이에게 감명, 감동 및 여운을 남기도록 총괄 요약해서 결말을 짓는 부분이다. 훌륭한 스피치란 힘을 모아 주요 주제를 안전한 곳까지 논리적으로 이끌어 나가는 것으로, 말하는 이의 처음 이야기와 같이 결론에서도 상쾌한 기분으로 청중이 스피커의 주장을 받아들이게 되는 것이다. 따라서 말하는 이는 끝맺음이 인상 깊고 박력 있는 말을 연구해야 하며, 듣는 이에게 말하는 이의 주장을 요약해 주고, 시간 조절을 결론에서 적절히 배열해야 한다.

이 3단계 구성법을 시제(時制)의 3단계로 구분하는 방법도 있다. 즉, 서론에서는 과거에 있었던 사실이나 경험을 이야기하여 도입 부분을 이루고, 본론에서는 현재의 제도나 체험하고 있는 사실을 말하여 대화를 전개시키며, 결론에서는 미래의 추측이나 결과를 이야기하여 대화를 종결시키는 방법인데, 이 구성법은 듣는 이에게 신뢰감을 주며 말하는 이[話者]에게도 자신감을 준다.

4단계 구성법 – '기, 승, 전, 결'

3단계 구성법은 너무나 기본적인 형식이며 단순하기 때문에 무미건조한 느낌을 줄 수도 있어, 약간의 변화를 주는 것도 좋을 것이다. 그래서 나타난 것이 '4단계 구성법'이다. 대화 속의 어구(語句)는 하나하나 따로 떨어진 것을 벌려 놓는 게 아니라 서로서로 영향을 주고받으면서 이어져 있다. 그 하나하나를 기승전결(起承轉結)이라고 하는데, 이것은 한시(漢詩)의 절구(絕句) 네 부분에서 비롯된 말이다. 이러한 4단계 구성법은 듣는 이에 대한 효과를 잘 고려하지 않으면 실패하기 쉽지만, 잘만 하면 커다란 효과를 거둘 수 있다.

- 기(起)는 도입 부분인 서론을
- 승(承)은 사실, 관찰, 실험을
- 전(轉)은 분석, 논증을
- 결(結)은 결론을 나타내는 것이다.

논리적 말하기를 구성하는 실제적 방법

시간적 순서법

예를 들어, 오늘 직장에서 야유회를 갔는데 아침부터 저녁까지 시간의 경과에 따라 사건이 일어난 순서대로 열거해 가는 방법이다.

입체적, 공간적 순서법

공장의 기계 설비나 건물 등의 구조 설명을 할 때라든지, '목천에 가면 독립기념관이 있는데 왼편에는…, 오른편에는…' 하면서 길이나 장소를 안내하거나 설명할 때에 쓴다.

인과적 순서법

인과적 순서법은 스피치의 핵심이나 주장, 또는 결론을 어디에 두느냐에 따라 다음 두 가지 방법이 있다.

연역적 구성(두괄식 구성) – 일반적인 원리를 전제로 내세워 그와 관련된 특수한 사실을 이끌어 내는 논리 전개 방식이다. 다시 말해 주제가 먼저 제시되고, 그에 대한 특수하고 구체적인 것들을 배열하는 방식을 말한다. 이것은 중심 내용(결론이나 주장)을 먼저 밝히고 말을 풀어 가는 법으로, 명쾌하게 이야기를 끌어 갈 수 있는 장점이 있다. 예를 들면, 다음과 같은 것들을 들 수 있을 것이다.

- 모든 사람은 죽는다. 소크라테스는 사람이다. 그러므로 소크라테스도 죽었다.
- 유리 구두의 임자는 우리 왕자님이 찾는 여자다. 신데렐라는 유리 구두의 임자다. 그러므로 신데렐라는 우리 왕자님이 찾는 여자다.
- 무단결석을 하면 벌을 받는다. 용하는 오늘 무단결석을 했다. 그러므로 용하는 내일 벌을 받을 것이다.

귀납적 구성 (미괄식 구성) – 여러 구체적인 사례들을 바탕으로 하여, 그에 공통되는 일반적인 원리를 이끌어 내는 논리 전개 방식이다. 다시 말해 특수하고 구체적인 여러 가지를 나열한 뒤, 그에 대한 일반적인 사실 제시로 배열하는 방식을 말한다. 이것은 중심 내용(결론이나 주장)을 이야기의 맨 마지막에서 매듭짓는 것이기 때문에, 상대방이나 청중들에게 지속적으로 호기심과 긴장감을 줄 수 있다는 장점이 있다. 예를 들면, 다음과 같다.

- 식물은 물이 필요하다. 동물도 물이 필요하다. 식물과 동물은 생물이다. 그러므로 모든 생물은 물이 필요하다.
- 우럭은 못생겼지만 맛만 좋다. 광어도 납작해 가지고 못생겼지만 맛만 좋다. 민어도 멍청하게 생겼지만 맛은 끝내 준다. 따라서 못생긴 고기가 맛은 좋다.
- 장승포는 항구 도시며 서귀포나 목포도 항구 도시다. 또한 주문진도 항구 도시고 강진도 항구 도시다. 따라서 지명에 '포'자와 '진'자가 들어가는 도시는 항구 도시일 가능성이 높다.

유비 추론으로 말하기

이것은 두 개 대상의 속성이 동일하다는 사실을 근거로, 그것들의 기타 속성도 동일하리라는 결론을 끌어내는 추론 방식이다. 결론을 이끌어 낸다는 면에서 귀납적 구성과 유사한 점이 있다.

- 송대관은 체력이 강하고 지구력, 순발력이 뛰어난 훌륭한 축구 선수다. 이소라도 체력이 강하고 지구력, 순발력이 뛰어나다. 그러므로 이소라도 훌륭한 축구 선수가 될 수 있을 것이다.

'정(正), 반(反), 합(合)'의 방법으로 말하기

두 개의 대립되는 개념, 즉 正(정)과 反(반)을 기본 원리로 하여 이를 서로 조화시켜서 새로운 개념인 슴(합)을 이끌어 내는 방법이다.

- 운동만 하면 지식이 얕아지고(정)

- 공부만 하면 몸이 허약해진다.(반)

- 따라서 운동과 공부를 병행해야 한다.(합)

- 공동체적 삶만을 강조하면 개인의 존재를 망각하기 쉽다.(정)

- 개인의 삶만을 강조한다면 이 사회는 끝없는 혼란에 빠질 것이다.(반)

- 따라서 개인과 공동체적 삶의 조화가 중요하다.(합)

열거식으로 말하기

말에 줄기가 서지 않거나 논리적이지 못한 사람이 가장 쉽게 말하는 방법 중에 하나다. 하나의 논제가 주어지면 그 이유나 주장, 원인 등을 '하나, 둘, 셋…'식으로 열거하여 말하는 방법이다.

명제(命題)를 들어 말하기

어떤 문제에 대한 주장이나 의견, 판단 등을 들어 주장하는 방법으로 객관적 사실이나 역사적·과학적 사실 등을 드러내는 명제를 들어 말하는 방법이다(대체로 '… [이]다'로 끝난다).

- 인간에게는 표현의 본능이 있다.

- 한국어는 배달겨레의 말이다.

- 한국 제일의 섬유 도시는 뭐니 뭐니 해도 역시 대구다.

- 대마도는 우리가 한때 다스렸던 땅이므로 우리의 영토다.

'문제 – 원인 – 해결'의 전개 방법으로 말하기

스피치의 논조에서 문제를 제기하고 그 문제의 원인과 해결 방안을 제시하는 방식으로 이야기를 전개시키는 방식을 말한다. 이것은 3단계법과 유사한 방법이라 할 수 있다.

표현력을 더 높이는 스피치 기법

사람의 마음을 움직이는 스피치 능력을 '화력(話力)'이라고 한다면, 이는 곧 '스피치하는 방법의 표현력'이라고 해석해도 좋을 것이다. 좋은 내용, 맑고 자신감 넘치는 음성, 적절한 제스처 등 기본 조건 다음에 빼놓을 수 없는 것이 충분한 연습이다. 배우나 운동 선수가 연습량의 많고 적음에 따라 그 성과가 달라지듯, 좋은 스피치를 하기 위해서는 충분한 연습이 필요하다.

말하고자 하는 내용을 충분히 이해하고 줄거리를 세워 놓은 다음에는 음성의 고저·장단을 조절하고, 기품 있는 제스처를 하는 등의 연습을 해야 한다. 때로는 가족이나 친지들 앞에서 스피치를 하여, 서투르고 어색한 점을 지적받아서 교정하는 것도 좋은 방법이다. 화력을 빠른 시일 내에 기르려면 여러 가지 체험과 연습에 의해서 자기만의 방법을 스스로 체득해야 한다.

그렇다면 어떻게 해야 화력을 더욱 더 높일 수 있을까? 그러기 위해서는 독서를 통해 교양을 높이고 스피치의 재료를 비축해야 하며, 재치 있는 화제 따위를 주의 깊게 들어서 스피치의 묘미를 터득해 나가야 한다.

또한 경연이나 연설에 귀를 기울여서 연설자를 비판하는 것도 공부하는 데 도움이 된다. 화력이 눈에 띄게 향상된 사람, 스피치를 잘할 수 있는 사람이란 이처럼 항상 연구하는 자세를 잃지 않는 사람이란 점을 잊지 말아야 한다.

'micro-cosmos'란 영화가 잔잔한 감동을 주며 상영된 적이 있다. 카메라가 구름으로부터 초원까지 급강하하는 것으로부터 시작되는 이 영화는, 떠오르는 태양 앞에서 구슬처럼 맑은 이슬을 머금은 자연의 모습을 보여 줌으로써 경탄을 자아내게 한다. '소우주'라는 뜻의 이 영화는 우리가 잘 모르는 자연에 대한 호기심을 만족시켜 주기에 충분했다. 인간이 자연에 대한 그리움과 동경을 갖는 이유는 인간도 자연의 일부며, 그곳에서 떨어져 나왔기 때문이다. 이 영화는 평소에 우리가 무심코 지나쳐 버리기 쉬운, 수많은 숲 속의 작은 곤충들의 세계를 담아내고 있다. 작은 곤충들의 탄생에서부터 약육강식의 정글 법칙에 이르기까지, 우리에게 생명의 신비함과 작은 것에 대한 관심을 갖게 한 훌륭한 영화였다.

초보자는 사진을 찍을 때, 대개 미리 거리 조정을 2.5m 정도 해 놓고 셔터를 마구 눌러댄다. 그래서 사진의 구도가 모두 일정하다. 이래서는 작품성을 엿보기 어렵다. 말을 할 때에도 마찬가지다. 거리감이 모두 일정하다면 변화가 없어 듣는 이가 지루하게 생각하기 쉽고, 설득력이나 감동을 일으킬 수 없다. 거리감을 달리하면 입체적인 표현이 가능해진다. 총론적인 접근에서 각론적인 접근으로, 각론적인 접근에서 정밀 분석적인 접근으로 진행하면 입체적인 표현이 가능해진다.

면접 TIP! TIP! TIP!

| 스스로 스피치 평가해 보기 |

1. 서론

1) 주의를 끄는가?　　　　　　　　2) 청중의 요구에 부합하는가?

2. 구조

1) 제목과 논지가 잘 연결되는가?　　2) 전체 내용이 논지를 지지하는가?

3) 진행이 부드러운가?　　　　　　　4) 갈수록 깊이가 있는가?

3. 내용

1) 재미있는가?　　2) 감동적인가?　　3) 주제에 합당한가?

4. 전달

1) 살아 있는 대화처럼 들리는가?　　2) 효과적으로 멈춤을 하는가?

3) 표정과 태도가 자신 있는가?

SNS 취업 대비

SNS 마케팅 비법

나의 취업을 위한 SNS 마케팅

바야흐로 SNS 시대다. SNS란 소셜 네트워크 서비스의 약자로, 인터넷을 통해 자신을 중심으로 인적 네트워크를 형성할 수 있게 해 주는 서비스다. 따라서 앞으로 SNS를 통한 취업은 더욱 활발히 일어날 가능성이 매우 높다. 그런 의미에서 SNS를 통하여 나 자신을 마케팅하는 것은 무엇보다 중요하다 하지 않을 수 없다. 또한 이것은 단지 취업뿐만이 아니라 미래의 나를 위해서도 중요한 도구라 하지 않을 수 없다. 왜냐하면 앞으로의 시대는 집단 속에 묻어가는 '나'가 아니라 집단 속에서 뛰어난 '나'가 되어야 살아남을 수 있기 때문이다. 이런 나 자신을 알리고 돋보이게 하는 데 SNS처럼 좋은 도구가 없다. 하지만 명심할 것은 SNS가 나 자신을 마케팅하는 데 좋은 도구가 될 수 있지만, 반대로 나 자신을 공격하는 무기도 될 수 있다는 사실이다. 우리는 이것을 뉴스를 통해 무수히 듣고 보고 있지 않은가. 이러한 문제는 내부적으로 갖추어지지 않은 상태에서 외부로 나갈 때에 생기는 문제라 할 수 있다. 따라서 효과적인 SNS 마케팅을 하기 위해서는 철저히 자기만의 스토리 전략을 구사하고 외부 홍보를 해야 한다. 내부적으로 준비되었다면 이제 세상에 나를 알려야 한다. 함께 SNS 마케팅의 세계로 들어가 보자!

이젠 소셜 네트워크 서비스 시대 최근 호서대 디지털 비즈니스학과 학생 여섯 명이 만든 페이스북 페이지 '올 어바웃 벤처(all about venture)'가 화제다. 그들은 페이스북에 '나는 지잡대 출신입니다'라는 글을 게재했는데 폭발적인 반응이 있었다. 200만 명이 넘는 사람들이 봤고, '좋아요'를 클릭한 건수가 수만 건에 달했다.

'지잡대'는 '지방의 잡스러운 대학'이라는 뜻의 인터넷 은어다. 그들은 지방대를 나와도 충분히 성공할 수 있다는 가능성을 보여 주자는 취지에서 '올 어바웃 벤처'를 만들었다. 이곳에서 이들은 지방대 출신으로 세계적인 광고상을 휩쓴 광고 천재 이제석 씨를 거론하며, '지잡대에 다녀서 성공하지 못하는 것인지, 아니면 지잡대 수준으로 살아서 성공하지 못하는 것인지' 묻고 싶다는 논제를 던졌다.

SNS를 통하면 이와 같이 언제든지 소통할 수 있기 때문에, 얼굴 한 번 마주치지 못한 사람들과도 실시간으로 자신의 생각들을 주고받을 수 있다.

일방적이고 폐쇄적이었던 미디어 과거에는 우리가 어떤 기업의 광고를 접하고 그에 따른 피드백을 할 수 있는 기회가 많이 없었다. 예를 들어, 어떤 기업의 음식에서 이물질이 발견되어도 그것을 하소연하거나 널리 퍼뜨릴 수 없었다. 그러나 인터넷의 발달로 약간의 이물질이 나온다면 바로 바로 실시간으로 알릴 수 있는 시대가 도래했다. 이러한 시대는 기업에서 소비자들에게 쉽게 대항할 수 없는 시대다. 과거 매스미디어 시대, 즉 일방적으로 정보를 받기만 하던 시대에서 이젠 우리도 콘텐츠를 생산할 수 있는 시대가 된 것이다.

다양한 인맥 형성과 신속한 정보 공유 트위터, 페이스북, 블로그, 유튜브 등 다양한 SNS 플랫폼을 통해 다양한 사람들이 모여 함께 무언가를 만들 수 있다. 이 과정 속에 생기는 것이 바로 집단 지성이다. 자신과 관심사가 비슷하거나 지연, 학연, 혈연 등 다양한 관계 속에 사이버상에 모인다. 또 정보를 얻기 위해 인터넷 검색을 하고 지인들을 통한 정보 공유뿐 아니라 전국에 있는, 나아가서 국경을 넘어 세계에 있는 모든 사람들과도 실시간으로 소통할 수 있다.

공공 기관과 기업의 SNS 활용 이와 같은 SNS를 이용한 소통이 공공 기관과 국민과의 의사 소통, 국민과 정부와의 의사 소통에도 활용되고 있다. 각 공공 기관 소속의 블로그 기자단 또는 서포터즈들은 기관을 대신하여 SNS를 통해 국민들과 더욱 가까워지고 있다. 정책 자료를 실시간으로 홍보하기도 하며, 다양한 플랫폼을 활용해 국민들의 알 권리를 증대시키고 있다.

또 기업들은 이들을 활용해 보다 친숙한 기업 이미지를 부각시킬 수 있다. 최근 다양한 기업과 공공 기관에서 이와 관련된 기자단을 모집하고 있으니, 검색을 통해 지원해 볼 수도 있을 것이다.

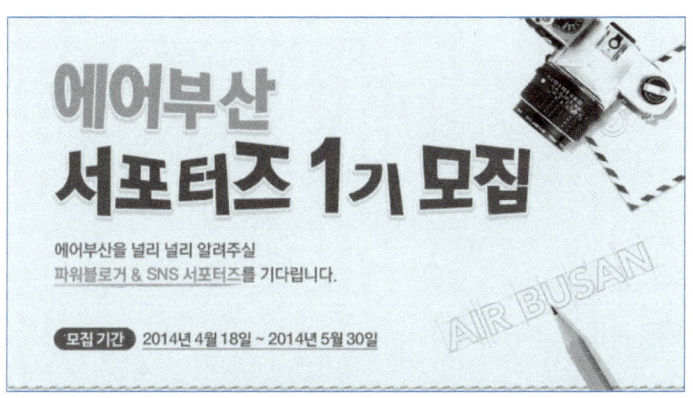

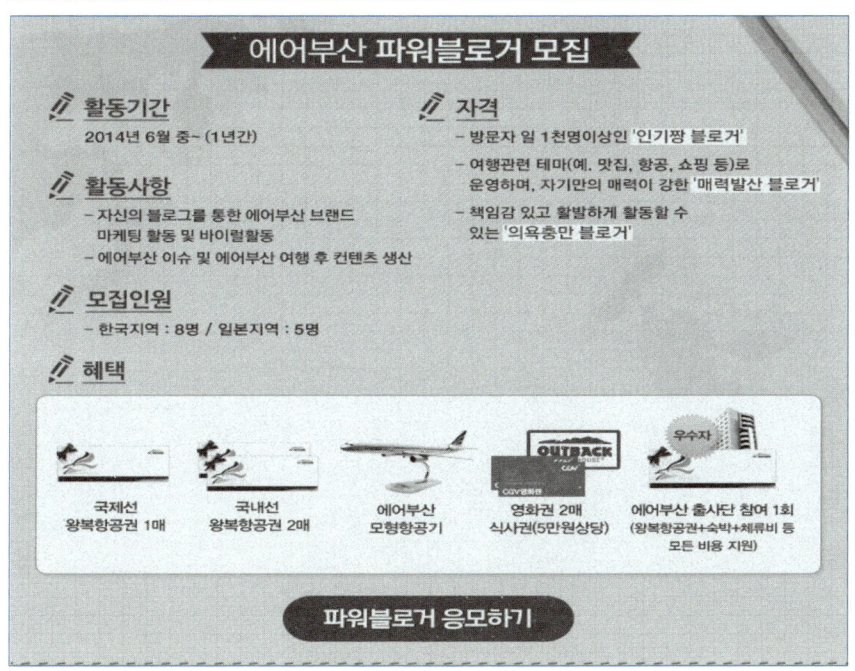

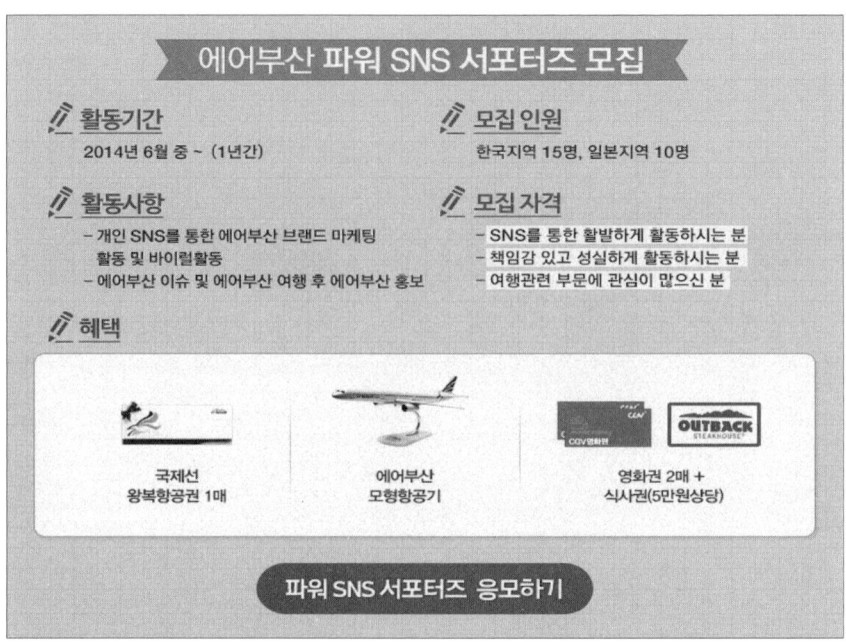

출처. 에어부산 http://www.airbusan.com/AB/airbusan/notice/event/event140418/event.jsp

공공 기관과 정부뿐만 아니라 각 기업들도 채용 및 생활 정보를 SNS로 실시간 공유하고 있다. 우리는 이러한 정보를 바탕으로 SNS 이력서·자기소개서를 통해 차별화된 취업 준비를 할 수도 있는 것이다.

SNS 마케팅을 위해 무엇을 해야 할까?

스토리가 담겨 있는 콘텐츠를 관리하자 여러분이 플랫폼을 운영하더라도 아무 내용 없이 포스팅한다면 큰 도움이 되지 않는다. 반드시 취업하려는 기업, 직무와 관련된 콘텐츠 포스팅, 그리고 양보다 질이 뛰어난 콘텐츠가 많이 있어야 한다. 즉, 스토리가 없는 단순 나열식의 콘텐츠보다 나만의 스토리가 있는 콘텐츠가 많아야 한다.

오픈 캐스트를 발행하자 네이버 포털 사이트 메인 화면에 오픈 캐스트가 있다. 여러분도 오픈 캐스트를 발행해 보자. 오픈 캐스트는 그 글을 구독 신청한 사람들이 로그인하게 되면, 첫 화면 마이 캐스트에서 여러분의 글을 만나 볼 수 있게 된다.

댓글 관리와 이웃 맺기 블로그에 포스팅을 하면 많은 사람들이 나의 블로그에 방문해 댓글을 단다. 이때 댓글을 달아 준 블로거에게 답례로 답글을 달아 주어 소통하고 이웃 맺기, 서로 이웃 맺기 등을 통해 자신의 인맥으로 활용하면 좋다.

방문자와 소통하기 블로그 화면을 보면 블로그 방문자가 기록된 것을 볼 수 있다. 그 방문자의 블로그에 방문해 댓글, 안부 인사 등을 남겨 소통할 수 있는 마음 자세가 필요하다.

지식iN 활용하기 지식iN은 궁금한 질문이 있다면 인터넷에 질문을 하고, 이 질문에 네티즌이 답변을 달아 콘텐츠가 누적되는 집단 지성이다. 그 내용이 검증이 되었든 안 되었든, 특정 회사의 직무와 관련된 질문이 달려 있다면 적극적으로 답글을 달아 주자. 그러면 기업체 인사 담당자도 여러분의 답글을 보고 여러분에게 접근하게 될 것이다. 이것은 여러분이 그 기업 인사 담당자로부터 인지될 수 있는 매우 좋은 기회가 된다. 적극적인 소통 과정으로 기업체 인사 담당자로부터 모셔 가는 일도 기대해 볼 만하다.

트위터엔 글만 트윗한다? 트위터에 글만 트윗하는 것은 큰 효과를 보기 힘들다. 트위터와 함께 사용할 수 있는 '트위터kr'을 활용하면 사진도 같이 트윗할 수 있다. 남들과 달리 차별화되고, 조금 더 눈에 띄고 더 많은 공감을 얻어 더 많은 전파를 기대하려면 사진도 올려 보자. 그리고 트위터를 활용하면 블로그에 작성한 포스팅들을 유포하기 쉬워진다.

취업을 희망하는 기업 인사 담당자와 소통하기 여러분이 취업을 희망하는 기업의 임직원들과 서로 커뮤니케이션을 해야 한다. SNS를 최대한 활용해 기업체 인사 담당자 또는 직원들과 서로 커뮤니케이션이 이루어질 수 있도록 팔로잉, 팔로워, 친구 맺기, 댓글, 답글 등을 통해 적극적으로 소통하자.

커뮤니티 가입 카페, 페이스북 그룹, 트위터 당 등에 가입하고 적극적으로 활동함으로써 인맥을 형성할 수 있다. 온라인뿐 아니라 오프라인 모임을 통해 더욱 친분 있는 관계가 형성될 수 있다. 한 사람 한 사람 알아가는 재미뿐 아니라, 그 사람들로부터 우리가 생각지 못했던 정보 등에 대해서 들을 수 있다. 과연 일면식도 없는 사람들에게 누가 온라인에서 노하우를 알려 줄까? 항상 오프라인 모임에도 참여할 수 있도록 노력하자.

블로그를 이용하라 항상 SNS의 베이스는 블로그다. 기타 다른 플랫폼을 활용해 확장하고 밀착된 정보 공유가 실시간으로 이루어져야 한다. 트위터의 경우는 140자라는 글자의 제한 속에 신속한 정보 전달의 기능이 강하고, 페이스북은 트위터처럼 무조건적인 친구 형성이 아닌, 친구 신청과 허용을 통한 관계가 형성되어 있기 때문에 더 깊은 대화를 할 수 있다. 우리나라 사람들은 아직까지 블로그가 더욱 친숙하고, 더 많은 사람들이 블로그를 이용하고 있기 때문에 블로그를 중심으로 관계와 정보를 확장하자.

유튜브를 이용하라 유튜브를 활용해 동영상으로 다양한 연출을 해 보

자. 일례로 2006년에 일렉트로닉 기타로 캐논 변주곡을 연주한, 당시 스물세 살이었던 엄정현 군의 동영상이 스크랩·추천 등을 통해 블로그 등 다양한 플랫폼과 구전으로 세계에 알려져 이슈가 된 사례가 있다. 그는 뉴욕 타임스에 보도되는 등 유튜브 플랫폼을 통해 해외로부터 연주를 초청받는 기타리스트가 되었다.

또 유튜브에 올려진 뮤직 비디오 '강남 스타일'은 두 달(66일) 만에 2억 뷰를 돌파했다. 유튜브에 올라온 뮤직 비디오 영상이 페이스북과 트위터, 블로그 등 다양한 플랫폼을 통해 공유됨으로써 짧은 시간 내에 엄청난 조회 수를 기록한 것이다. 아무리 재미있고 훌륭한 콘텐츠라도 실시간으로 공유하고 유통 역할을 할 수 있는 SNS 플랫폼이 없었다면, 우리나라에서만 잠깐 유행했다 사라질 수도 있었다. 데모 CD를 복사해 먼 곳에 있는 미국 음반사로 비행기를 타고 건너가 영업해서 음반을 발매하던 과거와 달리, 간단히 유튜브에 영상을 올려놓기만 해도 트위터, 페이스북, 블로그 등의 다양한 플랫폼을 통해 365일 24시간 홍보 채널이 돌아간 셈이기 때문에 이런 일이 벌어질 수 있었다.

링크나우, 링크드인 등을 통해 인맥 관리하자 강력한 비즈니스 네트워크를 활용해 충분한 인맥을 형성하고 소통하자. 최근 헤드 헌터들도 링크나우 등을 활용해 인재를 선발하는 등 중요한 인맥 형성의 장이 되고 있다. 최근 대부분의 기업체 CEO들도 SNS를 운영한다. 따라서 댓글, 답글, 안부 인사 등을 통해 지속적으로 친근해질 때까지 소통할 필요가 있다.

03
SNS 마케팅을 어떻게 해야 할까?

프로필, 콘텐츠 분석하기 기업체 CEO의 프로필·콘텐츠 등을 확인, 분석한다. 그 기업에 적합한 인재가 되기 위해 각자가 준비하고 노력해 나가야 한다. 기업에 대한, 철저하고도 전략적인 분석 없이는 경쟁적인 취업 시장에서 살아남기가 쉽지 않다.

내가 모임 주인공 되기 항상 만들어진 카페에 가입만 하지 말고 내가 직접 카페를 개설해 운영해 보는 것도 좋다. 리더십을 인정받을 수 있는 기회가 되고, 많은 사람들을 모으는 시도를 통해 다양한 경험을 쌓을 수 있다. 향후 이것이 인맥 형성뿐 아니라 취업의 수단이 될 수도 있다.

스터디! 봉사 활동! 협력 활동 여러분이 다양한 모임 활동을 하며 취업 스터디를 통해 취업에 대한 연구를 할 수 있고, 영어 스터디로 영어 공부도 할 수 있으며, 봉사 활동으로 다양한 경험도 쌓을 수 있다. 적극적인 협력

333

활동으로 다양한 일도 풀어 보고, 기업에서 중요시하는 경험도 쌓아 보자.

찍자! 퍼뜨리자 반드시 사진 찍고 글 남기는 것을 습관화해야 한다. 이 것이 자신만의 콘텐츠가 되기 때문이다. 그리고 이것을 자신의 블로그에 포스팅하고 트위터, 페이스북 등을 통해 세상에 널리 알려야 한다. 이런 과정을 통해 기업과 연결이 되면, 나를 그 기업에 알릴 수 있는 기회와 채 널이 된다. 혹시 아나? 나를 모셔 가겠다고 연락이 올지.

매일 포스팅하자 매일 꾸준히 포스팅하자. 바쁘면 적어도 일주일에 한 번은 포스팅하자. 이런 꾸준함이 자신의 블로그 지수를 올릴 수 있고, 상 위에 노출되는 기회를 가질 수 있게 한다. 인사 담당자가 여러분의 SNS에 접속했는데, 꾸준하지 않고 운영하는 듯 마는 듯하면 오히려 마이너스 요 인이 될 수도 있으니 조심해야 할 것이다.

기술적인 면 살펴보기 이번엔 기술적인 면을 보자. 나만의 컨셉을 잡아 포지셔닝해야 한다. 자동차에 관심이 있는 사람이 자동차와 관련된 내용 에 대해 전문적으로 포스팅했다고 가정해 보자. 그러면 많은 사람들로부 터 자동차를 전문적으로 포스팅하는 사람으로 인식된다.

또 요리 연구가를 꿈꾸는 사람이라면 요리에 대해서 전문적으로 포스 팅해 보자. 그러면 역시 요리에 관해 관심이 있는 사람으로 포지셔닝될 것이다.

그래서 정확한 컨셉을 잡고 어느 기업, 어느 회사에 취업을 해서 어떤 직무를 맡고 싶은지 스스로를 미리미리 알아 가야 한다. 그리고 관련된 내용으로 포스팅을 해야 한다. 아직 내가 무슨 일을, 무슨 직무를 희망하는지 정확히 정해지지 않았다면 다양한 블로그를 방문하여 벤치마킹해 콘텐츠별로 카테고리를 나눌 수도 있고, 별도의 블로그를 운용해 볼 수도 있다.

제목은 전문적이고 친근하며 풍부한 콘텐츠를 담아 놓은 인상을 줄 수 있도록 제목은 검색이 될 수 있도록 달아야 한다. 또 명사 또는 완벽한 문장으로 다는 것이 좋다. 예를 들어, 「FM 교육 방송 SNS 취업 기자단」은 다소 딱딱한 느낌이 든다. 그러나 「취업을 도와주는 FM 교육 방송 SNS 취업 기자단 스토리」로 제목을 붙인다면, 여러 블로그 제목 중에 선택받아 클릭률을 높일 수 있을 것이다.

블로그를 검색하는 방법은 포스트 검색, 태그 검색 등 여러 가지가 있다 블로그 포스팅을 해 봤다면 알겠지만, 포스팅한다고 무조건 노출되지 않기 때문에 고민이 아닐 수 없다. 많은 네티즌들이 의미 없는 단순 반복으로 상위 노출을 기대하는데, 검색 알고리즘은 이런 요령을 피우는 네티즌들을 감사하게도 철저히 찾아내어 응징한다. 검색에서 제외시킨다는 말이다.

글을 작성하고 하단에 태그를 달아 검색에도 반영될 수 있도록 신경을 쓰자. 내가 공들여 작성한 콘텐츠가 많은 사람들로부터 검색되어 노출이 될 수 있어야 의미가 있지 않은가. 나만의 핵심 키워드를 생각해서 달아 보자.

또 많은 기업 인사 담당자들에게 나의 포스팅이 노출되고 알려져야 한 다. 포스팅을 하는 것이 취업을 위한 것이기 때문에 공개를 하고 다양한 곳에 나의 포스팅이 퍼져 나갈 수 있도록 해야, 검색도 되고 나의 존재도 알릴 수 있게 된다.

컴퓨터는 똑똑하지만 영리하지 못하다 검색 스파이더는 수많은 웹을 돌아다니며 키워드를 수집한다. 그리고 일정하게 기록해 놨다가 검색을 하면 그 페이지를 노출시켜 준다. 이런 과정을 통해 노출되기 때문에 내가 작성하는 스토리에 관련 키워드를 충분히 입력해 줘야 한다.

그러나 대부분의 블로거들은 이미지를 업로드할 경우, 이미지에 키워드 가 아니라 의미 없는 번호를 그대로 올린다. 컴퓨터는 똑똑하지만 영리하 지 못하다. 사람처럼 눈이 없기 때문에 그림, 사진 등을 구분하기 위해서 제목을 분석한다. 그렇기 때문에 이제부터라도 이미지, 사진 등을 그냥 올 리지 말고 본인이 원하는 키워드로 이름을 부여해 주자. 그렇다고 모든 사 진을 같은 이름으로 지어 주면 안 된다. 최소한 'SNS 취업 기자단 1', 'SNS 취업 기자단 2', 'SNS 취업 기자단 3'과 같이 번호를 부여해 구분해 주면 서로 다른 사진으로 인식하게 된다. 마찬가지로 동영상도 인식할 수 있도록 제목을 부여해 올려 준다면, 스파이더는 나의 콘텐츠를 잘 보관해 둔 뒤에 나중에 누군가가 관련 키워드를 검색할 때 상위에 노출시켜 주게 된다.

또 문장을 입력하며 중간 중간에 관련 키워드를 입력해 준다면 상위에 노출시키는 데 도움이 된다. 그렇다고 너무 많이 입력하면 스팸으로 인식될 수 있기 때문에 적당히 입력해 주도록 하자. 그리고 이왕이면 제목을 글의 첫 부분에 똑같이 입력해 주고, 예상 키워드는 첫 문단에 몇 차례 입력해 주는 것이 상위 노출에 도움이 된다.

글을 작성할 때 컬러를 입히고 사진뿐 아니라 영상도 올린다면 블로그, 이미지, 동영상 등 다양한 영역에 노출될 수 있다. 한 가지 콘텐츠로 다양한 영역에 노출할 수 있기 때문에 글 중간 중간에 이미지, 사진, 동영상 등을 게재하자.

그리고 페이지 뷰를 늘리기 위해 관련된 포스팅을 나눠서 게재할 경우, 처음에는 이전에 작성한 포스팅 주소 링크를 걸고, 끝에는 다음에 이어질 포스팅 주소를 링크 걸어 페이지 뷰를 늘리자. 검색 알고리즘은 페이지 뷰가 높은 블로그에 점수를 더 부여하고 상위에 노출될 수 있도록 도와준다. 이것은 당연한 결과다. 여러분이 검색과 관련된 일을 하고 노출을 결정할 수 있는 프로그램을 개발하는 사람이라고 하더라도, 양질의 콘텐츠와 블로그를 구분하기 위해서 검색 프로그램에 이와 같은 옵션을 넣는 것이 당연하기 때문이다.

포스팅 제목 모범 사례 다음과 같이 자연스럽게 구분지으면서 예상 키워드를 넣고, 네티즌들로부터 클릭을 받을 수 있도록 작성하자.

[FM 교육 방송] SNS 취업 기자단 1(취업, 이력서, 자기소개서)

[FM 교육 방송] → 블로그 제목 또는 나만의 주제
SNS 취업 기자단 1 → 포스트 제목
(취업, 이력서, 자기소개서) → 예상 키워드

링크 기능으로 바로 가기 포스팅할 때면 스마트 에디터를 활용하는데, 기능 중에 링크 걸기 기능이 있다. 여러분이 카페를 운영하고 있다면 블로그를 통해 카페를 알리고, 반대로 카페를 통해 나의 블로그도 알려야 한다. 이럴 때의 방법은 모든 내용을 다 쓰는 것이 아니라 일부만 보여 주고, 나머지는 링크 기능을 통해 방문을 유도해야 한다. 방법은 '원문 보기', '자세히 보기' 등으로 링크를 걸어 방문을 유도할 수 있다. 카페 회원 수를 늘리고 인맥 형성도 할 수 있어 일석이조다.

스마트폰을 활용하자 스마트폰을 활용하면 길을 걷다 실시간으로 스마트폰으로 찍어 블로그에 포스팅을 할 수 있다. 실시간으로 하는 것이 습관화되어야 한다. 평소 큰 카메라를 가지고 다니지 않더라도 스마트폰을 적극 활용하자. 그리고 작성된 포스팅은 트위터, 페이스북 등을 통해 확장하자.

나의 스토리를 메타 블로그로 보내자 힘들여 작성한 블로그 글이 많은 사람들에게 읽히고 공감을 얻을 수 있다면 얼마나 좋을까? 내가 작성한 글들이 보다 많이 검색되게 하고 방문자를 유도하려면 메타 블로그에 나의 블로그를 등록하자. 메타 블로그에 RSS 혹은 Atom 등의 주소를 등록하면, 내가 작성한 블로그의 글과 관련된 정보를 수집해서 메타 블로그라는 사이트에서 보여 주고 검색되며 추천 기능도 서비스로 제공한다. 메타 블로그에서는 많은 블로거들의 콘텐츠가 한 사이트로 집중된다. 이렇게 메타 블로그에 등록되면 나의 블로그에 작성된 콘텐츠들이 자동으로 메타 블로그에 등록되고, 다른 사람들에 의해 검색됨으로써 나의 블로그로 방문하도록 유도할 수 있다. 이렇게 나의 포스팅을 최대한 많이 알려야 한다. 다양한 기능들을 적극 활용할 수 있는 센스가 필요하다.

나의 스토리가 세상에 널리 퍼져 나를 모셔 가게 하기 무의미하게 다양한 플랫폼을 운영하면 여러 어려움이 따른다. 콘텐츠는 한곳으로 집중하는 것이 좋다. 내가 확실히 관리할 수 있는 플랫폼을 하나 정해 잘 관리할 수 있어야 한다. 관리가 안 돼 여기저기 조금씩 있다면 여러 측면에서 큰 도움이 되지 않는다. 차라리 없는 것보다 못할 것이다.

검색 엔진에 등록하기 나의 블로그, 카페, 트위터, 페이스북 등을 포털 사이트에 검색 등록 하자. 비용은 무료다. 다음, 네이버, 네이트 등 포털 사이트 하단에 보면 검색 등록 기능이 있다.

트위터, 페이스북과도 연동하기 블로그에 올리고 트위터와 페이스북에 별도로 올리려면 너무 힘이 든다. 이것을 한 번에 올릴 수 있는 방법이 있다. 블로그 콘텐츠를 트위터와 페이스북에 자동으로 게시되게 할 수 있는 '트위터피드(twitterfeed.com)' 등을 활용하자. 내가 작성한 글들이 자동으로 트위터와 페이스북으로 연동되어, 새로운 정보를 RSS(really simple syndication) 기능으로 등록된 플랫폼에 콘텐츠를 전송해 준다. 이런 기능을 구현해 주는 기능들은 찾아보면 더 있지만, 제일 많이 사용하는 것 중 하나가 '트위터피드'다.

블로그에 트위터, 페이스북 위젯 달기 여러분의 인사 담당자가 여러분의 블로그에 방문했을 경우, 트위터와 페이스북에도 힘들지 않고 편하게 방문할 수 있도록 위젯으로 만들어 배려하자. 그래야 여러분을 조금이라도 알리는 데 더 도움이 된다. 어떤 기업에서는 블로그는 하지 않고 트위터만 하는 경우가 있다. 이럴 때를 대비해서 나의 트위터를 쉽게 접근해서 팔로잉할 수 있도록 하는 것이다. 나와 연결될 수 있도록 다양하게 통로를 만들어 놓는 것이다.

나만의 위젯으로 링크를 멋지게 위젯을 만들고 링크를 걸거나 블로그에서 카페로 유도할 때, 좀 더 관심을 갖게 하기 위해서는 이미지를 활용해 위젯을 만들어서 방문을 유도해 보자. 단순히 글자에만 링크를 거는 것보다는 웃기는 사진 등을 활용해 이미지에 링크를 걸면, 좀 더 눌러 보고 싶도록 유도할 수 있다. 간단한 포토샵이나 포토스케이프 등 무료 프로그램을 활용하면 누구든지 쉽게 제작할 수 있다.

원하는 기업을 향한 적극적 SNS 마케팅

기업 철저히 분석하기 취업하고 싶은 기업이 있다면 그 기업에 대해서 철저히 분석을 해야 한다. 홈페이지에 방문해 기업 이념이나 직급 체계, 회사의 강점·약점 등을 분석해야 한다. 면접에서도 분석을 통해 열심히 공부했기 때문에 바로 내가 '기업을 발전시킬 수 있는 적합한 인재'라고 자신 있게 면접관에게 어필할 수 있고, 인사 담당자로부터 더 많은 관심을 받게 된다.

포스팅을 통해 유입시키기 이제 여러분은 인기 블로거가 되기 위한 기본적인 기능들을 알아봤다. 나의 블로그에 한 기업에 대해 전문적으로 포스팅을 해 보자. 예를 들어, 자동차를 판매할 경우에 나의 블로그에 특정 자동차에 대한 장단점·개선점 등에 대해 포스팅했다고 가정하자. 인터넷 서핑 중 그 기업 인사 담당자가 나의 블로그를 방문하게 된다면 좋은 이미지를 심어 주게 된다. 바로 모셔 가는 상황이 생길 수도 있다. 인사 담당자, 헤드 헌터로부터 전화가 올 수도 있다.

'○○회사 헤드 헌터입니다. 우리 회사로 방문해 주실 수 있겠습니까?'

얼마나 행복한 순간인가?

영어 교육 관련 창업을 하고 싶어 영어와 관련된 내용을 전문적으로 포스팅하고 있을 경우, 영어 교구와 관련된 업체로부터 자사의 영어 교구를 홍보할 수 있도록 배너를 걸어 달라는 요청이 올 수 있다. 당연히 이때에는 일정액을 홍보비로 받아 수익을 낼 수 있다. 따라서 취업하고 싶은 기업과 관련된 콘텐츠로 포스팅하고, 그 기업체 인사 담당자에게 나의 블로그가 검색되어 노출될 수 있도록 하는 전략이 필요하다.

기사를 쓰고 영상 취재로 보도하자 여러분은 각자가 1인 미디어인 블로그 기자가 될 수 있다. 때문에 기사를 작성하고 영상 취재를 통해 보도할 수 있는 기회가 누구에게나 주어져 있다. 기업체 인사 담당자와 만나 그 기업에 대해 많은 이야기를 나누고, 취재를 통해 보도를 해 보자. 이제 상황이 바뀌었다. 블로그 기자가 되기 이전에는 어떻게 인사 담당자를 만날 길이 있었겠는가? 만날 명분이 없었다. 따라서 이제라도 그 기업에 대해 전문적으로 장단점을 파악해 기삿거리를 찾아 취재를 해 보자. 당연히 좋은 쪽으로 기사를 작성해 취재, 보도한다면 그 기업에 자신이 알려지게 된다. 또 면접 때만 보는 것이 아니라 자주 만날 수 있는 명분을 만들어 접촉을 시도하고, 지속적으로 소통해 보자.

인맥 만들기 기업체를 방문해 많은 분들과 명함을 주고받아 인맥을 형성하자. 평소에 연락도 하고, 다양한 기회를 통해 접촉을 시도해 보자. 모든 기업은 자신의 회사가 잘 알려지기를 바라고 있다. 그렇기 때문에 그들에게 여러분은 회사를 잘 알릴 수 있는 또 하나의 창구이자 기회다. 이러한 상황을 각자가 능력껏 잘 활용해야 한다. 자신의 능력과 전략에 따라 모든 결과는 달라진다.

나의 명함에 SNS 계정 기입하기 블로그, 트위터, 페이스북 주소를 나의 명함에 기입해 자신을 소개하며 명함을 제시하자. 그렇게 하면 나의 계정을 보고 방문을 할 수도 있다는 기대를 해 볼 수 있다. 물론 이때에는 나의 콘텐츠가 충분히 있어야 한다. 내용도 없는 빈 껍데기를 알릴 이유는 없다. 나의 스토리를 블로그에 담고 트위터와 페이스북, 유튜브 등을 통해 확장하자. 그리고 메타 블로그 등 기타 다른 기능들을 통해서도 나의 스토리가 쉽게 전파될 수 있도록 하자.

인사 담당자를 만나 인터뷰를 해 보고, 그 기업의 비전에 대해서 취재도 해 세상에 알려 보자.

이런 여러 노력들을 통하여 어느 날 여러분에게 전화가 와, 만나 보자는 제안을 받기를 간절히 바란다.